Chronicles of US Presidents and Their Wars

The American Revolution and George Washington vol.2

アメリカ大統領戦記 1775▸1783

独立戦争とジョージ・ワシントン［2］

Nisohachi Hyodo

兵頭二十八

草思社

アメリカ大統領戦記　1775—1783　独立戦争とジョージ・ワシントン②　○目次○

独立戦争開始時の北米要図

NH：ニューハンプシャー　MASS：マサチューセッツ　RI：ロードアイランド
CONN：コネチカット　NY：ニューヨーク　NJ：ニュージャージー
PA：ペンシルベニア　DEL：デラウェア　MD：メリーランド
VA：ヴァジニア　NC：ノースカロライナ　SC：サウスカロライナ　GA：ジョージア

ノースカロライナ以南の戦場要図

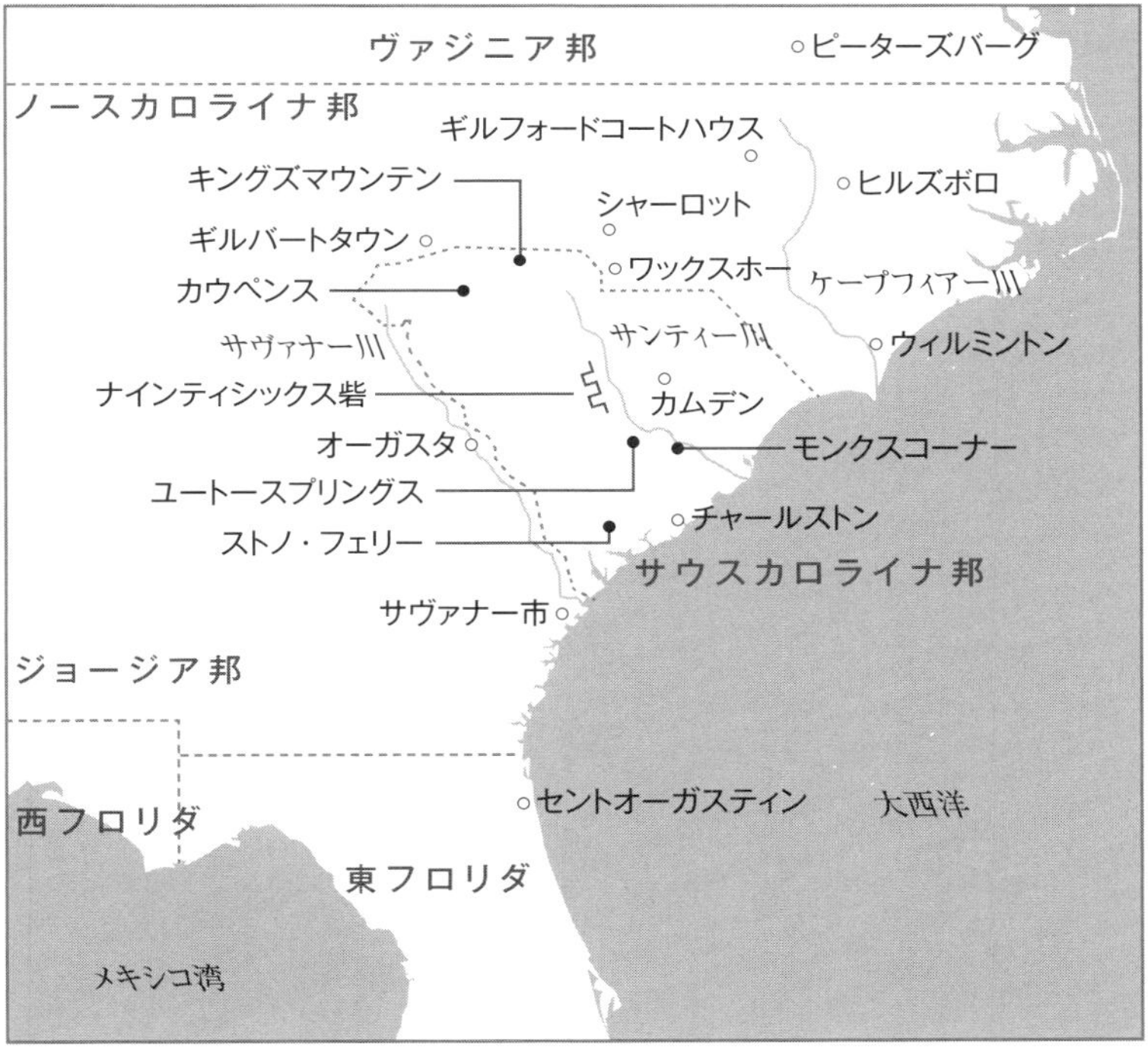

ヨークタウン周辺要図

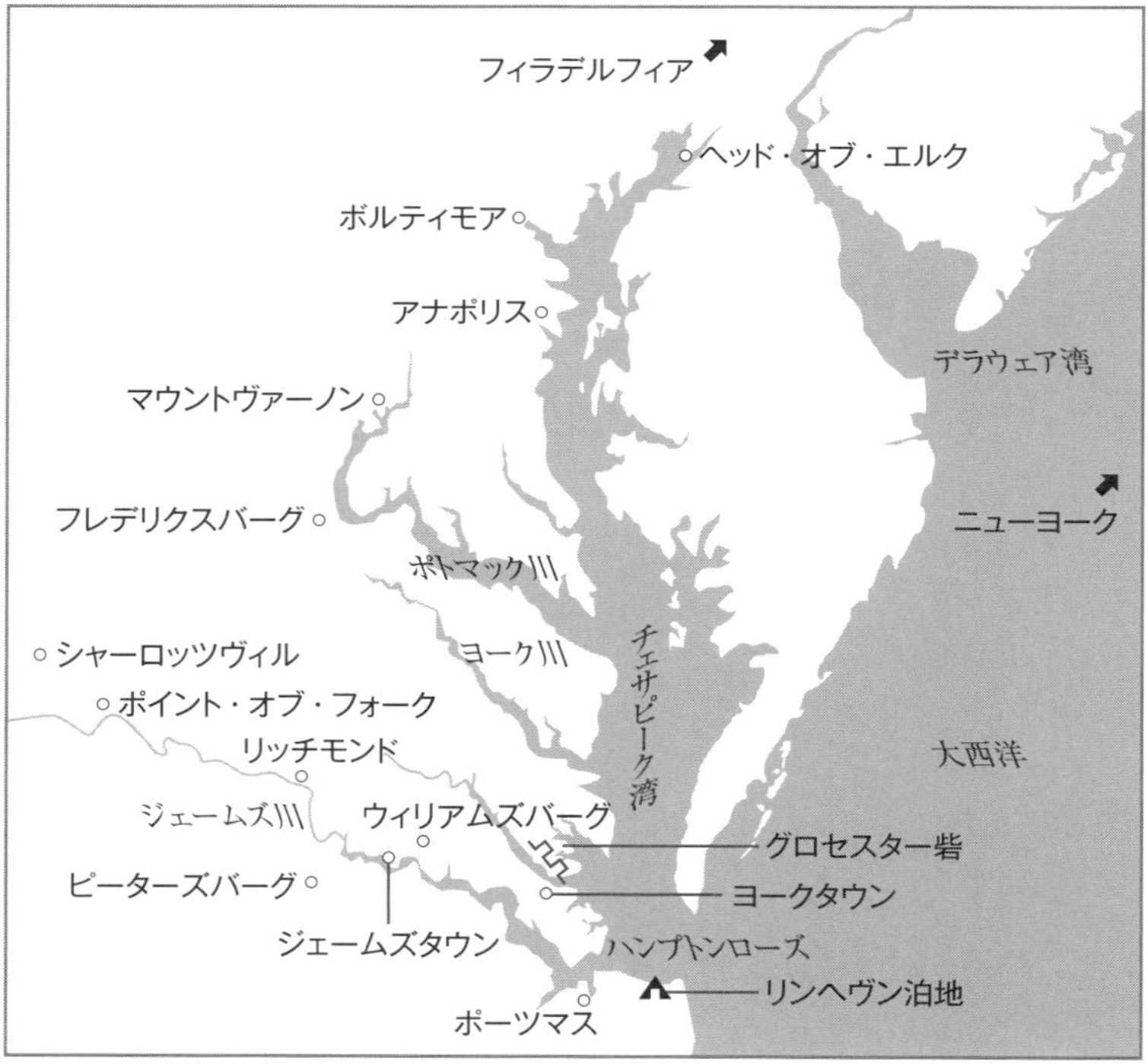

本文地図作成：鈴木知哉

前巻までのあらすじ

ヴァジニア殖民地の大農場の四男に生まれ、奥地オハイオの土地開発競争や、フランスと英国の間の七年戦争（北米戦局は「フレンチ・アンド・インディアン戦争」という）に冒険を求めたジョージ・ワシントン青年は、ミリシャ（郷土民兵組織）の将校の身分のままで、英陸軍の実戦幕僚勤務を学ぶという、得難い機会に恵まれる。

七年戦争で悪化した英国財政をアメリカ十三殖民地への一方的増税で埋めようとし、かつまた、新大陸の私人たちが奥地開発を勝手に進めることも禁じた英国王ジョージ三世の政策に、アメリカ殖民地連合は不満を募らせた。「英本国政府がしていることは憲法違反である」と反発したアメリカ人が、新大陸の自治機構の拡大整備を画策し始めると、それを英国は軍隊で弾圧しようとしたために、ますます独立気運は燃え広がる。

遂に一七七五年にマサチューセッツ邦レキシントンで英米軍は戦闘状態に入った。

新大陸では名の知られていたミリシャ指揮官で、しかも大土地資本家にもなっていたワシントンは、開発権益をめぐり互いに猜疑するニューイングランド地方とは離れたヴァジニア出身であることが偶然に買われて、大陸会議（後の合衆国連邦議会であり、また政府でもある）からアメリカ軍の初代総司令官（コマンダー・イン・チーフ）に指名された。

一七七六年三月にボストン港から英軍を追い出すことにまず成功した米軍であった

が、同年夏に捲土重来したイギリス軍により、逆にニューヨーク港一帯が占領されてしまう。

アメリカ軍はニュージャージー邦を南下して退却する途中のトレントン市やプリンストン市で果敢に英軍に反撃を加えるものの、なお優勢な英軍は手を緩めず、翌七七年九月には大陸会議所在地のフィラデルフィア市が占領されてしまった。

しかしワシントン軍があくまでペンシルベニア邦に踏みとどまって英軍主力を控制している間に、カナダ国境に近いサラトガ村において、七七年十月、ゲイツ少将の率いるアメリカ兵たちが、敵将バゴインの率いる別働英軍を包囲して降伏させることに成功。このニュースは、欧州諸国政府をも瞠目させる。

フランス王家は、これだけのガッツがあるアメリカ人を軍事的に支援してやれば、宿敵英国のパワーは衰え、七年戦争の報復ができるだろうと計算し、米国と軍事同盟を結ぶことを決めたのであった……。

1　ヴァレーフォージからの再出撃

二度目の冬営における試練と希望

西暦二〇〇〇年代のフィラデルフィア市警察を舞台にしていた海外TVドラマ『コールド・ケース』を視た人は、広いデラウェア川を流氷がどんどん流れ過ぎる冬の風物をも、きっと「目撃」しているはずだ（そのオープニングで一瞬だけ映し出される市庁舎ビル屋上の銅像は、十七世紀にクウェーカー教の天地としてペンシルベニア殖民地を開いたウィリアム・ペン）。

一七七七年十二月十九日から、ジョージ・ワシントン率いるコンチネンタル・アーミー（アメリカ合衆国陸軍）一万二千人が冬営に入った「ヴァレーフォージ」は、ウィリアム・ハウ将軍の率いる英軍が占拠した大都市フィラデルフィアからは三十五キロメートル北西に位置する、まったくの寒村であった。

「フォージ」の意味は「鍛造《たんぞう》」。小川のほとりに鍛冶屋があったので「川鍛冶村」と呼ばれたもののようである。

緯度はわが秋田市と青森市の中間くらいながらも、そこは大陸性気候だ。日本の関東以南の感覚よりすれば、冬が凌ぎ易いとはとても言えない。テントのようなものでは越冬など不可能で、既存の建物に分宿できぬ以上は、全員で原野に丸木の掘っ立て小屋を何百棟（最終的に二千棟）も設営するしかなかった。さもなくば、一月〜二月の厳冬時節に死人が出るのはほぼ確実だと見込まれた。もっと快適で物資も豊富な宿営地をどこか近辺の中級都市に求めて、フィラデルフィアからさらに遠く去ってしまうというような選択は、ワシントン将軍には許されていなかった。なぜなら、大陸会議（独立アメリカの国会兼政府。このときはペンシルベニア邦サスケハナ川西岸のヨーク市へ疎開中）が、大都市フィラデルフィアへの未練を捨て得ず、その奪回をワシントンに強く求めていたからだ。

フィラデルフィア市とヴァレーフォージをへだてる三十五キロメートルの道のりは、武器弾薬を携行した兵隊が朝から行軍して夕方近くにようやく到達できる絶妙の間合いである。途中で必ずや監視兵によって察知されるであろうから、双方ともに本格的な奇襲攻撃はできない。さりとて牽制攻撃は常にあり得るので、周辺の土地で勝手気儘もできない。

もしも英軍が強行軍でヴァレーフォージに向かってきたならば、ワシントン軍は、温存した体力で楽々と相手ができた。交戦して不利だった場合、走って退却すればよい。疲れた英兵は、追いかけ得ないであろう。

問題は、もともと都市でもないところで大軍が越冬キャンプを張れば、それだけでも、ひとつの軍隊が自滅する危険を招くことであった。

じっさい、この一七七七年末から七八年六月までのヴァレーフォージでの冬営中に数えられたアメリカ軍将兵の病死者は、独立戦争中の他の六回の冬と比べて最も多く、二千人〜二千五百人にのぼったという。

何も、特別な寒波がわざわいしたせいではない。原因はあくまで、不衛生と栄養失調が招いた疾病の流行なのだ。

ワシントンは、七七年十二月二十三日に大陸会議に対し、裸足あるいは衣服が無いために軍務に就きようのない兵士がヴァレーフォージに二千九百人いる、と報告している。その人数は翌年二月五日には四千人に増えた。

衣料や毛布の官給が、フランスにツケで発注した軍服が届き始める七八年の六月より以前には、皆無であった（行き渡るのは七八年十一月）。その結果、ヴァレーフォージで冬営した将兵は、めったに煮沸《しゃふつ》洗濯もなし得ず、蚤や虱《しらみ》などの伝染病媒介生物が駆除されないから、天然痘やチフスや赤痢も日を逐《お》って流行した。

兵士たちに蓄積された体力が備わっていたならば、病原生物との戦いには負けなかったかもしれない。だが、不十分な配給食で半年に及ぶ冬営を強いられた兵士の基礎体力は、否応《いやおう》無く落ち込む。これに精神の弛緩が加わったときが、また危なかった。ヴァレーフォージでは、二月の寒さのピークが過ぎて雪融けに向かった三月以降に、病死者が急増した。

人間が必要とする栄養は、カロリーだけではない。ヴァレーフォージでは純然たる餓死者は出なかったと思われる。アメリカ人の建国史はこのときの「飢餓」に関して誇張をしている。おそらく小麦粉は足りていた。味付けの何も無い「すいとん」のようなものなら、なんとか間に合わせていたのだ。また、紅茶、紅茶用の砂糖、そしてアルコール類（主にラム酒）も、継続的に支給されていた。

しかし、野営地の周りに塹壕陣地を掘りめぐらし、かたわら原野から材木を伐り出しては運搬し、丸木小屋を組み上げるという重作業に続いて、後述するシュトイベンらが指導した本格的な軍事教練を受ける日々を、大の男たちが「すいとん」だけで凌げるだろうか？　よし身体は我慢できても、精神は保てなかったであろう。

心身両面の無理の積み重ねは、将兵を緩慢に衰弱へ誘導し、病原生物に対する抵抗力を知らぬ間に奪ってしまう。ヴァレーフォージで普通に見られたのは、栄養不全と悪環境に一因のある複合的な病死であった。

最も大きな影響を当時の将兵の心身に及ぼした欠乏物資は、「牛肉」だったようである。

ワシントン司令官は、一七七八年二月二十六日付で、独立ニューヨーク邦（ニューヨーク港周辺は英軍の占領下にあるも、広い邦内では米英軍が各所で角逐中だった）の初代アメリカ側選出知事であるジョージ・クリントン（一七三九年生〜一八一二年没。ニューヨーク殖民地のアイルランド系英国人の多い土地に生まれ、フレンチ・アンド・インディアン戦争で英陸軍中尉になっている。その後、ミリシャとコンチネンタル・アーミーでいずれも初任にして准将。一八〇五年にはジェファソン政権の副大統領となった。なお一七七七年十月に放棄されたハドソン川のウェストポイントより下流にあった「クリントン砦」は、そこを守備していた実兄のジェームズ准将にちなむもの）に宛てた手紙の中で、ヴァレーフォージには真の飢餓が発生していますと訴えながらも、穀物については何も言わず、殊更に牛肉の都合をつけて欲しいと懇請している。

じつは当時の英米軍隊にとって、「牛肉」は、あって当たり前の配給品のひとつとみなされていた。それが兵士たちに支給されずに欠乏することは、軍隊全体の士気にかかわることだったようである。

（フランス軍やドイツ軍ではそうではないので、イギリスの特異的な伝統だったと思われる。幕末に日本に接近した英国軍艦も、しばしば勝手に水兵を上陸させて牛の掠奪に励んだ。ペリー艦隊は、上陸略奪はさせなかった。）

ワシントン将軍としては、牛肉がなくて「すいとん」だけがある冬営が続けば、アメリカ兵たちは脱走して、牛肉のある英軍に投ずるかもしれないという懸念を抱いたものであろう。

なおヴァレーフォージでは馬五百頭が斃死《へいし》したともいわれる。しかしそこで兵士らが「馬を食べた」という記録は見ない。当時の西洋軍では、「馬食い」は軍隊規律の末期症状として忌避されたのかもしれない。この後で述べるシュトイベンのマニュアルでも、馬が死んだら埋めよとのみ書いてあって、死馬の利用については言及が無い。もし兵隊が、将校の身分を表わすもの（乗馬）をわざと殺したり食べたりするようになれば、対上官反乱まで、あと一歩だったろう。

コンチネンタル・アーミーの糧食や被服の面倒を見る部署の長は、私的な借財を余儀なくされたり、近郷での徴発交渉をするのが厭で、成り手がなかった。近郷住民としても、アメリカ軍に協力したいのは山々であっても、一万人の兵隊の腹を毎日満たす家畜などとても提供できた道理はないのである。大陸会議は、この重大問題ではワシントンに何もしてくれなかった。この不人気で厄介な仕事は、冬営末期の七八年三月にナサニエル・グリーンが引き受けるまでは、総司令官のワシントンがみずから率先代行するしかなかった。

かかる補給上の難局を独りで乗り切ったというだけでも、ワシントンは建国の偉人として祀られる資格はあっただろう。

シュトイベン男爵が手取り足取り米軍に教えたこと

フリードリヒ・ヴィルヘルム・フォン・シュトイベン（Friedrich Wilhelm August Heinrich Ferdinand von Steuben）は、一七三〇年にプロイセンのマクデブルク市で下級貴族の家に生まれた。痩せ地が広がるプロイセンでは、土地を所有する貴族たちとて、想像以上に貧しい。英国ならせいぜい「男爵」ぐらいのところであった。しかし、プロイセン軍の将校になれるという特権は、彼らの気位を支えていた。

七年戦争（一七五六〜六三年）に従軍したあと、シュトイベンは、宮廷のやぼ用を果たす使節団に加わってフランスへ旅する。年月日が不詳なのだが、そこでサンジェルマン伯爵（Claude-Louis-Robert, Comte de Saint-Germain 一七〇七年生〜七八年没）の知遇を得ることができたというから、一七六六年以降であったろう。

サンジェルマンは、もともとフランス軍の将校ながら、若くしてオーストリー軍やバヴァリア選帝侯軍、プロイセン軍に所属した。そしてトルコ軍や英・蘭・墺軍を相手として戦場経験を重ね、フランダース戦線ではドゥサクス元帥（一六九六年生～一七五〇年没。ザクセン王族で、本籍はプロイセン軍人だがフランス軍に奉職して実兵指揮と軍事理論の双方で名声を得る）から多くを学んだ。

ドゥサクスは、〈遠射力の無いマスケット銃で歩兵が勝利するためのコツは、斉射後に銃剣突撃して勝ってやるんだという盛んな攻撃精神が部下全員に充溢していることに尽きるのであり、そのためにはプロイセン軍式の兵隊訓練や下士官選抜、下級将校の規律は有効だし不可欠なのだ〉と信じていた。サンジェルマンにも、それは首肯のできるものだった。

サンジェルマンは七年戦争では仏軍中将として驍名《ぎようめい》を馳せる。一七六二年にはデンマークに元帥待遇で迎えられ、六六年まで軍制改革（それは当時、「軍隊をプロイセン式に鍛え直すこと」と同義だった）に任じてから帰仏した。

米国独立戦争の始まった年、一七七五年の十月二十五日に、サンジェルマンは、フランスの国防大臣に任命された。国王は、フランス軍にも、プロイセン流の軍隊文化が必要だと感じていた。

しかし旧套を脱したがらない部内の軍人貴族たちからの「改革」への反発は強かった。宮廷内にはさまざまな陰謀の罠が張られた。七七年九月二十三日にサンジェルマンは、逐《お》われるようにして公職から引退しなければならなかった。

フランスの軍隊改革は、けっきょくサンジェルマン伯爵の没後に進展し、あのナポレオン一世に、精強な軍事力の基盤をプレゼントすることになるであろう。

このように、当時の欧州には、七年戦争におけるプロイセン軍の活躍に刺激を受けた軍隊改革熱というものが確かにあった。プロイセン軍のインサイダー経験のある気の利いた将校ならば、好条件で他国に迎えられるチャンスもあるように見えたのである。

おそらく一七七七年の前半、そのチャンスに賭けたシュトイベンは、パリで軍隊教練指導官を探していたベンジャミン・フランクリンに、みずからの軍事スキルを売り込んだ。それは、サンジェルマン伯爵の引き合わせであったという。

フランクリンは、ワシントンへの紹介状をしたためるにあたって、シュトイベン本人が提出した履歴書を翻訳した。そのさい、誤訳が生じた。シュトイベンはプロイセン軍では中将だった——ということになってしまったのだ。実際の階級は不詳ながら、将官でなかったことは疑いない。

旅費を前渡しされたシュトイベンは、副官や秘書を連れ、マルセイユ港からアメリカへ行く船に乗った。船は七七年九月二十六日にポーツマス港（ニューハンプシャー州）に着く。一行は十二月一日までボストン市で大歓待を受けた。

シュトイベンは、今で言うところの「ゲイ」だったようだ。生涯結婚はしておらず、フランスから帯同した側近（副官や秘書など）も、若い美青年たちだった（その他に、イタリアン・グレイハウンド犬一匹も伴った）。ただ、当時の米国では、何か社会が切実に必要とする特別なスキルを持った者は、その余の私的側面をとやかく言われることはなかった。

一七七八年二月五日までにシュトイベンは、当面、無給でアメリカ軍に加わってくれないかと請われる。そして同月二十三日には、ヴァレーフォージにおいて、事実上のワシントンの名代のように仕事を開始する。

ワシントンはシュトイベンをインスペクター・ジェネラル（戦前の日本陸軍で言うなら「教育総監」）がそれに近似し、実兵指揮権は無いけれども、最新の訓練方針を決定して全軍に強制できる）として七八年四月末に大陸会議へ推挙し、五月五日に連邦は正式にその肩書をシュトイベンに付与した。

ヴァレーフォージでは、シュトイベンは毎夕、明日の命令書をドイツ語で書いた。副官がそれを仏語に訳し、他のバイリンガル将校がそれを英訳した。

模範中隊をまず作れ！

アレグザンダー・ハミルトンとナサニエル・グリーンは、シュトイベンの立案した訓練計画をワシントンに承認させた。

シュトイベンは、まず百二十人からなる「模範中隊」を育てあげることにした。徹底して仕込んだその百二十人が、こんどは他に対する教官役となる。そのようにして急速に模範連隊（指揮官は大佐）をこしらえ、さらには模範旅団（指揮官は准将）もつくっていこうという方針だった。

従来のアメリカ軍は、徴募した新兵たちをいきなり連隊の一員として放り込んでいた。それでどうなるかといえば、旅団長や連隊長が戦場でとっさに決心した企図を、兵隊ひとりひとりがてんでに解釈して遂行せねばならない。実際にはそんなことは不可能であり、「軍隊」とは名ばかりの、烏合の衆と異ならぬ。

シュトイベンはまず新兵を、中隊の一員として完全に行動できるように徹底的に訓練させた。さすれば、戦場では、連隊長の企図を中隊長たちが間違いなく解釈するだけで、全中隊員がそれを実行できることになる。これがプロの軍隊というものだった。

訓練風景は見ものであった。シュトイベンだけがまともな将校服を着込んでいた。他のアメリカ人将校たちは、「毛布」が外套の代用品であった。兵隊たちには靴すら無く、あたかも樵《きこり》か、職業猟師のようないでたちだったという。

シュトイベンは、英語はぜんぜんダメであったが、教練指導官らしく部隊をドイツ語やフランス語で怒鳴った。その絶え間ない激烈な悪口の数々を、シュトイベンは副官（欧州人）にわざわざ英訳させて、当の将校や下士官の耳まで届けさせたという。

しかし訓練を受ける側では、それを不快とは思わずに、〈これが欧州の最先端のやり方なのか〉と、むしろ心服したようだ。

軍隊用マニュアルを作ったシュトイベン

ヴァレーフォージにて一七七八年の早春にシュトイベンが作ったマニュアルの数々を、その助手たちが英訳して七八年末から七九年初めの冬営中に体系的にまとめたものが、一七七九年三月二十九日に大陸会議で承認されて、議長ジョン・ジェイの名で全アメリカ軍向けに制定されている。

この軍規集は米軍内では『ブルー・ブック』と呼ばれ、一八一二年の対英戦争時まで、正規教範として使われ続けたという。

いま、われわれは、英文インターネット上で、そのフル・テキストを確かめることができる。すこぶる興味深い内容だから、ここで一部だけ紹介しておこう。

シュトイベンのマニュアルより抜粋

乗馬本分の将校はサーベルを帯びる。歩兵小隊を指揮する将校はサーベルおよび短矛〈原文はespontoonだが、おそらくシュトイベンはドイツ語でハルバートと言ったのだろう。中世の長槍の半分の柄の先に三叉矛をつけたもの〉を持て。下士官は小銃とサーベルと銃剣。兵卒は小銃と銃剣で武装する。

将校と下士官は、兵を指揮できるだけでなく、兵を教育訓練できなくてはならない。行軍や射撃に詳しいだけではいけない。服装の端正や、規律を強制できる者であれ。

中隊の基本陣形は、二列横隊だ。前列が一個小隊、後列も一個小隊。後列に高身長者を配すべし。そして前後の列ともに、列の中央寄りに最も低い身長の兵を置け。二列の前後間隔は一歩である。

中隊長は、前列小隊の最右翼に、列から離れて位置せよ。その脇には軍曹。

第二列の最右翼には、列から離れて中尉が位置せよ。その脇にも軍曹。

少尉は中隊中央を見張る。

各列の両端は伍長が固める。

各列の中央は軍曹が見張る。

一個連隊は、八個中隊から成る。ナンバーの若い隊が右に並ぶ。

一個連隊のかたまりのままでは運動が不便なときには、全体を二個の大隊に分割することがある。その場合、連隊長の大佐は第一大隊とともにあり、中佐が第二大隊を指揮する。各大隊の中央には、軍旗が立つ。大佐と中佐、どちらかが戦死したときの穴埋めのために、少佐が両大隊の中間部で控える。

鼓長と笛長は、第一大隊のすぐ後方に位置する。部下の鼓笛手たちは、各大隊の翼側《よくそく》に位置する。

小隊の最少人数は十名である。

もしも中隊内に将校がいなくなった場合は、大佐もしくは連隊長が、中隊外から新中隊長を任命せよ。将校無しの中隊というものを許してはならない。

新兵教育係は、各中隊長である。

中隊長は、経験があり、我慢強く、他の将校たちと協働ができなくてはならない。

中隊長が、中隊の中から、代理将校、軍曹、一～二名の伍長を指名抜擢する。そのさい大佐の承認を受けること。

気を付けの姿勢では、踵《かかと》は二インチ離す。

速歩行進《はやあし》は、歩幅二フィートで、毎分七十五歩とする。

「前へ　進め」では、まず左足から前に出す。

駆け足は、毎分百二十歩である。

新兵はまず単独でこれを教えられる。ついで将校が、新兵三人を横一列に並べて、隊の演練をする。


装塡から発射までも、すべて指揮官の命令による。以下、その動作。

担《にな》え銃《つつ》は常に左肩である。

弾薬嚢を勢いよく開け、弾薬包〈紙製のカートリッヂ〉を取り出し、その下端を食いちぎり、火薬がこぼれないように親指で塞ぐ。

火皿に火薬を少し注いだら、また親指で弾薬包の下端を塞ぐ。

火皿の蓋を閉じる。

銃口から弾薬包を、黒色火薬が下に、弾丸が上になるように押し入れ、槊杖《さくじよう》でよく撞《つ》く。〈押しつぶされた紙袋が、弾丸や火薬が銃口からこぼれ出さぬよう銃身奥へ閉じ込めておく封の役目をする。発射時には吹き飛ぶ。〉

二列目以降は、銃剣突撃時に銃を水平にするな。銃口を前列の頭上より高く保持しながら進め。

前列と後列は、交互に斉射をくりかえす。

そのために、後列の兵隊は、前列の兵隊の真後ろに立ってはならない。前列の二人の兵隊のちょうど隙間に位置するように。

「射て」の命令を聞いたら、元気よく引き金を引け。

命令されるまで発射しないという慣習を、兵隊につけさせろ。そのためには、将校は、日常的に命令し続けろ。

訓練中は、フリント（燧石《ひうちいし》）のかわりに、木片をつかうこと。

さらに弾薬包（カートリッヂ）の代わりになる六個の木片も持たせよ。それらは、軍曹が訓練終了後に回収するものとす。

実弾訓練のときは、訓練終了後、大尉が、未使用の弾薬包を回収する。

大隊が一斉射撃をするときも、軍旗を守る中央の六個縦隊だけは、射撃をせずに、予備火力として控えていること。

一個大隊で一斉射撃することはある。しかし二個大隊以上では同時発射はしない。右の大隊がまず射撃し、次に左の大隊が射撃する。これを繰り返す。

敵騎兵から襲撃を受けたときは、指揮官は部下歩兵のすぐ近くで激励し続けよ。

退却のときは、両側の小隊から、一列縦隊となって退く。

行軍にさいし、前衛は、そこからさらに前路偵察班を分派する。ぜったいに、いきなり隘路《あいろ》には入らないこと。待ち伏せを避けるためである。

前衛に続くのが工兵。彼らがすぐに道路を補修する。

行軍中の命令は、連隊副官〔少佐か尉官〕が次々と逓伝すべし。行軍速度の変更は、軍鼓によって伝える。

ワゴン〔荷車〕が自壊したら、すぐ道からどけろ。後続の輜重《しちよう》を邪魔しないように。

弾薬車を除き、ワゴンは、大隊間、または旅団間を行き来してはならない。

テントは一直線に整斉と設営しなくてはならない。はみ出してよいのは、連隊病院だけである。

野営地の設定は、大隊ごとにおこなう。

テントの最大収容人数は、一張りにつき兵隊六人。中隊先任下士官は、一張りを一人で占有できる。

テントとテントの間隔は、二フィートとする。

中隊先任下士官のテントは、常に、列の外縁である。

尉官のテントは、大隊の最後尾列である。

鼓手は大隊副官の隣。そしてその前には大隊旗を植立する。

警衛隊は、野営地前方三百歩と、後方三百歩に、散開配置させる。

大隊のキャンプは歩哨九人で囲まれる。

野戦指揮官は、テントを設営したら、すぐにキッチン用の壕を掘らせること。

テントの周りには雨水流しの溝を掘るが、その排土をテントにかけてはならない。

晴れた日にはテントを二時間、陽光に暴露させること。

残飯の骨などを近くに散乱させておいてはいけない。

悪天のときを除いて、兵隊がテント内で飲食することを禁ずる。配給食糧が酒と交換されたり、酒の素材にされないように、将校は食堂を見回れ。

野営地とりしまりの将校は、かたときも、鼓手から離れてはならない。

ゴミ埋め穴は、春や秋でも四日に一個、新たに掘れ。夏はもっと頻繁に。

牛馬が死んだときは、すくなくとも野営地から半マイルはなれたところで埋めること。

屠殺場は、ワゴンから五十歩以上はなれたところに置く。臓物はすぐに埋めること。

水汲み隊は、士官の許可なく出てはならない。必ず下士官二名に旗とともに引率させ、全員が戻ってくることを確実にしなければならない。

柴集め隊も同様とする。いずれも、一度に一隊以上を出してはならぬ。

下士官以下は、連隊長もしくは大隊長の許可状を持たずにキャンプ地外周の警戒線を出入りすることは許されない。許可状は一日のみ有効とし、日付を明記すべし。帰営したときは副官に申告し、その副官は大佐~中佐に報告する。

定時点呼は、朝と、昼である。軍鼓によって令する。

兵隊が、手と顔をちゃんと洗っているか、将校は点検する。繰り返してこれが守れない者は、罰する。

逆に、身だしなみの良い兵隊を、将校は賞賛せねばならない。

武器と弾薬の状態は、毎日、野戦指揮将校が点検する。

野営地の近くに川があったら、できるだけ頻繁に沐浴させるべし。もちろん、小部隊ごとに。行軍を終えた直後に水に飛び込ませてはいけない。体温が通常に戻ってから水浴させること。

起床ドラムは黎明時に鳴らす。歩哨はそれ以降は誰何《すいか》はしない。鼓手が勝手なタイミングでドラミングしたら、罰する。練習は、部隊の前方百歩以上はなれた場所で、副官から指定された時刻に行なえ。

野営地警衛隊は、二十四時間で下番《かばん》する。

哨長の将校は、敵軍の脱走者がやってきたら、それを司令部まで引率せよ。

哨兵は小銃に装塡済みであること。

三回誰何しても止まらずに逃げようとした者に対しては射撃せよ。

合言葉を知らぬ者を呼び止めたら、軍曹が来るまでその場に立たせておけ。

もし歩哨や警衛が脱走したら、将校はただちに合言葉を変更し、当直将官に知らせる。

哨所が敵に襲われたときには哨兵は全力で交戦する。退却は、命令がない限り、どんなに敵が大軍であるとしても、許されない。命令により後退するときは、発砲しながら後退すること。

文官の総督や議長、議会委員長がやってきたときは、その礼遇は中将と同じくする。

夜は、警衛隊の敬礼はしない。また、敵の近くでは、警衛隊の敬礼にはドラミングを添えない。

武器や弾薬を闇で売ったり、毀損《きそん》したり、紛失した場合、兵隊に罰金を支払わせる。将校は毎朝それがないか点検せよ。

罰金は給料からの天引きによる。〔ちなみに弾薬包一発の紛失罰金と、燧石二個の紛失罰金は、同価額である。弾薬荷車には、二万発の弾薬包が載る。〕

一度の天引き額は最大でも月給の半額を超えぬようにせよ。

兵隊が病気になったとき。それは将校が兵隊から好かれるようになる大チャンスである。

将校は、病兵のために、できるだけのことをしてやれ。

軍の病院に後送するまでもない病兵は、それ専用のテント二〜三張りで休ませる。その連隊病院のテントの位置は、連隊から離す。

中隊ごとに、病兵のための寝台を二台、用意しなくてはならない。

病兵が死亡したときは、その敷き藁は燃やせ。そして枠組みはよく洗浄したあとで天日干しし、再利用に備える。

連隊長の最大関心事は、兵隊の健康でなくてはならない。連隊長は月に一回、検閲すること。

下士官選びは、軍隊をまともに機能させるために決定的に重要である。読み書きのできぬ伍長など論外である。

連隊の行軍はかならず一まとまりでなくてはならない。どの将校にも本隊から勝手に離れることを許すな。勝手な騎乗も許さない。将校は兵隊と苦労を共にすべし。

少佐は連隊副官として服務する。連隊の帳簿で全個人情報を管理せよ。

いろいろな雑役や上番を、各中隊に均分するように気をつけろ。ひとつの中隊にばかり負担させるな。

中隊長伝令の少尉が、中隊の古株曹長に、明日、何をするかを周知させる。

行軍時は末尾の軍曹たちがちゃんと落伍兵を集めているかどうか確認すること。

各連隊の補給廠長（クォーターマスター）は、兵隊がどこに焚き木を採りに行くべきか指図する。

兵隊はキャンプ地にては、厨房近く以外では勝手に火を焚いてはならない。

中隊長は、ゴリゴリの規律屋であってはいかん！　兵隊どもから好かれるように努力せよ。

中隊全員の名前と性格を記憶し、病人は見舞い、苦情の原因を取り除け。

疫病の蔓延を防ぐべし。

もし兵隊の服装や服務が劣悪で加罰するときは、その監督下士官も一緒に罰すること。

兵隊が住民に乱暴しないように気をつけよ。

兵隊の背嚢（ナップザック）を点検し、余計なものを収納していないか承知せよ。

中尉は、大尉不在のときに、中隊の指揮を執る。

中隊下士官の心得。

新兵教育は、我慢が肝腎である。いじめるな。やさしく指導せよ。

罰するのは　わざと従わない性悪の新兵だけにしろ。

戦闘中、負傷したのでもないのに隊列から離れようとする兵に対しては、伍長はいかなる暴力を行使してもいい。彼を留めよ。

新兵は、敬礼は、将校に対してだけする。

新兵といえどもパトロール中は、装備の音を立ててはいけない。いささかも。

仲間が義務を果たすように鼓舞しろ。銃身の仰角に注意を払え。高すぎてはいかんし、味方射ちしてもいかん。

行軍中、水は好きなだけ随時に飲んでかまわない。

シュトイベンの遺産と本人の晩年

マニュアルには残されていないようだが、シュトイベンは、米軍に「銃剣術」を叩き込んだ。

確かに白兵格闘についてテキストにして人に教えるというのは、よほど高度の国語力がなくば不可能であったろう。そして翻訳も難しかったのだろう。その代わりシュトイベンは手取り足取り、コーチをしたはずである。そのようにして、至大の威力を発揮する無形の財産が、米軍には与えられた。

なにしろ当時は、銃剣突撃なくして、マスケット銃を装備する歩兵部隊が野戦で敵を圧倒する道は無いも同然であった。

しかるに、バンカーヒルの戦いまで、アメリカ兵は戦場で銃剣格闘などしたことがなかった。銃剣そのものは、マスケット銃の付属品として存在はしたが、それは万能調理具として使われることがほとんどだったのだ。

冬営期間の終了後、シュトイベンは、一七八一年のヨークタウンの前哨戦で実兵を指揮したほか、一七八三年の米軍の復員という大仕事でワシントンを補佐することになった。と同時に、動員体制解除後のアメリカの国防計画についても、青写真を描いた。インスペクター・ジェネラルとしての任期は、一七八四年に終了している。

同年、彼はペンシルベニア議会によってアメリカ市民権を与えられ、ドイツ改革教会派が多かったマンハッタン島の農園付きの屋敷（没収されたロイヤリストの不動産であった）に隠居した。連邦は彼に終身年金を与えることで、戦争中に溜まってしまった個人負債に苦しまずに済むように計らった。

シュトイベンは一七九四年に没するまで独身だった。遺産は、彼を終生助けた副官や秘書に分け与えられた。

米軍の「挙手の敬礼」についての謎

ところで、シュトイベンのマニュアルは、兵隊の気を付けの姿勢や、隊列の整え方、執銃《しつじゅう》教練や、鼓手が鳴らす信号の種類等については、漏らさず詳細に懇切に説明をしようとしているのに、「挙《きょ》手《しゅ》の敬礼の仕方」の具体的な記述が、見あたらない。

たとえば、「新兵は、背嚢への官給品組み入れの仕方、彼らの将校に遭ったときの敬礼の仕方、火器の手入れの仕方、洗濯の仕方、炊事の仕方を教わらねばならない」とは書いてある。が、その「敬礼」をどうするのかというガイダンスは、無いのである。

このことは、当時のドイツ諸邦軍・英軍・米軍では、今日の軍隊に通有《つうゆう》の挙手の敬礼の作法が、まだ確定はしていなかったことを示唆するように、兵頭には思われる。

ならば、今日の合衆国軍隊式の敬礼（それは四軍共通であり、また、右手に関しては、戦後のわが陸海空自衛隊とも同じである）のルーツは、シュトイベン以外のどこに辿り着くのか？

これについては、二〇一五年一月初旬に英国ＢＢＣ放送のニューズマガジンがインターネット上に公開した「Who, What, Why: Why does the military insist on saluting?」というテキスト記事の示唆するところが、かなり真相に近いのではないかと兵頭には思えたので、やや余談に亘るが、以下に要約紹介しておきたい。

――「挙手の敬礼」の起源が古代ローマにあるという証拠は、古い文献のどこにもない。中世の騎士が冑《かぶと》のバイザーをもちあげることで己の顔を相手に示し、敵ではないことを知らせたという話は、もっともらしいが、疑いの余地がある。

おそらく、上官に対して「シャッポを脱ぐ」という慣習的所作から、西欧軍隊の敬礼は発展した。

十八世紀以前の英陸軍では、帽子を脱ぐことが上官に対する敬礼だった。しかし十八世紀中に兵隊たちが頭に被る物がとても大仰になり、簡単には脱せられなくなった。そこで一七四五年に公式通達がなされている。〈英陸軍の兵士が将校の前を通過するとき、脱帽の必要はないが、代わりに、片手を帽子のところまでサッと挙げ、お辞儀をして通過せよ〉と。

この挙手の敬礼は掌《てのひら》を相手の方にハッキリと向けるもので、今も英陸軍と英空軍ではこのスタイルだ。しかし英海軍の敬礼は、陸軍と異なって、掌を下に向ける。それは、水兵たちの手がしばしばおそろしく汚れていたためであろう。そして米国軍の敬礼は、どういう経緯か不明だが、この英海軍式の敬礼スタイルが導入されたものであろう――。

補足すると、自衛隊では「掌を相手に見せるな」と教わる。つまり若干手の甲を相手に見せるくらいの角度が推奨される。米軍でも同じだろう。

「軍隊の精神革命」の中間段階

ふたたびヴァレーフォージに戻ろう。

全般に、米軍の士気（morale＝「モラール」と発音する。規律のことは「モラル」といい、最後のeが無い）は、一七七七年末の冬営開始時点で、尋常でなく高かった。

それについてはアメリカ人や外国人による複数の目撃証言がある。ヴァレーフォージに到着した兵士たちは、すみやかに木造小屋を並行線状に点々と立ち並べて、原野に小都市を出現させた。そのあちこちから、毎晩、景気のよい軍歌と愛国歌が聞こえたという。当然、しらふではないであろう。

兵頭は現役自衛官時代、上富良野演習場での冬季演習に参加したことがある。山の中の摂氏マイナス二〇度の天幕野営で就寝する前にどこからか一升瓶が出され、飯盒の内蓋になみなみと注いでもらえるのはありがたいものであった。かなりお代わりしても寒さのため酔った気はしない。じっさい誰もそのアルコールの影響が翌朝までは残らないのだ。

冬の夜に酒の力を借りていたのは、二百四十年前の英軍やドイツ軍とて同じだった。しかし米軍将兵は、酩酊によって無理やり一時的に精神状態を高揚させずとも、長期戦に勝ってやろうとする信念を保持した。

マサチューセッツでの対英開戦（一七七五年）以前には、「独立」なんて不可能じゃないかという疑念が半分以上あった。それは独立派の気持ちを重苦しく陰鬱にした。レキシントン～コンコード戦以降には、そんな疑念は独立派のアメリカ人の脳裡から明朗に払拭された。

米軍は確かに苦戦を続けている。だが見よ。英国のアメリカ派遣軍だって、陸上兵数はギリギリではないか。ボストン駐留軍は追い出され、サラトガでは一軍挙げて降《くだ》り、残余の遠征軍はニューヨーク港とフィラデルフィアに逼塞《ひっそく》しているありさまだ。

列強間に卓絶する圧倒的な陣容の英国艦隊といえども、他国の独立を取り消す力までは発揮し得ないのだ。他国民が現に主張している独立を取り消せるのは、その土地に乗り込む陸上兵力だけである。陸軍同士の勝負では、米英は互角であった。本土のすべての陸戦で負けぬ限り、米国はもう独立をしているのである。

戦争のこの先は容易ではないと分かってはいた。が、独立は半ば手中にある。それが、高い士気の裏づけになっていただろう。

古代からある都市国家や、スイス諸邦のような零細国家はカウントしないとすれば、新生アメリカ軍こそは、国家の基本目標（独立）と、個人の果てしない欲（独立国家を経て追求できる自由）を、下級兵までが重ね合わせて意識した、近代初の大国軍隊であった。

後年、そのような武装集団の活動の中でしか感じ取られない熱気を旧大陸に持ち帰ったのが、フランス人の若い義勇兵（多くは貴族将校）や旅行者たちである。

やがて、フランスでは、王族と最上層貴族の特権を剝奪して残余の国民を「革命防衛戦争」に総動員すれば、アメリカ独立戦争と同じ情熱のエネルギーが、国王のためではなく国民国家のために、末端兵士たちから捧げられるようになることが、証明される（フランス革命）。

西洋列強軍隊は十八世紀末に、革命フランス軍の兵隊たちの異常な精神的優越に驚倒することになった。

革命フランス軍は、国王や高級将官から細々とした点まで指示される「オモチャの兵隊」ではなく、下級指揮官が独創とイニシアチブを発揮した。部下たちも、厭々ながらではなく、攻撃遠征に勇往邁進した。

七年戦争ではプロイセン軍の兵隊は、体制愛とはあまり関係なく、軍人になった者の義務として戦闘に臨んだ。それは米国独立戦争の初盤では、最もすぐれた亀鑑《きかん》なのだと思われた。だが軍隊の精神革命には、さらにその先があったのだ。

フランスの参戦で戦局がひっくりかえる

ヴァレーフォージの天候は二月以降、好転した。

一七七八年二月六日には、パリでベンジャミン・フランクリンらの外交団が、フランスとの間の秘密同盟の締結に漕ぎ着けた。フランスはアメリカを国家承認し、北米のミシシッピ川より東のすべての権利を放棄した。また両国は、アメリカ合衆国の独立が確実となるまで、どちらも勝手に対英戦争を止めないことを誓う。

イギリスがフランスに宣戦するまでは、この同盟の事実は秘密にされた。とはいえ英国のスパイ網は確実に勘付いていただろう。三月十二日には、フランス政府は、「通商条約をアメリカと結んだ」と英国に通告。その一週間後、フランクリンらはベルサイユ宮殿で正式にルイ十六世に接見した。大陸会議は、五月四日に対仏同盟条約を批准する。

ヴァレーフォージでは、三月にナサニエル・グリーンが補給廠長に就任し、急に給養が改善されたという。これはおそらく、米仏同盟の成立について、ワシントンとその最側近（グリーンやラファイエット少将）だけは、こっそり知らされていたのだろう。米国政府がフランス政府から借財する当てができたために、徴発係の借用証文にも信用が付いて、諸事交渉が捗ったのではあるまいか。

シュトイベンは二月から四月までのわずか二ヵ月で、米軍を一から鍛えなおしつつあった。

ワシントンのひきずりおろし工作（第一巻八章）に動いたトマス・コンウェイ大佐が大陸会議への影響力を持たなくなったのも、四月であった。

いまやコンチネンタル・アーミーは兵站上の大きな苦境を乗り切り、以前よりも精強さも増した。兵頭おもうに、ヴァレーフォージでの悲惨さが米国史の中で特別に強調されることになった一因も、このコンウェイ事件や、反ワシントン派の政治運動を撲滅する必要からだったのであろう。ゲイツなどよりも、どん底の状態で部下のモラールを保たせ、逆襲に転ずることのできたワシントン将軍の方がずっと偉大な指導者なのであると、米国内向けに念押しするのに、ヴァレーフォージの道具立てはよく揃っている。

ともかくも一七七八年五月六日。ワシントン軍は、フランスがアメリカの独立を承認した（初の国家承認）というニュースに公式に接した。

劇的な変化が、物的にも、心理的にも、一斉に押し寄せた。

いまや大国フランスがアメリカ合衆国の軍事同盟国である。これは、アメリカ政府（大陸会議）が発行する紙幣や借用証文に、初めてまともな裏書き保証人が現れたことを意味した。戦費や軍需品が足りなければ、アメリカ政府が公然とフランスに要請すれば、借用もしくは無償供与の形で、それは満たされるであろう。

ただちに既述のように軍服がフランスに発注され、アメリカ軍は、その外見からして六月以降、やや一新されることになった。

ロンドン政府も、ぼやぼやしていなかった。

フランス軍は、爾後《じご》、新大陸のどこに兵力を送り込むか、予想ができない。特に案じられたのは、ニューヨーク港や、カリブ海の西インド諸島が仏軍の奇襲によって奪取されてしまうことであった。それによって英国が受ける打撃は、計り知れない。もはや一万人以上の陸上部隊をフィラデルフィアなどで遊ばせておける余裕はなくなった。

ロンドン政府からの斯様《かよう》な指示にしたがって、在北米英軍の総司令官（一七七八年二月四日にロンドンにて、ヘンリー・クリントン少将がハウ中将からその職を引き継ぐべしという辞令が出された。それはニューヨークには四月に伝えられ、クリントンは四月某日にニューヨークから、ハウの待つフィラデルフィアへ出張。五月から指揮権を行使した。クリントンの正式階級は独立戦争の最後まで陸軍少将のままであるが、総司令官職にある間は中将として遇される）は、イギリス軍が一冬のあいだ愉快に占領し続けた敵国首都フィラデルフィアを引き払い、またニューヨーク港まで戻ることになった。ただしこんどは、全部隊がデラウェア川を船舶で下って楽に沿岸機動するというオプションは、選べない。なぜなら、フランス海軍がこの地球上のどこで英国利権を攻撃するか分からないのだ。英国艦隊はその警戒のために即応態勢をとっている必要があり、陸軍は陸路をニューヨークまで徒歩行軍することが求められた。

一七七八年春先の小競り合い

往時の北米最大の住民数を誇ったフィラデルフィア市といえども、最前線の宿営地として米軍の偵察隊から北半分を遠巻きにされたような形勢では、陸路遠くから物資を集めることは難《かた》かった。さりとて、厳冬結氷期とその前後の流氷期には、デラウェア川を海から遡上してくる船舶の補給活動も止まってしまうから、近郷の家畜（肉牛）などはすぐに消費され尽くした。

そこで同市駐留の英軍は、一七七八年の雪融け早々の三月十八日と、貯蔵穀物もいよいよ払底し始める五月一日に、本格的な「徴発隊」を編成して郊外へ派出。軍需物資面の充実を図ろうとする。しかるにこの企図は二回とも、米軍の果敢な妨害行動によって、目的の達成を阻まれてしまった。

帝政フランスとの事実上の同盟関係の成立（英本国に対する殖民地の叛徒集団を他国が国家承認してやるということは、ほぼ自動的に、その国が英国に宣戦布告したと等しい）を五月六日に知る以前なのに、アメリカ人たちの戦意はあなどれないものがあった。

英本国のスパイ網は、フランス政府とアメリカ人たちが一七七八年二月になんらかの秘密協定を締結し、四月にツーロン軍港からフランスの大艦隊が大西洋へ向けて発航したことは探知していた。それにもとづく最新の情勢分析は、五月の上旬には、フィラデルフィアのクリントン司令部にまで届けられていただろう。このとき、北米地域の英軍総司令官を退任するハウ中将は、まだフィラデルフィア市内にいた。後任のクリントン少将は、五月十八日の夜明けから十九日未明まで、ハウ中将を歓送する大舞踏会を催す。

ワシントンは、パレードや花火を伴うこの壮大な乱痴気騒ぎが、何かの「煙幕」ではないかと疑った。在フィラデルフィアの英軍が、「フランスの参戦」という新事態を敏感に察して、先手を打って苦し紛れの新作戦に出ることは十分に考えられた。いまや「時間」はアメリカ人側の味方になっているからだ。

そこでワシントンは、若きフランス貴族(侯爵)のラファイエット少将に二千二百名という思い切った数の兵力を預けて、ヴァレーフォージとフィラデルフィアの中間に位置するバレンヒル(Barren Hill ペンシルベニア領)まで進出させ、そこで英軍の不意の動きに備えさせることにした。その決定は五月十八日になされた。

バレンヒルの戦い

これに先立つ三月、ラファイエットは、モホーク川流域を地盤とするインディアンのオネイダ族のもとへ出掛けて、四十七人の有能な戦士をリクルートして、五月十三日にヴァレーフォージまで戻ってきている。いったいに北米インディアンはアメリカ人を憎むスタンスだったのだけれども、フランス人だけは比較的にインディアンから好感されていたので、このような募兵が実現したのだ。ラファイエットは、彼らを斥候活動などに駆使するつもりだった。

このインディアンたちと、大砲五門をともなったラファイエット支隊は、スキルキル川（内陸部から南東へ流れ下り、フィラデルフィアにおいてデラウェア川と合流している。上流にレディング市あり）を「マトソンの渡し」から東岸へ移り、その退路を確保しつつ、やや南寄りの丘陵へ布陣した。そこがバレンヒルであった（今日では「ラファイエットヒル」と呼ばれている）。

フィラデルフィアからわずか十二マイルまで近寄ろうというこの米軍支隊の動静は、もちろん英側諜者によって偵知されていた。クリントンは、ハウ将軍歓送の徹宵《てつしょう》宴会が自然にお開きとなる十九日未明に、ひそかに八千名（大砲は十五門）もの有力な部隊をフィラデルフィアから送り出した。

兵頭おもえらく、市民総出の祭礼で人々の出入りがおのずとしげくなるときに、それに紛らせるようにして奇襲攻撃隊を送り出すというのは、ギリシャ・ローマの古典古代からの基本戦術の一つであった。当時の英米両軍将官の参考書も、古代地中海世界の戦史書だったのだろう。

この英軍部隊は五月二十日昧爽《まいそう》にラファイエット支隊と会敵することを期した。もし完全な奇襲となれば、三方向からラファイエット支隊をスキルキル川東岸へ押し包むように圧迫し、包囲殲滅できるかもしれなかった。だがその動きも、米側のスパイによって、ラファイエットのもとにすぐ注進されたのである。

両軍は五月二十日の朝に接触。ただちに小戦闘が生起した。

米軍側が野営して待っていたところに、数で三倍の英軍が包囲するつもりで近づいて来るわけで、これはよほど徹底的に土工した築城陣地で防戦するのでない限り、米軍側には勝ち目が薄い。

ラファイエットは、石積みの家屋や教会、石塀などを胸壁として、その背後に塹壕を掘らせ、かつまた、偽の攻撃梯隊を組み立てて、英軍に対し、今にも前進攻撃するかのように見せつけた。

そしてオネイダ・インディアン全員を含めた約五百人を旗本として砲兵陣地に張り付け、その射撃の援護下に、残りの部下をスキルキル川西岸へ離脱させることにした。

このバレンヒルの戦闘で、米側には九人、英側には三人の戦死者が出たともいう。

ラファイエットとインディアンたちは、最後にスキルキル川を渡河して退却した。

この小戦闘について、後世の軍事史家は、なによりもワシントンが、戦場実績の乏しいまだ若輩のフランス人貴族をあまりにも信任し切って有力部隊を一任している措置に、驚くのである。

ラファイエットに寄せるワシントンの好意は並外れていた。

おそらくラファイエットは、生涯子無しのワシントンが、独立戦争中だけ得た、出来の良すぎる「息子」だったのだ。こんな息子が俺にいたらなあ……という夢から出てきたような、生きた若武者。それが、ラファイエットだった。そしてラファイエットにとっては、将軍ワシントンは、じぶんが幼少時に欧州戦場の草むす屍《かばね》と成り果てた実父の代わりだった。

2 モンマスの戦い 北部で最後の大規模会戦

フィラデルフィアからのエバキュエーション（総脱出）計画

一七七八年六月十七日、英国軍と仏国軍は、主として海上で、交戦状態に入った。秘密同盟を二月六日に米国と調印していたフランスは、公然たる対英開戦に先立つ四月、ツーロン軍港から大艦隊をアメリカ方面に向けて送り出していた。

ロンドン政府も、スパイ網によって刻々のフランス軍の動きを追いながら、逐次に大戦略を定義し直し、四月にニューヨークからフィラデルフィアへ出張したクリントン総司令官に対して訓令を送達していた。

英政府としての最新の結論は、昨年秋から占領中であるところの米国首都フィラデルフィアはこのさいいったん放棄し、浮かせた兵力の一部をもって、むしろ西フロリダや西インド諸島の英軍守備隊を梃子入れせしめ、残余の軍隊は挙げてニューヨーク市の守りを補強したほうがよい——というものだった。

もしも来襲するフランス艦隊が優勢すぎた場合には、そのニューヨーク市も引き払ってカナダのケベック市の防備に回る、という選択までが、クリントンには授権された。

いまやクリントン司令官（彼は最晩年の一七九三年にやっと正規の大将にしてもらっている。良いコネや財力を欠いた軍人貴族のクリントンが正規の中将以上に昇るために必要だったのは、国王を感激させるほどの圧倒的な大手柄だった）にとっての懸念は、みずから率いることになったこの一万数千人の将兵が、内陸部のペンシルベニアやニュージャージーあたりでぼやぼやしているあいだに、フランスの遠征軍が沖合に現れて、自分が留守をしているニューヨーク港をいちはやく奪取してしまいやしないか――ということであった。

クリントンとしては、できれば全軍（ロイヤリストの全住民も含む）を、デラウェア河畔から輸送船に搭乗させて、軍艦の護衛の下、大西洋岸経由で安楽にニューヨーク市までエバキュエート（総脱出）させてやりたいところであった。

だがそれはできなかった。フランスの対英開戦が、大西洋におけるイギリス海軍のやりくりを、てきめんに苦しくしていたのだ。

なにしろロンドン政府は、インドを含めた全地球的に散在する英国権益の防衛を考えなくてはならない。それには、軍艦が何隻あっても足りないほどであった。

フィラデルフィア市からの一万人以上のエバキュエーションのためには、かなりの規模の輸送船団と艦隊の行動が、準備を含めて一ヵ月以上も束縛されてしまうだろう。殊にデラウェア川に集結しているときには他の東海岸はおそろしく手薄になってしまうので、フランス艦隊はどこでも好きな地点に悠々と全力を集中して所在の劣勢英軍艦を蹴散らし、要所を占領してしまうフリーハンドを得るであろう。

このためクリントンは、需品、重機材、そして独立派に迫害される運命にあるロイヤリストの家族だけは船でニューヨークまで回漕するが、残りの地上軍については、陸路ニュージャージーを縦断してニューヨークに向かうことに決心するほかになかった。もちろん総司令官本人以下、コーンウォリス少将ら主だった高級指揮官たち全員も、行軍を共にする。

さて、しからば陸路のコースはどのように取るべきか。

最初クリントンは、ニューブランズウィック市経由でラリタン川河口（スタテン島の対岸のパースアムボイあたり）を目指そうと考えた。

だが、サラトガ方面に駐屯していたホレイショ・ゲイツ麾下の大部隊が南下してクリントン軍をその途中で邀撃《ようげき》しようとしている——という不確かな情報（または臆測）が、念頭を去らなかった。そうするとあまり舟運にも頼れない。しかし随行させる輜重隊が長大になれば、それは陸上の敵軍にとっては好餌であろう（結局、英軍の荷馬車はニューヨークに辿り着くまでの間に一台もアメリカ側に奪われていないので、クリントンは出発前にその数を思い切って制限させたと想像し得る）。

フランスの参戦を知った米軍側の戦意が至って旺盛であることも明瞭であった。フィラデルフィア市の監視に任じていた地元ニュージャージー・ミリシャ諸隊との春先の小競り合いから、それはひしひしと感じ取られていた。

これはもう、北側から圧迫する米軍から適宜の間合いを取りつつ、最短の陸路で大西洋海岸をめざして、そこからニューヨーク港までは短距離の海上機動を考えるしかない、とクリントンは肚を括った。すなわち、アレンタウン（デラウェア川の屈曲部がもっとも東に張り出したところから真東にあり、トレントンからは東南東、ニューブランズウィックからは西南西にあたる）にまず出る。そこから、モンマス（北東）方向へ進路を転じ、大西洋岸のサンディフックに達すれば、そこは防禦には適した地形であるし、在ニューヨーク港の英海軍の艦砲の支援もすぐ得られるし、米軍のために全滅させられるおそれはなくなる。その先は、英海軍に、何回かに分けた海送を頼めばいい。

サンディフックならニューヨーク港の哨戒圏内であるから、味方の防備艦隊を過度に分散させてフランス艦隊に対する不利な隙をつくるようなことにも、万が一にもならぬはずであった。クリントンは少年時代からニューヨーク総督になった父に連れられて同地で暮らしていたので、マンハッタンやロングアイランド近辺の地理はよく知っていた。

計算してみると、道のりは、かれこれ百マイル（百六十キロメートル）はありそうであった。

英軍が行軍を開始し、米軍は冬営を終える

宿営地撤収と行軍の準備を整え了《お》えた英独軍が、いよいよフィラデルフィアからの離脱行軍を開始したのは、一七七八年六月十八日の未明であった。

先発する前衛集団は、クニプハウゼンを部隊長とするドイツ軍傭兵隊である。

フィラデルフィア市の周辺要図

輜重隊の規模をいくら制限したとしても、最も敵に襲われやすいといえる最後尾集団は、コーンウォリス少将が指揮することになった。

総勢では一万七千人（うち数千人はキャンプフォロワー）もおり、前衛となるドイツ軍を除いた主力をクリントンは二分割して、その半分をコーンウォリスに預けたのだ。二隊あわせた英軍の縦隊の行軍長径は十九キロメートルに達したという。

英独軍は、グロセスター岬とよばれる渡河点から、デラウェア川を東（ニュージャージー側）へ渡ると、あとは、ときどき小休止するのみで、日没後もぶっ続けに歩き通して、十九日の夕方、カムデン（サウスカロライナの町とはもちろん別）の三マイル南東で最初の夜営に入った。すなわち彼らは、いったんは南東方向へ遠ざかったわけである。

これは、米軍にいきなり包囲攻撃されたりしないようにする用心であったことは言うまでもない。カムデンからは、彼らは一転北上してアレンタウンを目指した。

英軍がフィラデルフィアを出たという第一報は、ヴァレーフォージのワシントンには、十九日の未明に届けられた。

ワシントンは早速、現地に土地勘があるマクスウェル准将（William Maxwell 一七三三年生〜九六年没。アイルランドからニュージャージーへ移住後、英軍の正規将校となり、フレンチ・アンド・インディアン戦争の末期には大佐。その後、ニュージャージー邦の代議員兼ミリシャ大佐に。独立戦争ではカナダ遠征に参加し、コンチネンタル・アーミーの准将に。一七七七年九月三日にフィラデルフィア市南方で英独軍に挑んだとき、このマクスウェルの部隊が米史上初めて「星条旗」を軍旗として戦場に持ち出したといわれる）の旅団を先遣して、ニュージャージー州のミリシャ隊と合同して英軍につきまとい、その行軍をできるだけ遅らせるように命じた。

他方、占領軍の去ったフィラデルフィア市を再確保するための進駐部隊は、まだ療養中だったベネディクト・アーノルドが率《ひき》いることになった。アーノルドはサラトガ戦での脚部負傷がまだ治癒しておらず、野戦に従軍するのは無理だったのだ。アーノルド部隊は、英軍の末尾が進発したあとに「本来の首都」に入城する。

ワシントンは、米軍主力を率いて、トレントン市の上流からデラウェア川を東へ渡って英軍を追尾・圧迫しようとした。クリントンの目的地はニューヨークだと分かり切っている。北から敵に並行するように追尾し、殲滅の好機を窺うのだ。

しかし、いままで冬営していた状態の全軍を、いきなり野戦行軍隊形に転換することは、できるものではない。米軍の全力が出陣準備を整える時間を稼ぐためにも、ニュージャージーのミリシャ隊に、遅滞作戦の期待がかけられた。

モンマス郡庁舎付近での宿陣

アレンタウンを出た英軍の主力は六月二十七日に、ニュージャージー州モンマス郡の裁判所が入った郡庁舎（Monmouth Court House）を中心とした小村落に夜営する。

そこから道路を北上すればパースアムボイへ通ずるのだが、ワシントン軍が北西から圧迫して来るため、クリントンにとってその企図は危険が大き過ぎ、選択不可能であった。かわりに、北東へ向かう道路を行けば、なんとか米軍主力と競走しながらサンディフックまで先着できそうだった。

クリントンは、前衛隊を率いるクニプハウゼンに、先行して北東のミドルタウンという村を占領するように命じた。ミドルタウンは少し高地になっているので、そこを先占して防禦陣地を工事させておけば、アメリカ軍が追いすがって攻撃しようとしても撃退は容易だと思われた。

このとき、ドイツ軍には大量の脱走兵（五百五十人ともいう）が発生していたという。前夜営地のアレンタウンから、わずか三日行程の間に、彼らの鉄の規律が甚だしくグラついていたのだ。いくつかの想像が可能である。おそらく、大都市フィラデルフィアでの冬陣中に、彼らの一部は〈まったく新しい人生〉の可能性を見つけてしまって、そこを去りがたく思うようになっていたのだろう。ペンシルベニア邦の東部は、ドイツ系移民の多い地域であり、吸引力が強かったとして不思議は無い。もうひとつの可能性として、馬車や荷車を極限まで制限したいクリントンからしきりに前路急行の命を蒙り続けることによって、せっかくフィラデルフィアから略奪してきたたくさんの物資を伴っての悠々たる行軍ができなくなることに、腹を立てたのかもしれない。いずれにしても、それら脱走ドイツ兵の多くは、後日に米軍に加入しているそうである。

クリントンが北東へ進むつもりであるらしいことを六月二十六日に察知してワシントンに急報したのは、ここまでずっとハラスメント攻撃をしながら英軍にまとわりついていた地元ニュージャージー邦のミリシャ隊だ。その筆頭の指揮官であるミリシャ少将のフィルモン・ディキンソン（一七三九年生～一八〇九年没）は、デラウェア生まれだがフィラデルフィアの大学を出てニュージャージー殖民地の法律家となり、トレントンに所領地があった。前年の十一月にはミリシャ准将としてスタテン島の英軍を偵察攻撃もしている。独立戦争後には、連邦首都選定委員の一人に選ばれている。

軍議にしゃしゃり出るチャールズ・リー

大部隊を率いるワシントンは麾下《きか》諸将をあつめて軍議を催した。

クリントンの本隊がミドルタウンに安着してしまえば、英独軍は鉄板の防禦が可能である。ワシントンの目論見は、米軍が一部の部隊（四千人）によって英軍の後尾縦隊（コーンウォリス師団）に喰いつけば、英軍の前半分（クリントン師団）としてもそれを救済するしかなくなるので、そこに米軍の残りの本隊（ワシントン指揮）が襲いかかるようにすれば、最初の攻撃タイミングを選べる米軍側に有利な平野決戦の機会を作為できるだろうというものであった。すくなくとも、末尾部隊は擒《とりこ》にしてしまえるだろう。

これに対して、フィラデルフィア大学ＯＢとして土地勘あるアンソニー・ウェイン准将（Anthony Wayne 一七四五年生～九六年没）は、主道路からはずれた英軍の小部隊だけを米軍の全力で襲撃するべきだ――という意見を述べた。要は、決戦を求めることには消極的であった。

そして冬営中の四月に捕虜交換されて舞い戻っていたチャールズ・リー少将は、真正面からワシントン案に反対した。

　この軍議についてのヘンリー・ノックスによる後年の証言によれば、リーは〈一万五千人の英独軍に挑戦するなんて気違い沙汰だ〉と発言した。

　それに対して、ラファイエットやナサニエル・グリーン少将は、縦隊となって伸びきった英軍の、鈍重な輜重隊を含む最も弱い後部梯団を襲うのだから勝機はある、と、ワシントンに味方した。

　リーは、シュトイベンらによるコンチネンタル・アーミーの訓練がどれほどの成果を挙げていたかには関心なく、ひたすら英正規軍を恐れていた。ハラスメント攻撃以上の戦闘は、アメリカ軍には堪えられないと信じていた。ちなみに七年戦争中の欧州戦線で、チャールズ・リーとヘンリー・クリントンは、プロイセン軍に加勢する英軍の若手将校として顔見知りであった。どちらも正規軍の運用術を、ドイツ人将兵を見本として学習したのだ。

　だからこそリーはコンチネンタル・アーミー内でも最初から偉そうな口が利けたのだ。加えて、大陸会議に対する政治的影響力でも、リーは依然、あなどれぬ存在感があった。

　ワシントンは、あるいは単なる社交辞令だったかもしれないが、最初に英軍を攻撃する先発支隊の指揮官はリー少将にお願いしたい、と言った。リーはそれを拒絶した。負けるにきまっているから、と。

　そこでワシントンは、派遣する支隊を五千人に増強した上で、ラファイエット少将に指揮を執らせようとした。するとリーはとつぜん、では自分が指揮官になると言い出した。

焦熱地獄のモンマス会戦

英軍本隊が野営地から進発することは確実と見えた六月二十八日未明、ワシントンはリーに、支隊を率いて英軍の後尾を攻撃せよと命じた。リーはしぶしぶと腰を上げ、必要以上に準備に時間をかけて出陣した。

英軍は、モンマス郡庁舎の辻から、パースアムボイへ通ずるニューヨークへの最短コースとなる道路は選ばず、アメリカ軍から間合いを取るように北東の道を進んだ。

リー支隊は、東北東へその道路上を一列縦隊で遠ざかる英軍の末尾を、北北東から横隊陣で圧迫しようと展開した。

しかしリーは、いつ攻撃に移るかとか、どこを狙うかとか、何らの腹案も持たず、したがって南北方向に横一線の展開をおえた部下の諸隊長たちには何の作戦指示も命令も与えずに、漫然とその陣形のままで英軍の後衛に歩み寄って行くばかりだった。さりとて、たまたま英軍と最初に接触した部隊がそのまま交戦に入ることは、禁じてもいなかったようである。

この日は朝からものすごく暑苦しい日になった。最高気温がすぐに摂氏三十八度くらいに昇って、ふだんならば戦闘どころか散歩すらも考えたくないような炎熱のもと、両軍は合戦しなくてはならなかった。高温は俄か雨も呼び、終日、天候は不安定だったという。

コーンウォリス師団の側面警戒隊と、アメリカ軍の斥候隊が、最初に銃火を交えた。

南北方向に一線に展開したリー支隊の中央に位置したのが、アンソニー・ウェインの部隊（数個連隊）だった。ウェインは自分の目の前の英軍部隊が行軍序列では中くらいからやや後ろであって、輜重やキャンプフォロワーを抱えた最弱部分であると推定した。斥候隊の交戦が始まるや、戦機がまさに到来したと確信したウェイン部隊は果敢に東進して英軍に襲い掛かった。ところがこれを見た臆病なリーは、はるか後方の本陣からウェインに、「前進するな。すぐに後退しろ」と、支離滅裂な命令を寄越した。

まさしくそのとき、クリントンの主軍は、ウェインに攻め立てられているコーンウォリス師団を救難すべく、正面方向を西向きから南向きへ転換して、北からウェイン隊に向かってきた。

これを望み見たラファイエット（リーの本陣のすぐそばに予備隊長として控えていた）は、現在機動中のクリントン主軍の背後に、予備のアメリカ軍部隊が翼側から機動して回り込んでしまえば、クリントン麾下の英軍全部をこの地で包囲殲滅する大チャンスが生じ、それがうまく行かずとも英軍の進路を塞いで行軍予定を一日以上も停滞せしめ、ニュージャージー・ミリシャをさらに呼び集める時間も稼げるだろうと瞬間に見抜き、馬でリーに駈け寄って、リーの手元に控置されている支隊の予備兵力をラファイエットが率いて前（北東方向）に出るという許可を求めた。

リーはこの意見具申を斥けようとしたが、けっきょく気迫負けして、ラファイエットに一部隊を与えてクリントン軍を側面から攻撃する機動案を承認した。

だが他方でリーは、ウェインの指揮下にあった三個連隊を剝ぎ取り、自分の退却路を安全にさせるよう手元に備えようとした。

ラファイエットが出動するまでもなく、南に旋回したクリントン部隊の側背にすぐに楔入《せつにゅう》できる好位置（北半分）に展開していたのが、チャールズ・スコット准将（一七三九年生～一八一三年没。ヴァジニアの出身でフレンチ・アンド・インディアン戦争ではワシントンの部隊に所属。大佐でトレントンに参戦。七七年四月、コンチネンタル・アーミーの准将。八〇年にチャールストンで捕虜となってしまうが戦後はケンタッキー州知事になり、W・H・ハリソンを同州ミリシャ少将に抜擢した。このハリソンが第九代の合衆国大統領である）の部隊、およびウィリアム・マクスウェル准将の部隊であった。しかしリーは、逆にスコットとマクスウェルにも後退の命令を伝えた。

ラファイエットもまた、攻撃しないで戻れという命令を、進撃の途中にリーから受領する。こうしたリーの優柔不断で意図不明瞭な采配によって、リー支隊は敵を前にして甚だしく混乱させられ、あっという間に総崩れに陥ってしまった。

元気を奮い起こして米軍を追いかけてくる英軍を、リーは、何かの方法で牽制しようとするでもなく、味方部隊の退却をどこかの地点で止めようとするでもなく、無為のまま傍観し続けたので、潰乱にはますます拍車がかかった。

リーは、いまや支隊司令部とともにみずからワシントンの本営に向かって総退却していることについて、報告のための一騎の伝令も、本隊司令部のワシントンのもとへは走らせなかった。

ワシントン将軍の激怒

コンチネンタル・アーミーの主力を率いるワシントンの指揮所は、リー支隊の約三マイル西方まで前進して、リー支隊が英軍を大いに混乱させる潮目を待っていた。

ところが、一方的に混乱しているのはリー支隊のようだった。見る見るうちに、一本の道路に沿って、ワシントンが位置しているところにまで、数千人が雪崩《なだれ》をうって潰走してきた。東方からは英軍が、整斉と圧迫するように追いすがって来る。

ついにワシントンの目の前に、リー本人が逃げてきた。

後世に無難な編集をされている米国の史書によれば、

「この無秩序と混乱は、ぜんたいどうしたわけなのです？」

とワシントンが声をかけ、

「俺が攻撃には反対だってことは知っているだろう！」

とリーがふてくされて応ずるので、

「やる気がないのに、どうして指揮官になった!?」

と、ワシントンが大声で詰問したことになっている。

……だが真相は、そんな穏やかなものではなかった。リー少将は、総司令官を侮辱する暴言の数々を、大勢が見ている中で投げ返した。それでワシントンもリーに対してこんどこそは最重量級の悪罵で酬いた。

やりとりを目撃していたチャールズ・スコットの証言によれば、付近の木々の葉が震えるかと思ったほどの叱責であったという。日ごろ、感情を押し殺すようにふるまっていた公人のワシントンが衆目をはばからず嚇怒《かくど》して大声《たいせい》を発し、個人を正面に見据えて罵り倒したのは、このときだけであった。

ワシントンはリーをその場で解任し、本隊後衛まで連行させた。

立て直された陣形

白馬上のワシントンの姿を仰ぎ見たことで、支隊の将兵たちは平常心を取り戻し、その場で横隊陣が再構築された。（この馬は会戦後、炎暑下の疲労のために死んでいる。）

いまやクリントン軍は、行軍縦隊一万三千人のうち九千五百人を戦闘加入させていた。本格会戦になった。

追撃の先鋒はコーンウォリス師団の乗馬歩兵（ドラグーン。騎兵ではなく、徒歩でのマスケット銃戦闘を旨とするが、移動には馬を使う）で、米軍主陣地の北翼（スターリング部隊）を回り込んでやろうと進んだが、そのあたりは小川や湿地が拡がっていて、行き脚は滞った。

ワシントンの本隊は、小規模な谷を陣地前縁として待ち構えていた。ここではラファイエットはワシントンの旗本に予備として控えた。

英軍は、小谷を超えて米軍陣地に攻めかかろうとした。最初は北翼、ついで南翼（グリーン部隊）、最後は中央（ウェイン部隊）へ肉薄する。が、緩斜面を登り切らないうちに戦死傷者が続出し、急速に疲労困憊した。それでも、ワシントンの指揮所までウェイン隊が後退させられるほどの猛襲だった。

おそろしい高温にもかかわらず、英軍はなおも攻撃を反復したが、下級指揮官がバタバタと射ち斃《たお》されるという惨烈な展開になった。

武功の「側防」砲兵陣地

ウェイン隊がコーンウォリス師団の主力と互角にわたりあっていたおかげで、デュプレッシ中佐の指揮する四門の六ポンド野砲隊が、米軍陣地前方の南側にあった「コーム高地(櫛ヶ丘)」に放列布置(大砲数門を陣地侵入後に横一列に散開させること)する時間が得られた。

デュプレッシ(Thomas-Antoine de Mauduit du Plessis　一七五三年生〜九一年没)は一七七七年に米軍に参加した多数のフランス将校の一人である。少年時代から砲兵学校に入った冒険好きな若者で、米軍には最初、砲兵大尉として迎えられていたが、デラウェア川沿いの砦の防衛に奮戦したのが認められて、大陸会議は彼を中佐に進級させた。

この小規模な砲兵の推進を掩護するために、グリーン少将の歩兵旅団が先行して高地を占領した。そこは三方が湿地のため、英軍は簡単に手が出せなかった。地名から推察するに、おそらく植生によっても敵眼からうまく遮蔽されていたのであろう。

英軍が整斉と数線の横隊陣をつくって幅広に展開してワシントン本隊に詰め寄せたときに、このコーム高地の野砲が、突進してくる英軍歩兵集団を砲丸で真横から串刺しにできる絶妙の射点を得たのである。

こういうのを現代陸戦用語で「側防火器」とか「側防陣地」等という。今日だと機関銃がその役目を担うことが多い。敵歩兵が横一線に広がって突撃をしてくるとき、我が陣地の少し斜め前方に巧みに隠蔽しておいた直射式重火器から急に弾丸を放発してやれば、敵兵は予期しない真横からの火線のために瞬時に我が陣地前で死体の山を築き、突撃は頓挫するのである。

伝説では、前列の英軍擲弾兵たちが手にしたマスケット銃が、横から高速でバウンドしてきた一個の六ポンド砲丸のためにバラバラと弾き飛ばされたという。

英軍は、下級指揮官があらかた戦死傷したために、遂に督戦が続かず、歴戦の古つわものたちだったが、たまらず退却した。

午後六時にクリントンは、防禦に適した小谷の東まで全軍をひきとらせ、そこで夜営準備に入った。あきらかに決着はついていなかったけれども、米軍も翌日に備えようとして、銃声は自然に止んだ。

この二十八日は、朝からの交戦で、おそらくどちらの軍も三百人前後の戦死者を出した。三十七人のアメリカ将兵と五十九人のイギリス将兵は、敵弾ではなく熱中症で死亡した模様である。

夜が更けるや、クリントンは、無数の篝火《かがりび》を盛んに焚かせ、防禦工事の槌音も響かせておいて、部隊にひそかに続々と北東への行軍を急がせた。欧州では古典古代から使われている、夜間離脱の常套演出だ。

この暑さでは、夜間の行進のほうが、兵にも馬にも、楽であったろう。

以降、クリントン軍は、六月三十日にニューヨークの外湾の南に位置する砂洲海岸サンディフックにたどりつくまで、米軍とは会敵をしなかった。だが負傷落伍者が、将校四人を含めて二百四十九人おり、彼らは米軍の捕虜になった。その他に、フィラデルフィアからニューヨークまでのあいだに、クリントン部隊からは約千名の脱走兵が出た。

モンマスの戦いは、北部戦域では最後の大きな戦闘となった。参加兵力数だけを見るなら、一日会戦として、米国独立戦争中の最大規模だった。

この会戦は、コンチネンタル・アーミーが、連隊単位で機動する遭遇戦において英国正規軍と互角に渡り合えるようになっていることを、中外に立証した。

クリントン、ニューヨークに帰り着く

ニューヨークのハウ提督は、フィラデルフィアから海路のがれ出ようとするロイヤリスト住民および需品の収容のため、デラウェア湾上で搭載作業を急ぎ、六月二十八日に出航した。

そして六月二十九日にはサンディフック沖に投錨。翌三十日にたどりついたクリントン軍を、逐次に七月五日までにニューヨークへ海送しおえた。

クリントン軍がサンディフックからいなくなった直後に、その沖に有力なフランス艦隊（司令官はデステーン提督）が姿を現した。もしタイミングがわずかに前後していたら、一万人のクリントン軍はサンディフックで遊兵となり、ニューヨーク港が米仏軍によって攻略された可能性もあっただろう。

ワシントンは、英軍を追撃する前に、チャールズ・リーの軍法会議を開かねばならなかった。モンマス北西の町、イングリッシュタウンにて、リーは有罪と宣告され、一年間、軍隊指揮権を剝奪された。その判決は、大陸会議（七月二日にフィラデルフィア市内に戻った）によっても僅差の議決で追認される。何ヵ月も経ってからリーは大陸会議に強く抗議する書簡を送った。が、もう相手にはされなかった。あとは軍務に服することなく、一七八二年にリーは死んだ。

ワシントン軍は、イングリッシュタウンからニューブランズウィックへ北上した。東への英軍追撃は諦めて、ニューヨーク港の北方まで先回りしようとしたのである。

一七七八年七月八日、ワシントン将軍は、ハドソン川の中流にあるウェストポイントに、新しい総司令部を定めた。

七月十日、フランス国王は公式に、英帝国に対して宣戦布告した。

3　期待された一七七八年の夏　ロードアイランドでの海陸連合作戦の躓き

デステーン艦隊の企図

ここで日付を少し戻して、一七七八年二月六日のパリにおける「米仏修好通商条約」、および当分は秘密条約とされた「米仏軍事同盟条約」の締結の後、帝政フランス軍がどのようにして米国の対英戦争に表立って加わったのかを追跡してみよう。

五月四日、この条約は米国大陸会議によって批准された。複雑で重大な交渉の応援のため、ジョン・アダムズ（のちの第二代大統領）も四月から渡仏してパリでベンジャミン・フランクリンらと合流し、そのまま十七ヵ月もとどまった。

フランスは、当時はまだ議会制（立憲君主制）の政体ではないから、国王が翻意しなければ、外交はそれで決まりだった。三月十三日に、仏政府は英国政府にこの条約の締結について通告し、英国政府は駐パリ大使を召還して英仏は国交が断絶した。

さっそく仏国王が送り出したのは、デステーン提督（シャルル・エクトール海軍中将。別名デステーン伯爵）の率いる、戦艦十二隻、フリゲート四隻を中心とする有力な艦隊である。その砲数は合計九百五十八門に達した。

当時の戦艦（戦列艦）とは、砲戦甲板が三層ある主力の大型軍艦を言い、フリゲートはそれが二層の快速な補助艦である。デステーン艦隊中の最大の戦艦だと、砲八十門を備えていた。フリゲートは四隻ともに二十八門である。

デステーン艦隊は地中海に面したツーロン軍港を四月十五日に出帆した。ただちに英国のスパイ網はその動きを掴んで、こちらも戦艦十三隻等からなる追跡艦隊を仕立てた。その英艦隊の司令官は、海軍中将ジョン・バイロンと言い、のちの高名な詩人の祖父だ。

デステーン艦隊は、水兵七千五百名、歩兵千名、海兵七百名弱を乗り組ませていた（資料により、総勢四千人とするものもあり）。その時点では北米の英陸軍の主力は、現地最高司令官クリントン以下、フィラデルフィア市に冬営していた。そこでデステーン提督としては、まずデラウェア湾を海上から封鎖することを目指した。

フィラデルフィア市の英軍は、デラウェア川から大西洋へ出られる連絡線をもしも仏軍によって閉塞《へいそく》されれば、七八年の夏は、攻撃の主導権を発揮し得なくなる。場合によっては、仏軍上陸部隊と米軍に南北から挟撃されて万事休す……かもしれない。

もしその結果、再び英国正規軍の大部隊が降伏したということにでもなれば、英本国政府は、十三殖民地を早々とあきらめようとするかもしれない。ワシントン以下の米軍人たちはそれを願った。

利権のかかる英国人たちは、それを懸念した。

在米英軍の総司令官クリントンは、ぼやぼやしていなかった。この仏艦隊がデラウェア川を封鎖する危険性は、深刻に考えられねばならない。クリントン将軍は、海岸での水上交通の自由が英国側にまだ確保されているうちに、フィラデルフィアからの総退去を決心した。

フィラデルフィア市を占拠していた英軍主力がニューヨークへの徒歩での退却を選んだことが、猛暑の六月二十八日にモンマス会戦を惹起した次第については、すでに述べたとおりだ。

有力なフランス艦隊の到着

デステーン艦隊が三ヵ月近くの航海の末、デラウェア湾（フィラデルフィア市に通じるデラウェア川の河口）に入ったのは一七七八年七月八日であった。もちろん、イギリス陸軍の、影も形も見当たらない。

往昔《おうせき》、大西洋を西欧から北米に横断するには、まず英国海峡以南の南下海流に乗って、いったんポルトガル南西沖からアフリカ西端まで移動して、そこで貿易風（東から西へ吹いている周年の卓越風）をとらえる。するとカリブ海の「風上諸島」（今のドミニカやトリニダード・トバゴのあたり）に達するので、こんどはそこから北上するメキシコ湾流に乗って北米沿岸の目的港を目指すようにすれば、平均して二十四日（堀元美著『帆船時代のアメリカ』が紹介している一八一八年のデータ）で到着することができた。

しからばいったいデステーン艦隊は、三ヵ月もの間、大西洋上で何をしていたのか？アルフレッド・マハンの古典大著『海上権力史論』を読む限りでは、どうやらフランス艦隊は、英国艦隊との戦闘に入る前に、下級士官や徴募水兵の訓練をしておく必要を感じて、その時間を費やしたようである。

英国海軍の場合、遠隔海域の提督が敵艦隊を見かけてただちに海戦を挑んで大きな損耗を生じてしまったとしても、熟練した中級指揮官、年季を積んだ水兵、そして艦船ともども、すぐに埋め合わせがつけられた。だから英国海軍の各級指揮官は基本の態度として、とにかく「見敵必戦《けんてきひっせん》」をこころがけて履行するようにさえしていたなら、すなわちそれがそのまま英帝国の勝利に最も合理的に貢献する道となった次第である。

かたやフランス海軍の側では、艦船の新造や最下級の未熟練水兵の充当については何とでもなるのだけれども、もし中尉〜大尉級の経験ある海軍士官や、老練な水兵が死傷してしまうと、その代わりの人材貯蔵は無かった。ゆえにパリ本国政府はその艦隊司令官たちに、軽率な海戦による消耗は避けるように、訓令をしていたようだ。のみならず、各艦の将兵の共同行動も平時から不十分だという自覚があったので、デステーンは英軍との実戦の前には十二分のウォーミングアップをして艦隊行動の円滑度を向上させておきたかったのであろう。

デステーンは、あきらかに英国艦艇や沿岸砲台との不用意な交戦を避けたいという意図のもとに、計画的にゆっくり行動した。

そしてデラウェア湾において、事前に収集した情報の如く、英軍がフィラデルフィア市をすでに放棄してニューヨーク港へ向かったのだと承知し、食料と真水を積み込むと、七月十一日にサンディフック沖まで北上し、波止場に所在した英国艦船を数隻、七月二十二日まで封じ込めた。

陸上を行軍したクリントン軍は、サンディフックから七月五日までにマンハッタン島へ海送されていた。デステーンは、それを確認して満足し、ついでおもむろに東海岸を北上して、ニューヨーク港を遠巻きにしつつ、その頃ホワイトプレインズに新しい本営を設けていたジョージ・ワシントン司令官と連絡を取った。

モンマスからのワシントン総司令部の北上

一七七八年五月にフランス軍が同盟者になったというニュースは、米国人を狂喜させ、六月のクリントン軍のフィラデルフィア市脱出を促し、米軍が途中邀撃《ようげき》を試みたことからモンマス会戦が生じたことは既述のとおりである。

六月二十八日のモンマス戦の結果について、ジョージ・ワシントン本人は、英軍には相当の打撃を与え得たものと判断していた。

七月四日に、四歳下の弟のジョン・オーガスティン・ワシントン（ヴァジニア邦のウェストモランド郡安全委員会の委員であった）に宛てた手紙の中で兄ジョージは、〈モンマス戦からニュージャージー領内を退却していく間に、英独軍は戦死傷や脱走によって精兵を二千名以上も減らしてしまったはずだ。フィラデルフィアに続いて、これから英国はニューヨーク市やニューポート市、カナダや西インド諸島までも手離すことになるかもしれない〉——と書いており、かなり楽観していたようである。

だが、英陸軍が再度ニューヨーク市に集結したことで、逆に敵将クリントンは、こんどはハドソン川の上流に向けた攻勢作戦に討って出るかもしれなかった。

ワシントンは、その危険に備えるべく、コンチネンタル・アーミーの主軍を率いてハドソン川中流を目指した。その行軍途中で、「デステーン伯爵の有力な艦隊が米国東海岸に到達した」という一報が到来したのである。

ワシントンは、米陸軍本隊を、ハドソン川西岸のハヴァーストロー（ストーニーポイントより下流にある）から「王様の渡し」まで南下させて渡河。新しい総司令部をホワイトプレインズに置いた。言うまでもなく、二年前にそこから退却させられた、思い出の戦場だ（第一巻、二一三頁地図参照）。

ワシントンが本営の位置をホワイトプレインズに定めたのは、〈そこならば仏軍と呼応してニューヨーク市を攻めるのに便利だろう〉——と計算したからでもあった。ワシントンは、独立戦争の最後の最後まで、ニューヨークを総攻撃して奪還することを夢に描き続けたのだ。

対するニューヨーク市の英軍守備隊では、籠城戦を覚悟し、防禦工事に追われた。

ニューヨーク港のリチャード・ハウ提督は、ぜんぶで九隻の戦艦しか持っていなかった。もしデステーン艦隊が集中したまま果敢に押し寄せたら、沖合で立ち向かっても数で圧倒されるだろう。

ただ、ニューヨーク港からの出口は、ロングアイランド島の西端と北端と二方向にあったので、輸送船の出入りが完全に遮断される恐れは低かった。劣勢艦隊も、港の奥に引き籠り続けていれば、陸上砲台の支援を受けつつ、手痛い反撃を攻め手に与えて、こちらは全滅を免れるチャンスがありそうだった。

歴戦のデステーンも、その呼吸は承知する。帆船時代の海戦は、蒸気船時代やガレー船時代の海戦と異なって、狭水面に突入することは簡単でも、出てくるのが簡単ではない。しかも、いつ英国の助太刀の艦隊が、背後から急に出現するかもわからないのだ。

ハウ艦隊にとっての危機は、すぐに去ってくれた。

七月十一日までに、ニューヨーク港に詳しい水先案内人たちが、同港の外縁には砂洲があって、大型のフランス戦艦が内湾へ進入しようとしてその上に至れば座礁してしまう危険が大きい、と、軍議で消極的な意見を述べた。制海権に自信のなかったデステーン伯爵には、それで十分だった。

もしかしてこの水先案内人たちは、占領軍からカネでも貰って、対仏謀略工作を成功させたのだろうか？　そうではなさそうだ。

当時の大型のフランス戦艦は、英海軍の戦艦よりも吃水《きつすい》が深くて、暗礁に船底を擦り易かったのだという。その理由を述べている資料は未見だが、兵頭が想像するに、フランス本土のブレスト軍港から大西洋へ乗り出す場合、あるいは地中海のツーロン軍港を出てからジブラルタル海峡を抜ける場合、どうしても卓越風（偏西風）に逆らわねばならず、フランスの軍艦の方が、英国の軍艦よりも、「間切り」（帆の表面の揚力を利用して風上へジグザグに進む。close hauled・詰め開き）の性能を重視しなければならなかったのであろう。とすれば、水中のふんばりをきかせるために、座礁の危険が増すリスクを忍んででも、キール（竜骨）を深くする必要があったかもしれない。水中のふんばりがきかないと、間切り航行を試みても、船体は風向に対して斜め横向きの体勢のまま風下へ押し流されてしまって、一向に目的海面へは近付かないからである。

ニューヨーク港の地図を見ると、サンディフックは北へ伸びる砂洲のように見え、また、ロングアイランド島南端からも砂洲が南へ伸びているように見える。この二つの砂洲を結んだ湾口の海底には、砂が堆積した「見えない堤」が存在しても不自然ではない。その一線を越えて西に進入しないことには、仏艦隊はニューヨーク港の埠頭区域や中心的市街を脅かすことはできない。そして帆船時代の海戦は、舵を切って回頭するのにも長い距離を航走する必要があったから、「ニューヨーク港沖海戦」がもし発生すれば、両軍の艦隊は機動中に幾度かこの「見えない堤」の上を乗り切ることになるかもしれないと、いちおう考えられたであろう。

してみると水先案内人たちの警告には、一理がある。デステーン提督も、当面、米軍と協同してのニューヨーク攻略は無理だろうと考えた。

デステーンは、港湾要塞に対する攻囲というものは、おびただしく大砲の弾薬を消耗する何ヵ月もの長期戦になること、そして、英軍守備隊が降伏するのは、補給が尽き、味方の英国艦隊もいつまでも救援にはやってこないと認めた場合に限られることを、インド～東南アジア方面における七年戦争中の自己の経験として知っていたのだ。

物資豊富なニューヨークの英陸軍主力を短期の攻囲戦で降す方法は考えられなかった。デステーン艦隊は、港内に閉じ込めたハウ艦隊と、英本土から二十四日前後で駆けつけが可能な新鋭の英艦隊との挟み撃ちを受けることも、いつも恐れなければならないわけである。

少し余談をするが、十九世紀末に米海軍大学校のアルフレッド・マハン大佐が、ひたすら「制海権」およびそのための「艦隊決戦」およびそのための「戦艦主義」を強調したのは、完全な制海権が我が手にないうちは、味方艦隊が陸戦にいくら協力したくとも、背後が気になっておちおち揚陸作業や艦砲射撃などしていられるものではないという、提督たちがあまり公言をしてこなかった現実を、こうした幾多の戦史記録から読み取ったからのはずなのだ。

ところが面白いことにマハン自身はその主著『海上権力史論』の中で、このときのデステーン艦隊が、ただちにニューヨーク在港のハウ艦隊を強襲すべきであったと論評する。

読者は想像せよ。ハウ艦隊との「ニューヨーク港海戦」で仏艦隊が多少のダメージを蒙ったところへ英軍の増援艦隊が到来したなら、デステーン艦隊は早々とボストン港に逼塞するしかなく、仏国王から期待されていた西インド諸島方面における占領拠点の拡大は不可能になったであろう。

それに、フランス政府にとって最も好ましい展開とは、英国が一七七八年か七九年にあっさりと米国の独立を承認してしまうことではなかった。あくまで米英が長期の泥沼戦を継続して、英国がとことん疲弊してしまう事態こそが、フランスの国益だったのである。

マハンはすぐれた直観と情熱の持ち主だったが、戦争理論家としては超一流ではなかったと考えておくほうが、われわれ後代の読者にとっては無難だろう。

さて史実のデステーンは、米仏合同のニューヨーク市攻撃作戦は実施せず、その代わりに、やや北方にあるロードアイランド邦のニューポート市を先に占領しようと決心した。

ニューポートを占領している英軍は小勢で、動員できる物資も限られているから、攻囲戦は比較的に短時日で決着するであろう。もし英艦隊が意外に早く英本国から増援に押し寄せてきたとしても、すぐ北にあるボストン港は米軍が確保しているから、最悪でもそこへ逃げ込めばよいとデステーンは計算できたのだ。

この折のジョージ・ワシントンの立場としては、フランス軍司令官の決心に、とにかく合わせて行くしかないのだった。

デステーン提督の戦歴とキャラクター

デステーン伯爵は名をシャルルといい、エクトールという姓もあったわけだが、貴族の家系ゆえ、最終的な称号でもって呼ばれることが多い。

生まれたのが一七二九年十一月。代々の陸軍軍人家系で、実父も陸軍中将だった。シャルルは、ルイ十六世の父（ルイ十五世の息子なのでドーファン＝皇太子と呼ばれたが、王にはならず）の幼年時代の「ご学友」だった。

長じるにつれ「従者」格となり、九歳にして歩兵隊入り。つまりもともとは陸軍軍人である。一七四六年に十七歳にして中尉となった。

その年、威勢ある元帥の孫娘と婚姻したが、すぐオーストリー継承戦争に出征する。オーストリー領であった今のオランダ地方では、フランスの名将モーリス・ドゥサクス元帥が、英・独（ハノーヴァー公国）連合軍を相手に前年から勝ち続けていた。

デステーンはそのドゥサクス司令部の見習い幕僚のひとりとなり、わずかな期間で大佐・連隊長に昇って、同方面の最終作戦であるマーストリヒト攻囲戦（一七四八年春〜五月七日）に加わったという。

その要塞は前年の秋からドゥサクスのために孤立させられていた。英国は味方のロシア帝国から陸路、解囲のための援兵を招いていたものの、そのロシア軍部隊がドイツ諸邦を横切ってオランダまで到達する前に、フランス軍は守備兵を降伏に追い込んだのだった。四八年十月のエクス・ラ・シャペル（アーヘン）条約にフランスは満足し、兵を引いた。

このあとルイ十五世は、フリードリヒ大王のプロイセン軍に倣《なら》いたいと思い、軍制改革に着手した。デステーンは率先してその改革に邁進し、じぶんの歩兵連隊を、新式の模範部隊に仕立てたという。

その後、短期間だが駐英大使に随行して、外交の現場も勉強した。

北米大陸でフレンチ・アンド・インディアン戦争が始まり、一七五五年にモンカーム将軍がカナダへ渡ると、デステーンも新大陸で戦いたくなった。しかし家族が止めたという。

だが、いよいよ七年戦争の一環として東インド（今のインド亜大陸）への遠征艦隊派遣が決定されると、デステーンはもう家族には相談せずにそれに加わることを決めた。この時点で妻との関係は破綻していて、正式離婚を待つばかりだったようである（一七六七年から財産分与の裁判で揉めている）。

宮廷はデステーンを准将にしてやり、それによって連隊長の仕事からは解き放った。ダシェ提督の派遣艦隊に便乗するラリー司令官の部下としてデステーンは一七五七年一月にインドに向けて出航した。

喜望峰を回ってインド南東部海岸（セイロン島よりも北）の英軍拠点沖まで達したのは一七五八年四月末である。ただちにダシェ艦隊の主力艦八隻と、英海軍のポコック提督率いる現地艦隊（主力艦七隻）との間で海戦が生じた。この海戦が引き分けたため、ダシェ艦隊は陸兵をうまく上陸させることができた。ラリーの陸軍部隊はフランスの拠点のポンディシェリー市から攻城機材を取り寄せ、少し北にある英軍のセント・デイヴィッド要塞を十七日間囲み、六月二日に陥落させた。このときデステーンは仏主軍の左翼に位置して指揮を執った。

ラリー司令官は一七五八年末から翌年二月まで、こんどはさらに北の海岸にある英国拠点のマドラス市を攻めた。

しかしフランス海軍がインド洋の制海権を握っていないために英軍はベンガル湾からの味方艦隊の来援を当てにできたこと、仏側がモンスーン（夏に南西からの風が吹く）の明ける秋まで待ったため英側の防備工事が十全だったこと、フランス側の軍資金が底をついてセポイ（イスラム教徒のインド人騎兵で、カネ次第でどっちにもつく）の雇用力で英側に劣ってしまったことにより、最終的に攻囲は失敗する。

ちなみに五九年二月までにマドラスの英軍は、大砲二万六五五四発、小銃二十万発以上を発射したそうである。

デステーンは、このマドラス攻防戦の推移を、英軍と一緒に要塞の内側から眺めることになった。

というのは、早々と十二月十四日に捕虜になってしまったのだ。

マドラス市のうち、原住インド人が暮らす街区は要塞化されていなかった。仏軍はまずそこへ浸透して略奪を開始した。すると突如、六百名の英軍部隊が、立て籠もっていた要塞内から躍りかかった。仏兵たちは市街地内で奇襲され、大混戦になった。前に出すぎていてまんまと捕らえられたデステーンは、マドラス市の英軍要塞内に拘束された。

仏軍は、攻城用の弾薬を後方からとりよせるまでにそれから三週間かけ、五九年一月二日から五日間連続で準備砲撃した。双方の応射で街区は真っ平らに均《なら》されたという。それから仏軍は強襲をかけたものの、壁は突破できず、坑道発破もまた奏功しなかった。

その間、英軍側のセポイの有力な一隊は、仏軍側の後方兵站《へいたん》線を襲撃し続けていた。やがて、仏側のセポイが脱走して英軍陣営に投ずるようになった。

一月三十日、英軍のフリゲート艦が仏海軍の封鎖線をすり抜けて、多額の金銀貨（それは傭兵を働かせるのに不可欠である）と、耳寄りの情報をもたらした。ポコック提督がベンガル湾のカルカッタから兵員六百名を乗せた救援艦隊を率いてまもなく到着する、というのだ。

これを知ってラリー司令官も攻略を焦る。が、南下してきたポコック艦隊が二月十六日に沖合に現れると、総攻撃は諦められ、仏軍は包囲を解いて南のポンディシェリー方向へ退却した。

デステーンは英軍司令官から、パロール（この戦争が終わるまで英軍に対して敵対行為をしないと誓って自由の身になること）をもちかけられていたのに、応じずに粘っていた。なんとか捕虜交換されれば、再び戦線へ復帰できるからだ。

しかし仏軍が退却してしまったので、しかたなくパロールを呑んだ。条件は、東インド戦域では英軍と敵対しないこと、だった。

一七五九年五月、三十歳のデステーンは、マダガスカル沖のフランス領の島（今のモーリシャス）に護送され、そこで解放された。

デステーンはパロールの縛りをうまくすり抜けるために、フランスの東インド会社の二隻からなる小艦隊に「観戦武官」として同乗し、あくまで対英闘争を続けたいと念じた。

この二隻は、ペルシャ湾の港を強襲して英船一隻を拿捕し、バンダル・アッバスにあった英国工場を破壊してから、スマトラ島方面を目指した。途中で拿捕した敵船は、次々にモーリシャスへ送った。デステーンが海上で暴れているという情報は英国側にも知れ渡った。

一七六〇年二月にスマトラ島に到達すると、さっそく英国の拠点を奪取して、それをフランスの同盟者のオランダ人に与えたりした。

さすがにスマトラまで来れば、英軍の強固な要塞というものもなく、片舷一斉砲撃で守備兵（ここでもセポイやマレー人が多く雇われていた）が逃げ出すようなことが多かった。

出航して十ヵ月後に「デステーン艦隊」はモーリシャスに戻った。すると宮廷からの帰国命令が届いていたので、彼は本国行きの商船に便乗する。

しかるにこの商船、フランス本土沖まで来たところで、英軍艦に鹵獲《ろかく》されてしまった。デステーンは「パロール違反者」として英本土で抑留される。が、弁明が聞き入れられ、釈放された。

パリに戻ると、彼は英雄として讃えられた。

一七六二年一月、デステーンは、陸軍中将、兼、海軍少将に正規に任じられた。南米のポルトガル領土（今のブラジル）を奪いたいと欲した国王ルイ十五世は、その遠征作戦の艦隊司令官にはデステーンが好適であろうと考えて、デステーンの陸軍の籍を脱せしめ、さらに海軍中将に昇進させた（このことは、彼が地上作戦の指揮官として不向きであるという評価が軍隊内にあったことを示唆するのだろう）。

しかしポルトガルとはじきに和議が成立したので、国王はデステーンを一七六四年に、今のハイチ（当時のサントドミンゴ）の総督に任命した。当地においてデステーンは、英軍によってカナダ東部から追放されたフランス殖民者を島に勧誘したりしたが、あまりに瘴癘《しょうれい》の痩せ地であったので、結果は悪かったという。デステーンは六六年までその職を務め、カリブ海にも詳しくなった。

一七七二年にデステーンは海軍軍監および、大西洋岸のブレスト軍港所在地の県知事に任命された。

七七年に米国独立戦争への介入を決意したフランス宮廷は、デステーンを改めて「アジアおよびアメリカ海域の艦隊副司令官」（中将職）に補任し、デステーンはその肩書で、七八年四月十三日にツーロン軍港を出帆した次第である。デステーンは満四十八歳になっていた。

ニューポート市はどうなっていたか

ロードアイランド邦は、マサチューセッツ州とコネチカット州に東西から挟まれた、米国の最小面積の殖民地である。その初期の開発の拠点となった港がニューポートだ。

ニューポート港は、ナラガンセット湾に浮かぶ最大の島・アキドネック島の南西端にあった。今日、そこには米海軍大学校が所在する（一八八四年創設。アナポリスの海軍兵学校とはもちろん別だが、南北戦争の折、海軍兵学校が臨時に移転してきたことがある）。

アキドネック島は、その北東端において、対岸（米大陸本土のティヴァートン市。やはりロードアイランド邦領）とごく近く、そこには渡し場もあった。

このニューポート港に、英艦隊が入ったのは一七七六年十二月七日であった。ただちに英軍はアキドネック島を占領した。

陸軍の隊長は、ピゴット（Robert Pigot）少将という。

兵力は、英独兵をあわせて六千名であった。

しかし一七七八年時点では、守備隊は三千人に過ぎず、引き続いてアキドネック島に引き籠って要所の陣地を固めていた。周囲の米大陸本土には、指呼の間のティヴァートンも含めて、アメリカ軍の陸兵が展開して島の様子を窺っているというありさまであった。

ロードアイランド方面の米軍司令官は、ニューハンプシャー出身のジョン・サリバン少将で、一七七八年三月に大陸会議によって任命されていた。独立戦争中、ワシントンが深く信頼した部下の一人が、このサリバンである。

大陸会議とワシントンの期待に応えようと、サリバンは、フランス軍が直接来援する可能性は特に考えずに、米軍の力によって、その夏にはニューポートを攻略しようと、準備を始めていた。

しかし守将ピゴットも手を拱《こまぬ》いてはおらず、五月後半に果敢な突出攻撃をしかけて、サリバンが蓄積させた補給物資を損壊させている。「フランス参戦のニュースはイギリス将兵の士気を衰えさせてはいないぞ」という、示威であった。

六月中旬、ワシントンはサリバンに、同方面の兵力を増強すると伝えた。

そして六月二十四日には、ワシントン司令部からジョン・ロレンス大佐がサリバンのもとへ伝令に出され、〈デステーンの艦隊がロードアイランドに向かっており、海陸からの合同作戦でニューポートを攻略することになろう〉と予告した。

さらにジョン・グローバー准将（John Glover 一七三二年生〜九七年没）と、ジェームズ・ヴァーナム准将（James Mitchell Varnum 一七四八年生〜八九年没）が、ラファイエットとともに同前線に着到する。

ボストンの北東にあるマーブルヘッド岬で生まれたグローバーは、ミリシャを率いてボストン攻囲戦からワシントンに合流していた。戦争前は漁業者だっただけに、初期の米軍の舟艇作戦において彼は屈強の参謀となった。あのブルックリンからの撤収、そしてデラウェア川の渡河にもグローバーが諸手配をしたのである。たぶんワシントンは、このグローバーを幕僚として、みずからがハドソン川からマンハッタン島を攻めたいという構想をもっていた。しかしニューヨーク攻略をしないことになったので、グローバーをサリバンのもとへ派遣したのだろう。

ヴァーナムは、ロードアイランドの大学（今のブラウン大学）を卒業していて現地には土地勘があり、やはりミリシャ幹部として独立戦争の初期からワシントン軍に馳せ参じている。一七七七年

ロードアイランド邦要図

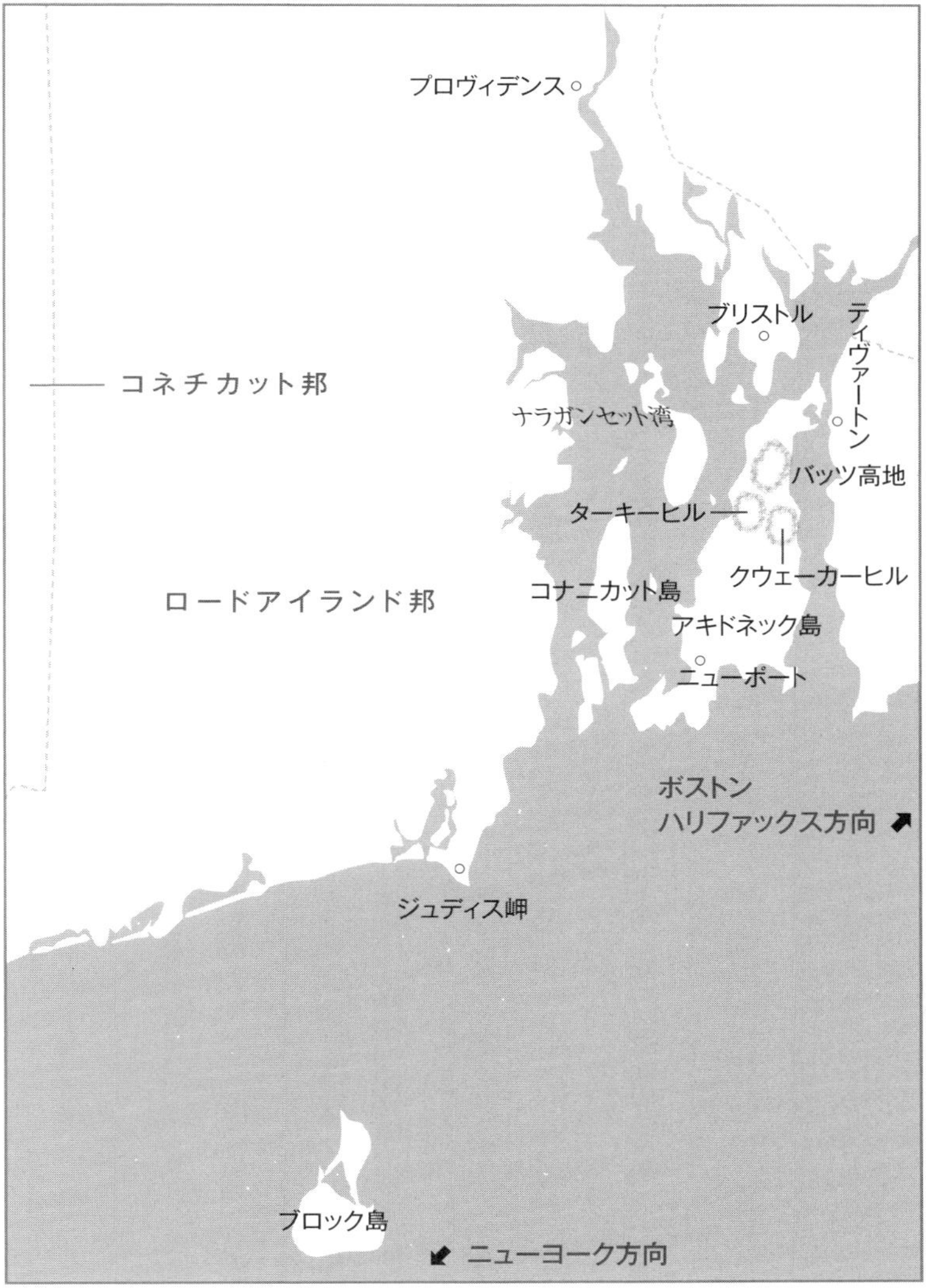

にはデラウェア川のマーサー砦とミフリン砦に布陣して英軍の遡上を遅滞させた。したがって水陸連合作戦にも不案内ではない。しかし武人というよりは法律家肌なので、ワシントンは「目付」として頼りにしたのではないかと想像される。

春の農繁期が過ぎると、いよいよニューイングランド全域のミリシャが召集された。一七七八年七月十七日付のサリバン宛ての手紙ではジョージ・ワシントンは、〈権限を付与するから最大至急にあと五千人を徴募せよ〉と促している。ロードアイランド、マサチューセッツ、ニューハンプシャー各邦から、サリバンの野営地に、季節動員による一万人近くが集まった。彼らはフランス軍参戦の報に、勇躍していた。つまり、秋までにはニューポートを陥落させて、臨時召集のミリシャたちはいったん帰郷するという暗黙の予定表が、アメリカ人たちの間では共有されていたのだ。

最後にワシントンは、やはりロードアイランド出身のナサニエル・グリーン少将を、サリバンの司令部へ応援に派遣して、大軍の運用にぬかりがないようにはからった。

守将ピゴットも、七月中旬までにニューポート市の外縁を要塞陣地化した。

米軍の次の狙いはニューポートなのだと理解したニューヨークのクリントン将軍は、リチャード・ハウの艦隊を使って兵力の一部をニューポートへ運送させた。この結果、アキドネック島の守備隊は六千七百人に増強された。

圧倒的な仏軍戦艦隊の長射程砲力

ジュディス岬は、ナラガンセット湾口の西の突端である。南からニューポートへアプローチする艦船は、このジュディス岬を過ぎれば、間もなく前方にアキドネック島とニューポート港が見えてくるのだ。

一七七八年七月二十九日、戦艦十二隻、フリゲート艦四隻、随伴の輸送船複数から成るデステーン艦隊は、このジュディス岬沖に到達した。

この時点では、仏艦隊には、水兵七千五百人、海兵二千五百人、陸軍将兵千五百人が乗っていたという。

仏艦隊は、アキドネック島の南東端「ブレントンが浜」の沖合へゆっくり移動して投錨し、ナラガンセット湾を完全封鎖した。三隻の身軽なフリゲートは湾口の右端と左端で遊動し、それぞれ英艦船の泊地を襲う気勢を示したので、英軍は、あわてて三隻の自軍の艦艇を自焼した。

七月三十日、二隻の仏戦艦が、アキドネック島の東西海岸線を島の北部の沖近くまで遡上。その結果、所在の英艦船八隻が炎上、十三隻が沈んだという。

この記録が本当だとすれば、アキドネック島にすら、艦砲と射ち合えるような沿岸要塞砲は、置かれていなかったようである。

伯爵デステーンと平民サリバン

アキドネック島を取り囲む大陸本土には、ニューイングランドじゅうから集まってきたアメリカ人ミリシャとコンチネンタル・アーミーの総勢一万人が布陣している。

さっそく仏艦隊司令部は、現地米軍将官と合議して、ニューポート攻撃案を打ち合わせた。誰も記録は残していないけれども、この軍議の雰囲気は、よくなかったと想像できる。

そもそも帝政時代のフランス軍の一大特徴として、将校は王侯貴族階級の独占職業とされ、平民がその職業に進出してくることを貴族側では内治面での危機だとして警戒した。

こうした風土は、平民から尉官・佐官への任官、もしくは下士官から将校への部内進級コースも用意されていた英軍（英海軍の場合だと最後には将官になることすら可能）との、いちじるしい違いであった。これがさらに米軍となると、そもそも政府や国家が公認する「貴族」の肩書が存在しないのだから、ぜんたいどんな馬の骨が大尉や大佐になっているのかも、知れたものではないわけである。

フランス艦隊に乗り組んできたプロ将校たちは、相手の米軍将校の人品・挙措・教養が、欧州大陸の「貴族」にあてはめたならばどのレベルのものか、値踏みを試みたであろう。そしてどうやら、少将ジョン・サリバンがフランス人たちに与えた印象は、好ましくなかった。

ここで読者は、前述した、デステーン提督のこの時点までのプロフィールを、思い出して欲しい。サリバンのみならず、米国人の誰も、この人物に勝る戦争経験は、有していなかった。

さなきだに、フランスのような古い欧州の大国で、国家から一艦隊を任されるほどの司令官は、宮廷から信頼されている有力貴族である。その家系も人脈も個人財産も、平民の想像を絶したものであった。加えて、海戦および陸戦の判断に必要とされる高度で機微な専門知識（それには国家を代表する出先外交官としての政治判断まで含まれた）も蓄積しているのだから、四十八歳の伯爵デステーンとしては、三十八歳の平民サリバンがほとんど対等な将官として振る舞おうとすることじたいが大きな驚きであったに違いない。

帝政フランスの威信を背負うデステーン中将から見れば、無名のサリバン少将は、デステーンの意見の聞き役にあくまで徹するべきであったのだろう。

ところがサリバンの方では、三年間も戦陣に在って、精神はすっかり荒武者になっているから、こと実兵の指揮に関しては、欧州貴族などにすこしも引けを取る気はしなかった。

いかにもアメリカ生まれの法曹家であるサリバンは、渡欧経験はゼロである（終生、北米大陸を離れることもない）。しかしこの独立戦争に関しては、レキシントンの衝突騒ぎよりも早くからミリシャを組織して対英敵対行動を開始し、ボストンからカナダ、ロングアイランドからペンシルベニアと、途切れなく戦い抜いていた。敵（英独軍）も味方もよく知っているという自負がある。なかでも、アメリカ軍側に制海権などまるでなかったボストン市の攻囲戦で、制海権を握っている英軍をギブアップさせたという成功体験は、このたびのニューポート攻囲作戦に重なってイメージされていたはずだ。

そうなると、先任者デステーンに全作戦の指導を乞うというよりは、あくまで対等者的な態度でニューポート攻略の持ち場の分担を定めようと思ったとしても、無理はないはずである。

ニューポートは、ボストンよりもずっと港町としての規模が小さい。ならばその攻略も、ボストンよりも短時日でカタがついていいはずだ。仏軍は、その地上部隊と援護砲撃とで、アキドネック島の英軍を、米軍の主攻方向の裏手に牽制してくれればもう十分であり、あとは自分たち米軍でカタをつけてみせよう、と意気込んでいたのではなかったか。

一方、デステーン中将はそう思っていなかった。英軍相手のいかなる要塞攻囲戦も、それまでに溜め込まれた守備陣地内の物資をすっかり消耗させるまでは終わるものではなく、かつまた、味方の援軍が当分どこからもやってこないという絶望を守備将兵が共有しない限りは、降伏も開城もまずあり得ない話なのだと、彼はじぶんの長い経験から承知していた。ボストン市は民間人（ロイヤリスト）の密度が高かったので、物資消耗が早かった。ニューポートは、そうではないのである。

軍議はまとまったが……

作戦計画は、次のようなものだった。

最終攻略目標は、アキドネック島の南西端にあるニューポート港と付属の市街地である。その陸側の後背地は、多重の塹壕要塞線になっている。海側に対しては、沿岸砲が多数、設置されていた。

まず圧倒的に優勢な仏艦隊が、ナラガンセット湾内に所在する英国の艦船をあらかた始末する。

これによりサリバンの米陸上兵が、アキドネック島の東側対岸にあたる大陸のティヴァートンからアキドネック島へ、妨害を受けずに舟艇で漕ぎ渡ることができる。

上陸したところにはすぐ、バッツヒル（高地）という瞰制高地がある。英軍はそこに陣地を構えているので、まずそれをどうにかしなければならない。

前後して仏艦隊は、アキドネック島の西にある、湾内で二番目に大きな島、コナニカット島に陸戦部隊を上陸させる。これによってニューポート市内に立て籠もる英軍は、対岸のコナニカット島の仏軍の動静が気になって、アキドネック島を南下して後背地から迫るサリバン軍には全力で立ち向かえなくなる。バッツヒルの防備にも、本腰は入らないはずである。

コナニカット島の仏兵は、サリバン麾下のアメリカ軍に呼応して、好機をとらえてアキドネック島に渡り、米軍とともにニューポート市街をひしひしと包囲して、降伏せしめる……。

この作戦の難点は、ニューポート軍港の海側正面は、英軍が大砲を多数揃えて防備を強化してあるので、事前に仏艦隊の牽制攻撃によって何日も砲弾を射耗させた後でなくては、コナニカット島からの陸兵の漕渡は危険すぎる博打になってしまうことであったろう。

守将のピゴットは米仏軍の目論見を容易に看破し、バッツヒルの防備をあらかじめ撤収して、徹底的にニューポート主陣地を固めるシフトを敷いた。

後世の者がタイムラインを読む限りでは、どうしてこの作戦が八月一日か八月二日に開始されなかったのか、不思議である。サリバンの側に、兵員や弾薬・資材の集中がなお必要であったのか。それとも仏艦隊側に何か別の都合があったのか……。

この気持ちはホワイトプレインズのワシントン将軍も同じだったようで、八月四日付のサリバン宛ての手紙の中で、〈とにかく刻々の現地情報を私に報告してくれ。まる一日、あるいは二日、何事も起こらなかったのなら、何も起こらなかったという事実を報告してくれなくては困る〉と、指導を試みている。最高司令官として、当然の苛立ちであったろう。

あるいはフランス側は、作戦計画の「進行表」を秘密にすることをサリバンに強いたのだろうか?

そうだとしても、ワシントンの情報請求に応えなかったらしいサリバンには、大軍を預かった部下指揮官として、いくぶん器量に欠ける憾《うら》みがあったと推理しないわけにいくまいと思う。

作戦のすべり出し

一七七八年八月六日、十一隻の仏軍艦がニューポート軍港に接近し、市街と砲台を砲撃。英軍は、残っていた最後の一隻の英軍フリゲートと、多数の運送艇をまず大慌てで自焼。続いて、他の小型の英軍艦七隻も、相次いで自焼した。

八月八日、再びデステーン艦隊がニューポート港に砲撃しながら接近して、こんどは英軍砲台の前を通過するとコナニカット島の前に停泊し、四千名の陸兵を降ろそうとした。これだけの人数の揚陸となると、最大に急いでも二日間は要する。ずしりと重い弾薬箱を一個一個ロープで端艇まで吊り下ろして浜までピストン輸送する手間を考えただけでも、気が遠くなる作業量であった。それだけでなく、野砲や天幕や糧食や炊事道具も陸揚げしなければならないのだ。

ニューポート港の各所に配置された英陸軍の野砲は、どうもこの仏軍艦に弾は届かなかったように思われる。

翌九日、英軍が島の南部に防戦努力を集中している隙に乗じて、サリバン指揮下の米兵たち一万一千人がティヴァートン市前の「ハウランドの渡し」からポーツマス（〝港口〟という意味で、よくある地名。日露戦争の講和会談が開かれたヴァジニア州のノーフォーク軍港に近い有名な都市と混同すべからず）へ上陸開始。そこはアキドネック島北東岸であった。

英軍は、動かせる舟艇をほとんど全部自焼してしまっていたために、この米軍の上陸を海上から阻止・妨害する手段を欠き、傍観するほかなかった。

バッツヒルが無人になっているのは事前に偵知されていたから、米軍はあっという間に島の北部を無血占領してしまう。

ここまでは順調なすべり出しであった。デステーンの作戦計画は絶妙に図に当たった。英独兵六千名の命運は、もはや風前の灯火《ともしび》かと見えた。

しかるに、仏艦隊がまだ揚陸作業を終えないうちに、ジュディス岬沖に、リチャード・ハウ提督が率いる八隻の戦列艦を含む英艦隊が出現し、そこで錨泊した。じつはニューヨークのハウ提督は、七月二十八日にデステーン艦隊の北行を知り、八月一日には出撃するつもりだったのが、逆風に出足を挫かれてしまって、来るのがこんなに遅れたのだ。あるいはデステーンは、このハウ艦隊の襲来を予期したがために、アキドネック島攻撃の決行を遷延させていたのかもしれない。

ハウ艦隊の八隻のうち四隻は、増援にやってきたバイロン艦隊から編入したものであった。つまりニューヨーク港内には、まだまるまる一個艦隊が温存されていたことになろう。それはデステーン提督の知るところではなかったものの、デステーンにもその見当はつく。ニューヨーク港の海側の守りをガラ空きにしてしまうことは、英軍として非常識だからだ。

デステーンは、半分上陸させた仏兵をすぐふたたび艦内へ収容し、八月九日夜に風が沖へ向かって吹くように変わると、ただちに港外へ出た。なぜ陸兵の収容にこだわったのかは、「分からない」と言うしかない。

予想外の展開

この当時、「制海権」という海軍術語は無かった。けれども、揚陸作業中に背後から敵の艦隊が接近してくるような状況では、揚陸作業そのものを、おちおちやってはいられないことは確かであった。それは英軍人や仏軍人たちにとっては常識だった。それは理解できるとして、すでに揚陸の済んでいる兵力と物資は、そのまま置き土産にしてもよいではないか？　これがサリバン以下の現地のアメリカ軍将兵たちには、解せなかったところだろう。

デステーンは、海戦でも、艦内のマン・パワーはあればあるほど役に立つと信じていたのか？はたまた、軍艦と陸兵は決して分離しないようにすべきであるという信念を持っていたのか？　答えは、分からないが、参戦当初のパリ政府の強い希望として〈西インド諸島でひとつでも多くの島をフランスが占領確保すること〉があったと想像されるから、もしデステーンが北米よりも西インドでの作戦を優先しろという密命を蒙っていたのだとすれば、陸兵の指揮を誰かに任せて艦隊があとからそれを再収容したくてもできなくなってしまう、というなりゆきを懸念したかもしれない。

ともあれ、英艦隊が出現したことにより、デステーンは、数日をかけて仏米間で綿密に摺り合わせたニューポート攻略作戦案を、未練気もなく自動的に自分から御破算にした。

サリバンは、おそらくデステーンの幕僚から、一日刻みで進行する「合同作戦計画表」を事前に与えられていたであろう。このときのサリバンは、仏軍の砲撃による裏からの牽制（およびそれに応戦する英軍の砲弾消耗）のあるなしにかかわらず、米軍だけで果敢に島内を南下攻撃することもできたであろうし、また彼の性格としては、是非ともそうしたいところであっただろうが、あえてそれを自制し、麾下部隊をアキドネック島の北端陣地の線にとどめ置き、海戦の帰趨がはっきりするのをひたすら待つことにした。サリバンは、ここはあくまで己を殺してフランス人将官の顔を立てねばならぬところだと思い詰めて、自重に努めていたのだろう。

嵐に翻弄された海戦

優勢な仏艦隊が劣勢な英艦隊を見たとき、仏艦隊は風上に位置していたという。しかしフランス海軍は伝統的に、いつでも自方から海戦を打ち切って遠ざかれるよう、風下側に位置するのを好んだといわれる。

どちらの艦隊も、満足のいく隊列と位置関係ができないうちは交戦を急がずに、敵艦隊に対してつかずはなれずの機動を続けた。

英海軍の場合、「海戦要務令」のような、かなり細かな準則が制定されていて、もし艦隊司令官が規則から逸脱した指揮（たとえば船足の速い艦にだけ個艦としての交戦を許す）を臨機に採用した場合、確実に軍法会議が待っていた。結果が悪かった場合には銃殺されることもあり得たのである。なんと両艦隊はこの「位置取り機動」を、八月九日の夜から二日間も続けた。

やがて次第に海象が悪くなってきた。とうとう八月十一日の夜、ロードアイランドの陸上と海上を、嵐が通過した。

永久陣地に籠っているわけではないアキドネック島北部の米軍将兵は、雨まじりの強風に叩かれて、びしょ濡れとなった。だが海上の風は、もっと激しかった。

フランスの大型戦艦の檣《ほばしら》が何本も折れるという暴風であった。両艦隊ともに損傷続出し、陣形もバラバラになって、もはや肉薄して勝負を決するどころではなくなった。

それでもほんの数艦が、個別にチャンスをとらえて砲撃を試みている。いずれも一発も命中しなかった。やがて敵も味方も、夏の嵐に翻弄され、ちりぢりに吹き流された。このような場合、帆はすべて畳まれ（間に合わなければ斧で帆柱ごと倒してしまう）、暫時、風任せとするのである。

仏艦隊では、かかる場合の申し合わせ事項として、あらかじめ、各艦で暴風海面を脱出してデラウェア湾へ向かい、そこで再集合することを決めていた。ハウ艦隊の諸艦も同様に、修理をするためニューヨーク港へ逃げ込んだから、海戦は、始まる前に終わった。

サリバン、怒る

アキドネック島北端に滞陣していたサリバンは、嵐が過ぎ去るとともにデステーン艦隊までがどこかに消え、いつまで待っても帰って来ないようなので、断然、八月十五日に、米軍単独の行動として島内を南進した。

守備する英軍は、すばやく島の南部まで撤収し、ニューポート市の外郭陣地帯に布陣した。

こうして八月十五日に、米軍は島の南半分に達し、ニューポート市の外郭防衛線を北側から攻囲する格好になった。爾後、陸上での野砲の射撃交換が延々と続いた。

デラウェア湾に集結できたデステーン艦隊が再びニューポートから見えるところまで戻ってきたのは、やっと八月二十日であった。

そしてデステーン司令部はサリバンに告げた。「全艦の修理が必要であるため、われわれはすぐにこれからボストン港へ行く」と。

デステーンは、ニューポートの英軍拠点攻略のための仏米連合作戦そのものから、一方的に離脱すると宣告したことになる。すでに大兵力が集中して戦闘も始まっているアキドネック島戦線の米軍は、見捨てるというのである。

驚愕したサリバンとグリーンは、ラファイエットを通訳にして、せめてあと二日だけ当地に残って、米軍が北方から総攻撃する間、裏口方向であるニューポート港を牽制砲撃してくれと懇請した。デステーンは聞かず、フランス軍の地上部隊のみを同地に置いていくことについても、断った。

サリバンら米軍指揮官たちは、仏軍が加勢すればニューポートはすぐに陥ちると考えていた。しかしデステーンは、体験から、それは無理だと判断できた。無傷のニューヨーク艦隊がすぐにも増援兵力を引き連れて襲来するおそれが高かった。デステーンはもうこの時点では、バイロン艦隊のニューヨーク到着を推定できた（実際には七月に大西洋上で大嵐に遭遇して離散。三々五々、九月までかかってニューヨークに辿り着いている）。

合議は打ち切られ、デステーン艦隊は、陸兵四千名を伴ったまま、二十一日にボストンへ向けて出航してしまった。

デステーンの決心の根拠として考えられるのは、〈陸兵は簡単に下船し得ても、野砲の弾薬や野営資材や糧食などの物資の卸下はとても二日では終わらない〉というものだっただろう。

陸戦隊のすべてでなくとも、その一部（たとえば野戦砲兵）だけだったならば、火砲、弾薬等とともに二日間くらいで揚陸は完了したかもしれない。

だがデステーンの過去の見聞が教えるところでは、本式の塹壕陣地を築いてしまっている英軍の守備隊が、たった数日の攻囲を受けて降伏することなんかあり得ないのだ。

艦隊決戦に勝つことによって英軍守備隊に「海からの増援はもう来ない」と絶望させ、なおかつ、守備陣地内の糧食と弾薬が尽きそうだという状況にまで追い詰めてやらないと、英兵は開城はしない。それには何十日間も砲撃戦を続けなくてはいけない。その間にも英国の新手の増援が海からやってくるかもしれない。だから世界帝国相手の戦争は、焦ってはならず、まず自分の艦隊をボストンで修繕して万全のコンディションにし、次の海戦に備えることこそが肝要なのである――。

米国人は次のように解釈をした。

――サリバン少将がデステーン中将の指示を待たずに、中将の不在中に単独で米軍を動かしたことに、気位の高い小人物のデステーンが臍を曲げたのだろう――と。

一時の怒りに駆られたサリバンは、ホワイトプレインズの本営や、首都フィラデルフィアの歴々に宛てて、どうなっているんだと感情的に問詰する書状を発した。

これに対する回答がもたらされるまでの間に、ロードアイランド方面軍のアメリカ軍将官たちの当惑と狼狽は、部下兵卒に伝染してしまった。「この戦役限り」という契約で臨時に動員されていた多くのミリシャたちが、フランス軍が助勢しない以上、ニューポートはもう陥落しないのだと素早く状況を見切って、勝手に帰郷を始めた。もうじき九月になれば、秋の農業シーズンも始まるからだ。

仮定の話、もし米軍の陸からの攻撃だけでニューポートを占領できたとしよう。仏艦隊の庇護がなければ、またすぐに新手の英艦隊が陸兵を満載してやってきて、奪い返されてしまうことは必定ではないか。みんな、そこを考えた。

当初、人数の点で守備隊を圧倒していた米地上兵力は、みるみる減少した。

逆に、背後の海からの挟撃を気にしなくてよくなった英独軍は、北面の戦線に全力を集中できるようになった。

総退却計画

やっと八月二十四日の昼、ワシントン総司令官からの返書がサリバンの指揮所に届いた。それによれば、ハウの艦隊はすでにニューポートを解囲するための陸兵五千名を載せてニューヨーク港を発航したという。

やがて、ハウの英艦隊は、ブロック島（ロードアイランド邦領で、位置はジュディス岬よりもはるか沖にあり、むしろニューヨーク邦のロングアイランドの東端に近い）にさしかかっていることが通報された。

さらにボストンからの手紙によれば、デステーン艦隊はすぐにはニューポートに戻ってこないであろう（ボストンに入港したデステーン艦隊が、当地の米国人たちから冷ややかな歓迎を受けたことは言うまでもない）。もはやサリバンには、迷っている余地はなかった。

ニューポートの英軍守備隊は、増援に期待ができるため、継戦意欲を維持する。じっさい、補給物資が届けば、冬までも粘るだろう。否、その前に、ハウ艦隊が多数の英軍を引き連れて数日以内にナラガンセット湾のどこかに上陸をした場合、アキドネック島内の米軍数千人が逆に捕虜になってしまう恐れが出てきた。

島の中央部に指揮所を置いていたサリバンは、即刻撤退を決心した。

アキドネック島内のすべての米軍を、対岸本土へひきさがらせるにはどうするか？

まず、夜間を利用し、ニューポート市を圧迫している最前線部隊を、島の北方まで後退させねばならない。サリバンからの命令は、すぐに前線へ伝えられた。

攻囲軍は、ひとりのこらず持ち場を捨てて、八月二十九日の朝までに島北部の新陣地に移った。

この新陣地は、バッツヒルのすぐ南側にある複数の高地を東西に結んだ線で、そのうちの顕著な西側の丘を「ターキーヒル」、東側の丘を「クウェーカーヒル」という。

サリバン少将は中央やや後方のバッツヒルに陣取った。グリーン少将は西側陣地に、舟艇専門家のジョン・グローバー准将は、本土への退路を控えた東側陣地を守った。

英軍の急追撃

八月二十九日の夜明け、米軍の退却を確認したピゴット司令官は、一斉追撃を下命した。島の西側の縦貫道路を北上したドイツ傭兵隊は、ターキーヒルに襲いかかった。フランシス・スミス少将の英軍歩兵部隊は、島の東側の縦貫道路を北上してクウェーカーヒルを攻めた。

陣地に拠る米軍は、弾薬を惜しみなく発射し、英独軍の猛攻に頑強に抵抗した。猛暑日だった。海風が丘でさえぎられ、ほとんど堪え難かった。米兵は自由に半裸になって戦闘を活発に続けた。しかし英独兵は脱走防止の規律上、制服（英兵は赤、ドイツ兵は青と黄色）を脱ぐことを許されていなかった。しぜん、英独兵の動作は緩慢になり、午後三時には歩兵戦闘は下火になった。あとは、砲兵だけが発射を続けた。

米軍の砲兵隊は、撤収に便利なように島の北東端に集まり、そこから火力支援した。アキドネック島の北の対岸本土、ブリストルにも米軍砲兵がいて、そこからバッツヒルに掩護射撃できた。

米軍は、敵の斥候から見える場所に多数のテントを張って、すぐには島から出て行かない風を装った。しかし重資材と貴重な需品は夜の間に次々にフェリーで本土へ渡した。

黒人米軍部隊

八月二十九日の米軍西側陣地においては、ロードアイランド邦で解放されたばかりの元黒人奴隷からなる一個大隊が、旧主人たちとともに奮戦したという。

最初は、ミリシャに志願して一定年限従軍することと引き換えに黒人の奴隷身分を解除し、ロードアイランド邦がその元所有者に補償金を支払うという取引であった（法律の裏づけは一七七七年二月から）。もちろん総司令官ワシントンもあらかじめ相談を受けて、承認を与えている。

しかしまもなくこの制度は改正され、すでに解放されている黒人たちが志願する部隊にされた。将校は白人だが、下士官以下は黒人またはインディアンだった。

退却後衛戦闘

八月三十日朝になると、ドイツ兵が西側陣地を浸透してきたが、午後二時、グリーンがバッツヒルから逆襲攻撃を指揮して、ターキーヒルより追い払った。

以前の米国民兵ならば、白兵戦はまるでダメだった。しかし今、英独兵の攻撃の矢面に立っている千五百名ほどは、銃剣格闘を少しも恐れぬ真の「兵士」に成長していたのだ。これを知って英独兵の士気は低下した。またも暑さがひどくなり、交戦は停頓する。

英軍の斥候は米軍陣地に二百メートルまで近寄っていたが、もはや決定的攻撃は試みようとはしなかった。彼らは、三年前のバンカーヒル戦（米軍は陣地から追い立てられたものの、英軍の下級指揮官多数が討ち死にした）よりもまずい結果になることを恐れた。

この二日間の戦闘で、米軍も英独軍も、数十人ずつが戦死した。

またも、砲兵の撃ち合いが、それから日没まで続いた。

その三十日の夜、テントが畳まれ、米軍の島からの総撤収が一挙に実施された。主力はティヴァートンへ。一部は、北の対岸ブリストルへ渡った。

ラファイエットは、ボストンへ片道七十マイルの連絡に出かけていたため、撤収前の戦闘の指揮はとっていない。早馬を乗り継いだラファイエットは、往路は七日、戻りは六日と九十分で駆け戻り、島の北東端で最後の撤収作業を援護する後衛部隊を指揮した。

総撤退の最後の一人がアキドネック島を去ったのは、八月三十日の深夜十二時よりも少し前であった。

ロードアイランド戦は、ニューヨーク市以北のニューイングランド地方で戦われた戦闘としては、双方が集中した兵員の規模において最大であった。

独立戦争が終わったはるか後になってラファイエットは、このロードアイランドでの接近白兵戦が、独立戦争中での米軍が見せた最良の戦闘だった、と持ち上げている。

そしてラファイエットは、この時点でデステーン伯爵がもっと前向きに米軍を支援していたなら、一七八二年のヨークタウンで降伏した英軍と同じ規模の六千人もが早々と擒《とりこ》となったので、独立戦争そのものが早期に決着したに違いない、と信じ続けたようだ。

たしかにバゴインのサラトガ降伏から一年以内のニュースとして、それはロンドンの世論を動揺させたであろう。しかし兵頭は、デステーンの判断がむしろまともであったと考える。

デステーンに訓令を与えていたフランス政府にとっては、この独立戦争が短期で終了しないことが「国益」であった。戦争が続いているうちに、カリブ海でフランスの占領地を増やしたいというパリ政府の希望に、デステーンは忠実であった。戦争は、クラウゼヴィッツが発見する以前から、「政治」の部分集合なのである。

その後のニューイングランド地方の英軍

八月三十一日、ハウ艦隊がニューポートに来着した。ヘンリー・クリントン司令官みずからが、五千人の英国正規軍をひきつれて便乗していた。

この艦隊は、仏軍が去っていることを確認すると、沿岸をコッド岬の方へ東航して、ニューベドフォード市やフェアヘヴン市（マサチューセッツ州のバザーズ湾に注ぐ大河の両岸に向かい合っている）を焼き立てている。

ニューポートの英軍は、翌年までアキドネック島を占領し続け、一七七九年の十月に、デステーン艦隊の捲土重来に応ずるために、クリントンの命令によりロードアイランド邦を撤収した。

したがって現地の米軍ミリシャ隊も、それ以後は、ニューヨーク邦やニュージャージー邦への援兵となった。

「バートン砦」の由来

かたや、ティヴァートンに逃れたサリバンの部隊は、そこから陸路、プロヴィデンス（ナラガンセット湾の北の一番奥にあり、今日のロードアイランド州の首府）に移動し、そこで、七八年末からの冬を越した。サリバンはその後、奥地の対インディアン討伐作戦を引き受けるであろう。ほとんどのコンチネンタル・アーミーは、また歩いてワシントンの本営まで戻った。ミリシャたちは、冬に備えて帰郷した。ごく少数の砲兵だけが、ティヴァートンに築かれた「バートン砦（Fort Barton）」に残留する。

要塞の名前は、ウィリアム・バートン陸軍大佐（一七四八年生～一八三一年没）にちなんでいる。もともとプロヴィデンス市の帽子屋の従業員だったのがミリシャに兵隊として志願し、逐次に昇進して少佐になっていたバートンは、一七七七年六月末、英陸軍のリチャード・プレスコット将軍がアキドネック島内の宿舎で油断しているという情報を得るや、ただちに挺身作戦を立案した。

じつはこのリチャード・プレスコット、前に一度、米軍に捕虜にされたことがあった。それは一七七五年、米軍のカナダ遠征隊がモントリオールを陥落させたときである。その後、アメリカ人の将校と捕虜交換されて、いったん英本国に帰っていたのだが、再度、米国に派遣されたのだ。

バートン少佐と四十数名の部下たちは、七七年の七月九日深夜、プロヴィデンス川右岸（本土）

のワーウィックから五隻のキャッチャーボートを漕いでナラガンセット湾内を十マイル海上機動し、三隻の英海軍フリゲートの見張りをあざむきつつ、アキドネック島北岸に上陸した。

そして深夜、日付が変わった頃に、プレスコットが司令部にしていた農家を急襲。哨兵も虚をつかれたという。

バートンらはプレスコットおよび副官を、着の身着のまま拉致してボートまで引っ立て、そのままプロヴィデンス市まで連行して監禁してしまった。

やがて、当時のウィリアム・ハウ司令官との交渉が進められた結果、プレスコットは、一人のアメリカ軍将官と捕虜交換されることになった。

その結果、解放された米軍将官こそ、チャールズ・リー少将である。

バートンはその後、一七七八年五月二十八日に、英軍の守備隊がブリストルとウォーレンを焼き討ちしようと出てきたのと交戦して、大腿部に被弾。重傷だったため、夏の作戦には参加していない。しかし七九年に復職し、八三年の終戦まで軍務を全うした。

ニューイングランド作戦のおわり

ジョージ・ワシントンは一七七八年九月一日に、戦争委員会に対して、英軍がロードアイランドに五千人を移動させたことで防備が弱くなったであろうニューヨーク市を、今、強襲すべきかどうか、打診した。メンバーの将軍たちは、それは無謀だろうという見方で一致した。

大陸会議は、サリバン少将が下した退却決心と実行を、一七七八年九月九日に、公式に称賛した。つまり、米軍側には何の落ち度もなかったと内外に宣伝した。

ともかく、大いに期待された七八年の夏のシーズンは、こうして、むなしくなった。

しばらくの間、ホワイトプレインズのワシントンも、またフィラデルフィアの大陸会議も、「フランスは何のつもりだ!」と憤る中堅指揮官や国民一般の感情と、「米軍指揮官は水陸両面作戦というものに無知すぎるぞ」と逆に腹を立てているフランス軍将官たちの双方を宥めねばならなかった。

ワシントンは、一七七八年末からの冬営の場所を、ニュージャージー邦のミドルブルックに決めた。それについては後述する。

ジョン・ポール・ジョーンズの英本土攻撃

一七七八年の四月に、ブリテン島とアイルランドの間にあるアイリッシュ海に面したイングランド北西部の港町ホワイトヘヴンが、米海軍の小型軍艦から端艇で上陸した艦長たちにより襲撃されるという騒動が発生した。

この大胆不敵な挺進攻撃を指揮した艦長ジョン・ポール・ジョーンズとは、何者か?

ジョン・ポールは一七四七年、スコットランドの南西部で生まれている。すぐ南はもうイングランド。彼にとってホワイトヘヴン周辺は、故郷の古巣のようなものだった。

彼の父は庭師であったという。また兄は北米ヴァジニア殖民地のフレデリクスバーグ市に移民していたといわれるが、その子孫はおらず、謎が多い。

ジョン・ポールは十三歳で見習い水夫となり、ホワイトへヴン港から船出した。当時の英国商船は、カリブ海と往復する奴隷商売で儲けていた。ジョン・ポールは次第に雇い主から船を任されるようになる。

ところが西インド航路往復の途中で一人の部下船員と給金のことで揉め、双方が刃物を持ち出す喧嘩になって、ジョン・ポールは相手を殺してしまった。彼に言わせると、それは「自衛＝正当防衛」なのであったが、裁判になれば不利であると判断したジョン・ポールはフレデリクスバーグに逃亡。官憲の捜査を免れるために「ジョーンズ」という姓を追加してフィラデルフィア市に潜んだ。

それから米海軍に志願して一七七五年十二月七日に中尉に任じられるまでの足跡は不明だ。ノースカロライナ邦の有力政治家ウィリー・ジョーンズ（一七四〇年生～一八〇一年没）が連邦議会の同邦代表に宛て推薦状を書いたといわれる。

その同じ日には、アイルランドの船員から身を起こしてフィラデルフィアで商船船長に出世していたジョン・バリー（John Barry 一七四五年生～一八〇三年没）も米海軍大佐に初任された。バリーが先任なので、「合衆国海軍の父」と呼ばれている。

ジョン・ポール・ジョーンズは、小型艦を与えられ、南はバハマ諸島から北はノヴァスコティア沖まで「私掠船」活動に励んだ。この私掠船というのは、文明国政府公認の海賊である。殊に米国では、がんらい政府から給料をもらえる「海軍士官」も「水兵」もまったく存在しなかったため、有事に急に危険な海上勤務のために良い人材を集めようとしても無理だ。それで、敵の輸送船を襲って拿捕し、敵乗員は捕虜にし、その船体と積荷はどこかの港で売り払って、その儲けを乗員全員で山分けしてしまうというビジネスを許したのである。

ジョン・ポール・ジョーンズは他の米海軍幹部たちとは折り合いが悪かったようで、軍艦を取り上げられ、一七七七年十一月にフランスへ遣られた。現地にはベンジャミン・フランクリンやジョン・アダムズらが居た（フランクリンが正式に米国外交使節代表に任じられるのは七八年九月十四日）。

七八年にやっとスループ型軍艦『レンジャー』を与えられたジョーンズ艦長は四月九日に、フランス本土が大西洋に最も張り出した岬にあるブレスト軍港を出帆。北上して、勝手知ったるアイリッシュ海に入った。

『レンジャー』は、それが建造されたヴァジニア邦のポーツマス港から、中尉以下の士官や水兵たち全員が乗り組んでいた。この乗員たちは、私掠船活動で儲けることにしか興味がなかったので、ジョーンズ艦長の苦心は並大抵ではなかった。

フランスの軍港ブレストを出航して四日後に、亜麻の種（当時アイルランドのベルファストには麻布貿易の拠点があった）を輸送していた内航船の『ドルフィン』を鹵獲した。しかし同船をブレストまで回航させると『レンジャー』の人手が不足をきたすので、金目のものだけ搬出してから漂流船とした。

次に、豚の頭を百個運んでいる二百五十トンの商船を鹵獲。これはブレストへ回航させた。

アイリッシュ海に浮かぶマン島の北側まで進んだところで、英軍艦の『フッサール』が怪しみ、臨検しようと停船を命じた。『レンジャー』が砲撃で応じると、小型の『フッサール』はかなわないと見て逃げ出し、緊急警報が英海軍に伝達された。

四月十七日、ホワイトヘヴン沿岸で漁船をつかまえて訊問したら、英軍艦の『ドレイク』がアイルランドのベルファスト沖に碇泊中だという。ジョーンズはこれを強襲しようと北上したものの、部下たちは、軍艦攻撃など一文の得にもならぬといって、協力をしない。

そこでジョーンズは再びホワイトヘヴンを襲うことにした。そこには石炭輸送船などが三百隻も碇泊しているので、焼き払ってやろうと考えたのだ。

端艇二隻で二手に分かれて上陸。砲台には普段は守備兵がいないことも分かっていた。ジョーンズはその大砲の火門に釘を打ち込んで、発射できないようにしてから、石炭輸送船一隻に放火し、端艇で離脱した。部下が破壊工作にはまったく不熱心なので、戦果は一隻だけだった。

しかしこの一挙は、英蘭戦争中の一六六七年に一つの街が焼かれて以来の「本土攻撃」であったから、英国内では新聞輿論が炎上し、海軍省は本土の警備に艦艇をもっと割かねばならなくなった。

『レンジャー』は少し北上して再びイングランドの岸に寄せ、こんどは、ジョーンズが幼少時からその館をよく知っている地方の一伯爵を拉致しようとした。英本国で強制労働させられている米国人捕虜と交換しようと考えたのだが、当の伯爵が留守であったため、ジョーンズの部下の中尉らが銀器を持ち出しただけで引き揚げた。

さらに北上すると、先にアイルランド沖にいた英軍艦『ドレイク』が対岸のスコットランドに移動していたのと遭遇した。四月二十四日、砲戦の末、『レンジャー』は『ドレイク』の鹵獲に成功する。

ジョーンズは部下の中尉に『ドレイク』の操船を任せたのだが、彼らはこれ以上の作戦続行を厭うたので、アイルランドを反時計回りに回って、七八年五月初旬にブレスト港に帰着した。ジョーンズはこの中尉を軍法会議にかけようとしたが、ジョン・アダムズが止めさせた。

ジョン・ポール・ジョーンズはこのあともう一回、活躍する。それは翌年の話になるのだが、ここでまとめて紹介してしまおう。

フランスの商船を改造した軍艦『ボノムリチャード』を与えられたジョーンズ艦長は、数隻の小艦隊を率いて一七七九年九月に再びアイルランドに接近。押っ取り刀で追いかける英艦隊を尻目に、スコットランド北端から北海へ出た。

九月二十三日、南下していたジョーンズ艦隊は、ヨークシャーの東海岸で商船団を見つける。護衛していた二隻の英フリゲート艦が商船隊をかばって前に出てきたので、夕方七時から砲戦開始。

途中で風がなくなり、ジョーンズは砲数で不利である自艦を敵艦『セラピス』から離してはおしまいだと判断し、密着させた状態で大砲を撃ち合った。そのうちに、『ボノムリチャード』の甲板上から発射した味方海兵隊の大砲が英艦の上甲板をなぎはらうのに成功。さらに僚艦の『アライアンス』（米海軍の所属艦として最速の十五ノットが出せたので、米仏間のＶＩＰ護送に活躍した）が、味方射ちになるのも構わず舷側斉射を加え続けたので、『セラピス』の艦長は降伏し、同艦は鹵獲された。『ボノムリチャード』は沈没した。

広く流布している伝説では、先に『ボノムリチャード』が炎上しはじめたので、『セラピス』の艦長が「降伏しろ」と呼びかけたところ、ジョーンズが「まだ戦いは始まっちゃいない！」（I have not yet begun to fight!）と叫んで、逆転勝利を収めたことになっている。

ジョーンズは、乗っ取った『セラピス』を操艦して、オランダのテクセル港に十月三日に入港した。

独立戦争最後の海戦まできっちり仕事を果たしたことが記録されているジョン・バリー大佐とは違い、ジョン・ポール・ジョーンズは、この行動以降の勤務がよく分からない。一七七九年十月に一躍、大西洋の両側で有名人になったことだけは確かである。

物理的戦果としては特記するほどのことはなくとも、ジョーンズが挙げた精神的な戦果は偉大であった。彼の業績は、現在まで米海軍が誇ることのできる無形の資産である。

ジョーンズの短い晩年についても紹介しておこう。戦争に勝った合衆国政府は一七八五年に最後に残った連邦軍艦であった『アライアンス』を売り払ってしまい、八月一日に米国海軍はいったん消滅した。

ジョン・ポール・ジョーンズは八七年四月にロシア海軍に将官待遇で迎えられている。エカテリーナ二世は、ジョーンズならドニエプル川艦隊を率いてトルコからコンスタンチノプルを奪ってくれるのではないかと期待したようだ。

しかしジョーンズは、ファイターではあったが、組織を運用する器量は欠いていた。貴族出身の露軍提督たちは、八八年に彼を体よく追放した。

ジョーンズはロシア海軍の厚遇に未練を残し、一七九〇年からはパリのアパートに住む。

その頃、海軍を潰してしまった米国政府は、北アフリカのイスラム教徒であるバーバリー海賊に捕らえられた米国商船の乗組員を救出する策がなくて悩んだ末に、九二年にジョーンズにその解放交渉を依頼した。彼はその準備にかかったようだが、七月十八日、滞在先の地中海のツーロン軍港の寝室で、腎臓疾患のために急死しているのが発見された。四十五歳だった。

ビスケー湾での英仏初海戦

じつは、英仏の海上での最初の本格交戦は、ロードアイランド沖海戦よりも半月ほども早く、一七七八年七月二十七日に、ビスケー湾のウサン島（Ouessant 英側表記は Ushant 島）沖で発生している。これは、七月八日に大西洋岸のブレスト軍港を出港した、戦艦二十九隻その他よりなる仏艦隊（もちろんデステーン艦隊とはまったく別。このうち一隻の艦長が、後の提督ドゥグラス伯爵）を、七月二十三日に英艦隊（戦艦三十隻その他。これもバイロン艦隊とは別に英本土から七月九日に出撃した）が発見し、英艦隊が仏艦隊とブレスト港との間に割り込むことで、二十七日の海戦を強要したものである。

この海戦はしかし、互いに激しく砲撃し合ったにもかかわらず、どちらにも、撃沈されたり拿捕された軍艦は出ずに、引き分けた。

この海戦に先立つ七月二十五日、リチャード・ハウ提督は北米艦隊司令官の職をバイロン提督に譲っている。そして九月二十五日に帰英の途についた。彼は一七七九年にはロンドンで弟とともに査問を受けなければならなかった。

一七七八年のカリブ海

ボストン港で破損した軍艦の修理と将兵の休養を終えたデステーン艦隊が、再び外洋へ発航したのは、一七七八年十一月四日のことであった。行き先は、西インド諸島のマルティニク島。着いたのは、十二月九日である。

英国と地球規模の戦争状態に入ったフランスは、カリブ海でも、またインド洋でも、陣地を取ったり取られたりしていることは無論だ。したがってフランス海軍のどの艦艇も、北米大陸の一戦線だけに貼り付いてはいられないのであった。

デステーン艦隊より先に、七八年九月七日に、別なフランス艦隊が、ドミニカ島（今のドミニカ共和国ではない。小アンティル諸島にある小島）に上陸し、翌日から攻囲戦を始めていた。

かたや英軍は、七八年九月十四日に、北大西洋のサン・ピエール・エ・ミクロン諸島（St. Pierre-et-Miquelon Isles）を占領。ついで十月一日には、インド南東海岸の仏軍拠点のポンディシェリーも占領した。

七八年十一月十三日には、サミュエル・バリントン提督の英艦隊はカリブ海のセントルシア島を征服。

七八年十二月三日、セントルシア島も、英軍が確保するところとなった。

これに対してフランス軍は、アフリカのセネガルにある港を、七八年十二月二十八日に占領している。後の話だが、セネガルを実力で占領していたことが、終戦講和のパリ条約で、フランスが同地を得る根拠となった。

4　一七七八年末までの対インディアン作戦

この陰惨な戦線の重い過去

一七七八年のロードアイランドにおける大作戦のさなかに、十三邦の辺境方面では、激しいインディアンやロイヤリストとの攻防が繰り返されている。

米国史の暗黒面は数々あるが、なかんずく「インディアン」関係は特別である。

これが黒人奴隷についてならば、アメリカ人はいくらでも反省することが可能だ。それは過去の人権問題であって、今生きている黒人たちの人権が法的に尊重されているならば、問題は消滅したと言い張れるからだ。

ところが、インディアン問題は、人権ではなくて、物権（土地所有の正当性）にかかわる。

たとえば、もし、インディアンからその土地の所有権・利用権を武力に訴えて奪ったことが悪かったんだと入植者の子孫たちが認めてしまうと、マンハッタン島など、フェアな「買収」がなされたと知られているごく狭い地所を除き、まず九割九分九厘のアメリカ合衆国の現領土については、外来人（主として白人）の係累が所有していることには正当な権利はないということになってしまいかねない。そのうえ、そもそも「米国」の現存在が不法状態である——という話にもつながるわけである。

したがって、今のニューイングランド地方への入殖開始いらいの先住民に関する既往の措置に関しては、現代アメリカ人には「反省」は表明しにくい。心の中では、インディアンから土地を収奪した作法はどうみても自慢できることじゃない、と、思うことはあるだろう。だがそれは表向きには決して白状してはいけない。そして、それを宿業として負い続けるほかにないのだ。

全部族が承知した合意ではなかった「スタンウィックス条約」

独立戦争中のアメリカ人とインディアンの間の抗争について理解するためには、いったん一七六八年、すなわちフレンチ・アンド・インディアン戦争の終了から五年後にまで、話をさかのぼらせる必要がある。

その年に英国政府代表は、オハイオ地方のインディアン代表と、重要な条約を結んだ。締結場の名をとって、「スタンウィックス砦条約（Treaty of Fort Stanwix）」と呼ぶ。

これによって英国は、オハイオ川の南側一帯をインディアンから買い取ったことになった。今のウェストヴァジニア州と、その西隣のケンタッキー州のあたりである。そこに英国人が入殖して、農地を開墾して定住してもいいことになったのである。そして爾後は、オハイオ川より北側が「オハイオ地区」と呼ばれることになった。

インディアンは、今後はオハイオ川の南側に住むことはできないけれども、そこで狩猟や採集をすることは構わない。

がんらい旧オハイオ地区（オハイオ川南岸）の広大な原生林帯というのは、インディアンの諸部族にとっては「入会地《いりあいち》」のようなものであった。オハイオ川の南側に村を作って住んでいなくとも、また、耕作をしていなくとも、その土地に適時に入り込んでいろいろと天然資源を利用することで、彼らの毎年の生計が成り立っていた。特に、猟で獲った毛皮を白人のトレーダーに売り渡すことによって得られる現金収入が無ければ、北米インディアンは、その斧も鉄砲も弾薬も買うことはできず、原始生活に逆戻りするしかない。

しかるに白人の入殖者たちは、インディアンたちが自分たちの家や村の近くをうろつくことを嫌って、しきりに銃を使って追い払おうとした。これではインディアン代表も腹を立てるのが自然である。

また、条約の当事者となったインディアン代表も、その利用者部族すべての委任状をとりつけていたわけではなかった。チェロキー族など一部のインディアンの代表にすぎなかったのだ。

ショーニー族であるとかデラウェア族、ミンゴ族などは、当該条約について納得していなかった。英国政府から代価を貰ってもいない。それがいきなり白人から銃で脅されて一方的に立ち入り禁止を言い渡されたりすれば、憤慨するのも道理だった。

インディアンは、同じ種族の○○族といっても、その族内でいくつも支部族があった。したがって酋長も複数おり、一枚岩ではないのが、話をますますややこしくした。

他方では、現地アメリカ人の欲望も、際限がない。オハイオ川の南側にはたちまち数千人が入殖した。そのうえで、条約で開発を禁じられたはずのオハイオ川の北側を侵食するチャンスをうかがった。ジョージ・ワシントン自身も一七七〇年に、オハイオ川の北側へ法を犯して勝手に入り込み、測量をしている。穏健派のインディアンたちから見ても、白人は油断のできない嘘つきや強盗のあつまりであった。

そんな白人コロニストの本性がむきだしにされたのが、一七七四年の「ダンモア卿の戦争」であった。

一七七四年の対インディアン作戦の概要

「ダンモア卿の戦争」（Lord Dunmore's War）は、一七七四年五月に始まり、十月に終息した。ヴァジニア殖民地のミリシャ隊員二千数百人が、英本国の微温的・漸進的な辺境安定化方針や辺境経営方針から逸脱して、オハイオ川上流域のインディアン部族複数に対して殺戮目的の遠征攻撃をしかけたものだった。

発令したのは、英国政府からヴァジニア殖民地の総督に任命されていたダンモア卿（一七三二年生～一八〇九年没。本名 John Murray だが、スコットランドの第四代ダンモア伯を襲爵しているのでかく呼ばれる）である。

ほんらい彼は、このような辺境作戦をみだりに発起させぬよう殖民地人たちを説得するのが役目柄だったのに、本隊を率いて出陣せねばならなくなった。

ダンモアはヴァジニア人たちから好かれてはいなかった。現地殖民地人の土地開発欲望やインディアン憎しの感情も、とうてい抑制することはできなかった。反英気運も高まっていた住民の間の人気をなんとか得たいと思ったダンモアは、敢えて殖民地側の意向の代表人を買って出て、ロンドン政府を怒らせるリスクを負うのだ（もし作戦がみっともない失敗に終われば、彼はヴァジニア総督をクビにされたであろう）。

後世、この一七七四年の時点でダンモアには予知能力があって、米人ミリシャを疲弊させておくことを意図的に狙ったのだ――との解釈を述べる史家も出る。

弁護できない不公正が次々とアメリカ人によってなされたのがインディアン関係史だったので、過去の真相をまじめに究明した上でアメリカ像を美化しようという不可能事を願望すれば、その者は正気ではいられない。やはり黒人問題とはまるで異なった、インディアン問題の「業」なのだ。

フレンチ・アンド・インディアン戦争の終結後、一七六八年にあらためて英国人とオハイオ地区の原住インディアンたちの一部の代表の間で結んだ「スタンウィックス条約」では、英人たちがこれからオハイオ川南岸域を探検し開発もするけれども、インディアンたちも従前のごとくにそこへやってきて狩猟を続けてもかまわない、ということになっていた。

もしインディアンの立ち入りそのものを禁じてしまうと、毛皮商売が成り立たず、白人の毛皮トレーダー（辺境インディアンから定期的に毛皮を集荷し、それを東部の港町へ運搬し、さらにヨーロッパへ向けて輸出する。しばしばインディアンの女と雑婚していた）の既得権が侵害されてしまうわけである。

しかし辺境の入殖者としてみれば、家や村の周りに知らないうちにインディアンがやってきて勝手に狩猟や採集をするのは気味が悪いし、泥棒ともまぎらわしく不愉快なので、武器で追い払ってしまうという事件が頻発した。これを我慢するインディアン部族と、我慢できないインディアン部族とがあったわけである。

スタンウィックス条約を遵守する立場のオハイオ地区インディアン部族を、集合的に「イロコイ同盟」と称した。それ以外のオハイオ・インディアンたちは、英国人がオハイオ川南岸に家や村を造って開墾し定住すること自体に反対であり、ゲリラ攻撃に訴えてでもヴァジニア人の進出を阻止・妨害しようと活動した。

反イロコイ同盟の最有力の部族はショーニー族だった。それで、ショーニー族を中心とした反英的なインディアンたちを、「ショーニー連合」と呼ぶこともある。

英国政府と現地の総督たちは、できるだけショーニー族に加担するインディアン部族が少なくなるよう、外交方略の骨を折った。

前奏曲──ダニエル・ブーンという男

ヴァジニア殖民地からアレゲニー山脈の分水嶺を西へ越えると、そこは今日のウェストヴァジニア州で、広大なオハイオ川南方の未開森林帯のうちの比較的に東海岸文明圏に近い区域である。入殖者は、たいていはまずオハイオ川上流のピット要塞（今のピッツバーグ）まで陸路を北行し、そこから集団でオハイオ川を西下した。

どこまでも西へ下っていけば、ついには「ケンタッキー川」という支流が南から合流するところに至る。その合流点よりも下流（西）は、今のケンタッキー州だ。当時は白人の村など一つもないホンモノの奥地であったが、スタンウィックス条約では、そこも「オハイオ川南岸」なのだった。

一七七三年十月、ヴァジニアから最も遠いケンタッキー地方（ケンタッキー川の中流の西岸）に最初に入殖を試みようとした五十人を、一人の微賤のハンターが率いていた。その男の名をダニエル・ブーンという。教養ある名士ではないが、奥地サーベイヤー（探検調査人）の案内係としては大先達であり、辺境インディアンとも多年のつきあいがあって、辺地白人の間では自然にリーダーとして頼られるだけの人望があった。

だが、ブーンの長男のジェームズには、インディアンを心服させる器量はなかったようである。ジェームズは、開拓村の生活資材を集めるために小グループを率いて森に入ったところを、英人入殖には断乎反対するデラウェア族、ショーニー族、チェロキー族らに取り囲まれてしまった。インディアンたちは、オハイオ川南部への英国人の入殖を認めない意志を確かなメッセージとして伝えるために、ジェームズ・ブーンと、もうひとりの未成年の少年を惨殺した。

この一件のため、ダニエルは第一次開拓隊を引き連れて退却するしかなくなる。事件の概要は十二月までに、ボルティモア市とフィラデルフィア市の新聞で伝えられた。

それを皮切りに、さらに数件の、オハイオ南岸地区の入殖者への襲撃が続いた。いずれも、ケンタッキー川よりは東寄りのオハイオ川支流域である。

一七七四年の春にかけ、ヴァジニア議会と総督は、辺地入殖団からの声を無視できなくなった。「ショーニー族はオハイオ地区での全面攻勢をたくらんでいる」というのである。

ヴァジニア人は一致して対インディアン戦争の開始を求め、ついに四月二十六日に議会がインディアンたちに対する宣戦を布告した。

といっても辺境のインディアンたちにはラジオも電話もないから、白人側による無辜《むこ》のインディアンに対する不意討ち虐殺が、起こるべくして起きた。

四月末、ピット要塞から西へ五十キロメートル弱の、オハイオ川の西河畔（今のオハイオ州領。東岸ならウェストヴァジニア州になる）、イエロー・クリークというところで、多数の入殖者たちが、ミンゴ族の酋長ローガンの弟、および、ローガンの血縁でしかも白人トレーダーの事実上の妻となっていた二人の若い女などを、小屋の中で不意討ちに虐殺した。

ローガン酋長は穏健派だったのだけれども、これでコロニストとの戦争を決意した。

イエロー・クリーク事件の噂が広まるや、オハイオ地区の開拓家族たちはあわてて東のアレゲニー山地まで逃げ戻ったという。インディアンたちが激昂するのは必然だろうと皆が思ったのだ。

ポイント・プレザントの戦い

五月にイエロー・クリークの騒ぎを知ったダンモア総督は、もはや何もしないでいることはできなくなった。すなわちミリシャ隊に遠征作戦をさせるしかない。

ダンモアは、二個のミリシャ隊による分進合撃を考えた。

ダンモアの率いる本隊が、ヴァジニア領の北寄りから、西流するオハイオ川の本流南岸一帯を舐めるようにして西南へ進む。これは千七百人規模である。

支隊は、アレゲニー山脈の分水嶺の向こう側にある前進基地（今のルイスバーグ市。緯度はリッチモンド市よりやや北、経度はピッツバーグ市よりもやや西）から、カノーワ川（Kanawhaと書き、大小二本あるが、大きい方）に沿って西進する。カノーワ川はアレゲニー山地を源頭とし、北西へ向かって流れており、最後はオハイオ川に合流した。二隊はそこで落ち合うことに決めた。

支隊を率いたのはミリシャ大佐のアンドリュー・ルイス。人数は当初は八百人だったのが、すぐに千百人に増えたという。彼らはやる気満々だった。

本隊の方はあきらかにやる気がなく、ごくゆっくりと前進し、九月三十日にヘンリー砦（今のヴァジニア州ピーターズバーグ）に到着した。

ルイス支隊は十月六日にオハイオ川との合流点に達した。が、そこにいるはずの本隊は影も形も見えないので、キャンプを設営するとともに、本隊に向けて伝令を発した。

ダンモアは十月九日に返事の伝令を寄越して、「サイオト（Scito）河畔にあるショーニー族の町を攻撃しようと思うから、ルイス支隊はオハイオ川を北側へ渡ってくれ」と要請した。サイオト川は、エリー湖の南側に源頭があって南流し、カノーワ合流点よりもさらに西側でオハイオ川に合流している。その合流点は、ケンタッキー川合流点よりは東、カノーワ川合流点よりは西である。

そこで十月十日払暁にルイス支隊がオハイオ川の渡河にかかったところ、コーンストーク酋長の率いるショーニー族を主体としたインディアンの大部隊が襲いかかった。インディアン側は、九日夜にオハイオ川を渡って潜んでいたのだ。

終日の激戦となった。ミリシャ側は戦死七十五人、負傷百四十人。インディアン側は戦死四十人だったが、戦場を支配せずに、またオハイオ川を渡って退却した。

これを「ポイント・プレザントの戦い」と称す。（ポイント・プレザントは現在、同名の市になっている。ウェストヴァジニア州。）

それからルイス支隊とダンモアの本隊は、攻撃するつもりのショーニー族の町から十三キロメートルのところまで前進してキャンプを設営した。コーンストークは弱気になり、十月十九日に休戦協定を結ぶ。

コーンストークの部族は、今後はオハイオ川の南では狩猟しないことを誓った。もちろん入殖者を襲撃することも止める。

しかしローガン酋長に率いられたミンゴ族は、戦闘は停止してやるが、条約など結ばないとして欠席した。

そこで、ミリシャのウィリアム・クローフォード少佐が率いる二百四十名の部隊が、ミンゴ族の村を襲い、これを徹底破壊した。

冬は戦争シーズンではないので、これにて「ダンモア卿の戦争」は終わる。

ただし一七七五年三月二十四日になると、またしてもケンタッキーでブーン入殖隊がショーニー族に襲撃された。新条約の内容は、必ずしも周知徹底されてはいなかったのである。

独立戦争が始まってから一年が経つと、ショーニー族はチェロキー族とともにアメリカ人に公然と敵対するようになった。以後、オハイオ地方でのアメリカ人対インディアンの戦争状態は、じつに一七九四年まで終わることはない。

非文明戦争としての対インディアン戦争

中西部におけるこの時代の白人とインディアンとの間の戦争には、おきまりのパターンのようなものがあった。

互いに村落・家屋を狙って進攻または浸透攻撃をしかけるのだが、とにかくどちら側も人口密度が低く、動員兵数にも余裕は無く、機動距離は異常に長いため、一挙に敵人の村落を急襲して包囲して全滅させてしまうようなあざやかな勝利は、めったにできない。つまり、決着性というものがない。

また、防戦側が、村の中の要塞（丸木を植立して外壁としたもの）に立て籠もると、攻め手は、それを攻めあぐねた。大砲を引っ張って行けなかった場合が多いためである。

それで大概は、家屋や作物や越冬用物資を焼き払ったり、根菜類を畑から引き抜いたり、家畜を皆殺しにして、引き揚げた。入殖したばかりの者にとっては、そのほうが深刻な打撃かもしれなかった。このストレスに堪えられない入殖者家族は、また東海岸の都会へ逃げ戻った。

インディアンの家屋は、もともと引越しのしやすい天幕式で、その「村」も、いつまでも同じところにはなかった。

もし敵人の戦死者を得た場合には、どちら側も、その頭皮を剝いだ。よほど憎たらしい敵の捕虜は、生きているうちに頭皮を剝いで、それから殺した。焚殺する場合もあった。こんなことをお互いに何年も続けていたから、もう両者の間には、しぶしぶの一時的な休戦はあっても、本源的な和解などまず考えられもしないのであった。

インディアン側は、これは歩の悪い、困った永久戦争だと覚悟をしていた。アメリカ人側は、これは絶滅戦争だと心に決めていた。ジョージ・ワシントンも、その例外ではなかっただろう。

戦略的な要地には、新しい砦が建設された。しかし人手も予算も余っているわけではないので、その維持は殖民地政府にとって悩ましい問題だった。

一七七五年から七八年にかけて

一七七四年から積極的なゲリラ作戦を展開したインディアン部族にとっては、七五年の五月からアメリカ人と英国人の間に戦争状態が生じたことで、事態は好くもならねば悪くもならなかった。というのは、カナダの英軍もロンドン政府も、「インディアンに北アメリカ中西部で第二戦線を構築させたらどうか」という発想を、七七年までは、抱かなかったからである。アメリカ人の反乱は、有力な英国正規軍が二年ほどで片付けてくれるだろう──という漠然たる期待があったのだろう。

インディアンの「〇〇族」という呼び方は、文化や言語の違いによる区別である。先にも述べた如く、同じ〇〇族の中にも、複数の支族があって、その数だけ酋長もいた。大多数の支族が穏健的であっても、一部の支族は徹底抗戦派であったり、その逆のケースもあった。徹底抗戦派の支族酋長の実力行動をひきとどめる力は、穏健派の大酋長にもなかった。

ショーニー族の中のブラックフィッシュ酋長が率いる支族、および、ミンゴ族の中のプラッギー酋長が率いる支族は、英軍の後援なしでもアメリカ人を「入会地」から叩き出すつもりで、七五年から今のケンタッキー州地方をしきりに襲撃した。

一七七六年十二月には、オハイオ地区の小村である「マクレラン中継駅」(馬や荷車が休憩できる施設。今日のケンタッキー州ジョージタウン市)がミンゴ族に襲撃された。このときにプラッギー酋長は戦死した。

一七七七年になると、ワシントン軍の頑強さが英本国の政策立案者たちにも理解されてきて、さらにはフランスの動向も心配されたので、今のオハイオ州やその南のケンタッキー州あたりでインディアンを徴募もしくは動員して、米軍を西側から牽制してやるべきだという英国側のコンセンサスができた。

対北方インディアン作戦要図

そして七七年九月一日には、英軍所属の白人に率いられたショーニー族、ワイアンドット族、ミンゴ族、総勢三百数十人が「ヘンリー砦」（マウントヴァーノンから西進してカンバーランドギャップに至り、そこから南下した、アパラチア山中にある。今のウェストヴァジニア州ピーターズバーグ市）をとつぜん攻囲した。

アメリカ側はいちおう警戒はしていたのだが、囲まれるまでまったく気付かなかったという。砦の内側には、男子四十名、女子供八十名ほどがいるだけだった。

数人のインディアンが接近したのを「釣り出し役」だとは悟らず、ミリシャの大尉が十三人を引き連れて深追いし、うち十一人が殺されてしまった。それを救援しようと別な十二人が向かったところ、そのうち九人も殺された。

しかしインディアンは、建物放火は得意ではなかった（松脂の利用には詳しかったのだが）。砦を攻めあぐねているところに、オハイオ川を小舟でくだってきたミリシャの増援十四人が入城。インディアン軍は諦めて引き揚げた。

他にも一七七七年には、現在のケンタッキー州、ウェストヴァジニア州およびペンシルベニア州にあたるフロンティアにおいて、インディアンがアメリカ人開拓地を襲う事件が頻発した（白人の死者は、数人）。

こうしたゲリラ作戦を企画し、インディアンたちに武器と弾薬と資金を与え、さらにはカナダから白人の「特殊作戦指導員」も派遣して随伴させるなどさせていた英軍の前線司令基地は、エリー湖の北東岸にあるデトロイト（今のミシガン州）にあった。

穏健派酋長コーンストーク謀殺事件

ところで、一七七四年の「ポイント・プレザント」のミリシャ支隊のキャンプ跡には、その後、小要塞が設けられて、インディアン監視の一拠点になっていた。

七五年に独立戦争が始まると、もはやヴァジニアにはいられなくなったダンモア総督が最後の命令として、この砦の破却を命じている。

しかしヴァジニア邦議会は、一七七六年五月に西方の備えが不安になって、同じプレザント岬にあらためて補給倉庫を兼ねる小要塞を築かせた。それがランドルフ砦である。命名は、前年に死去した、大陸会議の最初の議長、ペイトン・ランドルフにちなんでいた。

ピット要塞、ヘンリー砦、そしてランドルフ砦が、ヴァジニアおよびペンシルベニアの西の固めといえた。

しかし固定基地でただ防備をしているだけでは、デトロイトを策源とした英軍（カナダ部隊）とインディアン勢の混成ゲリラ活動は止められるものではない。人口希薄地帯では、攻撃者は手薄な弱点を選択できるので、防禦者が常に不利なのだ。

そこで一七七七年になると、このさい米軍の側から西のインディアンに対して本格的な遠征攻撃をしかけてやろうじゃないかという気運が、ヴァジニアやペンシルベニアで高まってきた。

理想的にはデトロイトを一撃するのが一番いいのだが、ポイント・プレザントからデトロイトまでは、大河が通じているわけではなく、道なき大森林を徒歩と駄馬で北上するしかない。直線距離でも四百キロメートルもあり、限られた兵数と資材では、とても往復の補給の目途すら立たなかった。

となると目標は、デトロイトよりも南の、目立つインディアン部族の生活根拠地や集落ということになろう。

この噂が一帯に拡散したので、心配になったショーニー族酋長のコーンストークは、話し合いのため七七年十一月にランドルフ要塞にやってきた。この時点で、デラウェア族のうちホワイトアイズ酋長の支族、ならびに、ショーニー族のうちの最大グループであるコーンストーク酋長の支族は、英米間の中立を模索していた。

じつは、アメリカ側でも、対英戦争中にミリシャの人数は簡単に集められず、農繁期との関係もあって、中距離の遠征でも催行は不可能だと見積もられつつあった。

またヴァジニア邦の首長パトリック・ヘンリーは、この種の報復感情にひきずられた作戦を発すれば、アメリカ人部隊がかならずや途中で中立的インディアンの逃げ遅れた女子供を殺傷することになり、それによってインディアンの全部族がアメリカ側に敵愾《てきがい》心を燃やして、ますます辺境の入殖者は危険になる——といった転帰を考えて憂慮していた。

砦にやってきたコーンストークはアメリカ人に向かい、「直属の支族は局外中立させられるけれども、それ以外のショーニー族や他種族のインディアンを統制することは不可能である」と率直に語った。

スタンウィックス条約いらいの反コロニスト派のインディアンが、今やカナダの英軍の手先となってスタンウィックス条約体制を打破しようと念願するのは、まったく自然な成り行きなのだ。ここにおいて、遠征が人手不足で実行不可能であることにやきもきしていた主戦派ミリシャのアーバックル大尉は、コーンストークを人質にしてしまえばショーニー族は中立を守るだろうと考えた。

コーンストークと、その息子が拉致され、心配してやってきたレッドホークも捕虜にされた。そして十一月十日、ランドルフ砦の外で一人のミリシャがインディアンに殺されたとの理由で、ミリシャはコーンストーク酋長以下を砦内で虐殺する。

パトリック・ヘンリーは、これはスキャンダルであると認知し、下手人たちを裁判にかけた。しかし誰も証人に立つ者はいなかったため、アーバックルら全員が無罪放免された。

翌一七七八年の五月二十日、ワイアンドット族とミンゴ族二百人が、ダンカット酋長に率いられてランドルフ砦を一週間包囲した。砦はもちこたえたが、七九年になると配備する人手の余裕がなくなり、この砦は遺棄されている。

ペンシルベニア隊によるインディアン婦女子殺戮事件

エドワード・ハンド（一七四四年生～一八〇二年没）は、アイルランドに生まれ、医学を勉強し、新大陸の英軍に加わり、除隊したあと、ペンシルベニアで開業した。独立戦争が勃発すると、ボストンからプリンストンまでワシントン軍と行動を共にし、一七七七年にはコンチネンタル・アーミーの准将とされてピット要塞の司令官を務めていた。

オハイオ方面のような広い面積をごく限られた人数で防禦するためには、こっちからインディアンに対する膺懲《ようちょう》攻撃をかけるしかない――と思いつめたハンド准将は、一七七八年二月、インディアンに対するアメリカ軍としての最初の本格遠征を発起する。

二月という厳冬季の作戦は文明国間の戦争ならば異例だ。しかしこのとき動員した兵員が、いずれも農業を本務とするペンシルベニアのミリシャ隊であったことを考えるなら、むしろそのほうが、農繁期前の一仕事として、人数は集まりやすかったのだ（七七年のヴァジニア・ミリシャ隊の遠征が不発だったのも、秋の農繁期にかかってしまったためであろう）。

目標は、デトロイトの英軍基地から武器を供給されて対米ゲリラ戦に暗躍しているとおぼしき、セネカ・カユーガ族（広義のミンゴ族）とされた。事前偵察は不十分で、通訳兼ガイドに頼るしかなかったが、辺境ではいつものことだった。集落は、マホニング川流域にあるだろうと考えられた。ピット要塞から西に五十キロメートルのところで、オハイオ川は最も北方へ蛇行する。その蛇行点に北から合流する支流がビーバー川で、そのビーバー川の支流のうち、いちばん西寄りの大河がマホニング川だった。すなわち、今のクリーヴランド市とピッツバーグ市の中間ぐらいの一帯だ。

総勢五百人の遠征隊は、降雪と悪路のため難行した。

糧食は、ピット要塞に直前の秋に蓄積されたものが用立てられたが、マホニング川に到達しないうちに尽きてしまった。

やむなくハンド准将は、ピッツバーグへ引き返すことを決めた。

その途中で一行は、米国に敵対はしていなかったレナペ族の集落に出くわす。レナペ族は、このアメリカ人たちがインディアンを殺したくてうずうずしていると察し、近傍のムンセー族の集落の場所を情報提供した。矛先をとっさに他部族へ向けさせたのだ。

ハンド隊がムンセー族集落に到達すると、そこには四人の女と一人の少年しかいなかった。しかしすっかり殺気立っていたミリシャたちは、一人の女以外は皆殺しにしてしまう。ハンド准将は、止めなかった。

遠征隊がピット要塞に帰り着くと、噂が広まり、「インディアン女房殺し作戦（squaw campaign）をやったのか」、と揶揄《やゆ》された。

非難を受けたハンド准将はピット要塞には居辛くなって、一七七八年春にニューヨーク方面へ転任した（独立戦争終了時には少将。戦後はペンシルベニアで医業に戻り、政治家となる）。

このとき殺されたインディアンの女の中には、デラウェア族の一支族の酋長「キャプテン・パイプ」の係累が含まれていた。

キャプテン・パイプの怒り

米軍がデトロイトに近づきやすくなるように、オハイオ川の北側に砦を新設したいので同意してくれ——とアメリカ軍から求められたとき、キャプテン・パイプは反対しなかった。特定部族を狙い撃ちされたら、インディアンには勝ち目は薄いからだ。

一七七八年の前半、大陸会議は担当委員会を決めて調査検討させた結果、コンチネンタル・アーミーの二個連隊を中西部に駐屯させるべきだと勧奨した。これは前年に中西部住民から要望があったことに基づいている。そのさい、オハイオ川の南側に拠点をつくっても有効とは思えないから、北側に砦を建設することを委員会は求めた。すなわち、それら拠点を補給基地に使って、デトロイトへ遠征せよというわけだ。

一七七八年九月にピット要塞で条約が締結された。デラウェア族を代表して、ホワイトアイズ酋長が署名した。

この合意によって、ローレンス砦が建設されることになった。場所は、ツスカラワス川（今のクリーヴランド市の南の山地に源頭があって、南流して最終的にオハイオ川へ注ぐ）の河畔で、だいたいエリー湖南岸から百キロメートルほど南だろうか。

しかるに現地の米軍ミリシャたちは、このホワイトアイズ酋長をも、すぐに謀殺してしまったのだ。

かくしてデラウェア族の総意を代表する立場となったキャプテン・パイプは、敢然とアメリカ人との条約を破棄。デトロイトの英軍に支援を乞うた。デラウェア族は、アメリカ軍との戦争を選択したのである。

一七七九年には、主戦線（南部）での攻防が一進一退で、ニューヨーク邦北部のミリシャにも、またペンシルベニアのミリシャにも、ローレンス砦を維持するだけの人数は出せなかった。砦は、放棄された。

クラーク隊のカスカスキア作戦

独立戦争中の作戦で、最も西まで突き進んだ部隊は、イリノイ地方を転戦したジョージ・ロジャーズ・クラーク（G. Rogers Clark　一七五二年生〜一八一八年没）率いるケンタッキー・ミリシャ隊だった。

到達点は、なんとミシシッピ川の東岸。対岸（西側）は今のミズーリ州である。

彼らは延々とオハイオ川を下り、ミシシッピ川との合流点（ケンタッキーの西端）のやや手前から一転、北（今のイリノイ州）へ遡上して、セントルイス市のやや下流にあった英軍の哨所カスカスキア（Kaskaskia）を攻め落とした。このイリノイ遠征と、それに続いたさらなるクラークの活動により、英軍による「北西部」域でのインディアン支援は弱まった。

英国政府は、寒冷で人口密度が低いカナダを策源とする限りは、これからますます人的資源が膨れ上がる一方であろう南隣の米国北西部開拓地を策源とする米軍戦力との領土係争は、長期的に勝算は立たないと認定した。クラーク隊が、そのヒントを明瞭なイメージで英国人に与えた。

おかげで一七八三年のパリ和平条約で、英国は広大な北西部地域を合衆国に割譲することになった。クラークは三十代にして「北西部を征服した男」と呼ばれるのである。

ただし晩年は不遇だった。自分自身のフィナンシャル・プランニングというものがまるでできない男だったらしい。その代わり、彼のいちばん若い弟のウィリアムが、後に「ルイス＝クラーク隊」という有名な探検隊を率いてオレゴン地方まで踏査し、西部開拓史に刻まれている。

G・R・クラークは、ヴァジニアで生まれた。トマス・ジェファソンの家が近所にあったという。また一時期、ジェームズ・マディソンと同じ学校にも通った。

生家はプランターである。彼らの子女教育は、基本的に家庭教師によるものと決まっていた。そして土地事業家の息子は、学業概成と同時に辺境の測量旅行へ出るのが成人儀式のようなものであった。一七七二年、十九歳のクラークも西部に分け入る。ピット要塞からオハイオ川を下ってケンタッキーに至るコースだった。

一七六八年のスタンウィックス条約により、オハイオ川南岸域には数千人もの入殖者が住むようになっていた。これがインディアンにとっての「入会地」の性格を一変させ、開拓集団とインディアンとの諍《いさか》いから、一七七四年の「ダンモア卿の戦争」となったことは既述した。クラークも、九十人のミリシャを率いる大尉としてこの戦争に参陣したのである。

一七七六年六月、独立戦争中ではあったが、クラークは、ケンタッキー開拓地の施政権をおかしな事業屋に盗み取られないよう、同地方を正式にヴァジニア邦の領土たる「カウンティ（郡）」だと宣言してもらいたいとの誓願書を、開拓民たちを代表して首府ウィリアムズバーグ市のヴァジニア議会まで持参した（街道は存在しないため、この旅行だけでもたいへんなことだった）。

クラークと面会したヴァジニア邦首長のパトリック・ヘンリーはその誓願に同意を与えるとともに、この青年に見どころがあると思い、五百ポンド（二百三十キログラム）の黒色火薬を与えて、

「ケンタッキー郡は自衛をしなければならんぞ」と激励の上、クラークを「ケンタッキー郡ミリシャ」の少佐（最先任指揮官）に任命してやった。

コンチネンタル・アーミーにはとてもケンタッキー方面の防衛などしている余裕はない。だからデトロイトを策源とするインディアンたちの辺境襲撃行動への対処は、すべてケンタッキー人に任せられたわけだ。結果として、わずか二十四歳にしてクラークは、西部で最高階級のアメリカ軍人になったのである。

デトロイト要塞には、ヘンリー・ハミルトン（一七三四年生～九六年没）という英国の行政官（カナダ総督の下のポストが五つあって、デトロイトでインディアン行政を担当した）がいた。ハミルトンはフレンチ・アンド・インディアン戦争でガイ・カールトンに認められて英陸軍の「旅団副官」（brigade major）に昇進していたが、一七七五年に将校株を売って文官に転じ、デトロイト赴任と同時に独立戦争が始まったのだった。

一七七六年まで英本国はインディアンを戦力としてカウントしていなかった。が、七七年に方針が変わったので、ハミルトンはオハイオ地方のインディアンたちに武器や弾薬を与え、民間人殺戮を抑制するために英軍正規将校や仏系カナダ人民兵をも派遣して、米国人開拓村を襲撃させていた。

このような英軍とインディアンの混成襲撃隊を数度、地元で撃退するうちに、クラークは確信した。デトロイトとケンタッキー郡の中間にある英軍の砦（補給倉庫を兼ねる）を潰さないことには、この種の襲撃行動が止まることはないのだと。

イリノイ地方は人口密度が低く、長駆奇襲攻撃をかける側がイニシアチブを握れるという確信が、クラークにはあった。そして、広大な未開地であるがゆえに、もし中間倉庫が潰されれば、ただちに末端部隊の活動は停滞するはずだ。

クラークは、こんどはパトリック・ヘンリーに宛てた書簡で、イリノイ地方にある英軍の最寄りの砦を攻略する秘密遠征作戦を率いる公式許可を求めた。ヘンリーはクラークをヴァジニア・ミリシャの中佐に任命し、作戦を公認した。

春の農繁期が過ぎた一七七八年六月、すべて志願者からなる米人ミリシャ百七十五人ほどが、オハイオ川がミシシッピ川に合流するより少し手前で北側に渡河。所在のマサカー砦を無血占領して、さらに陸路を北上して、ミシシッピ川の東河畔にあったカスカスキアという英軍の枢要な前線補給倉庫を不意に急襲。七月四日にそこを占領した。

じつは、このイリノイ地方の住民の多くは、フレンチ・アンド・インディアン戦争より以前から入植していたフランス系や、その懇意のインディアンたちだった。彼らは、元気満々の侵略的なアメリカ人を歓迎する理由などないけれども、さりとてイギリス政府の命令にも熱狂的に従う気にはならない。命ぜられた防衛戦闘をロクにしないでさっさと逃亡する自由は、この辺地には、いくらでもあったのである。

このような地元事情を熟知するクラークの遠征隊は、続いて同じ英領イリノイ地方にあるカホキア、ヴィンセンスなど数箇所の村にあった砦を、無血裡に攻略してしまった。

ヘンリー・ハミルトンは、フランス系のカナダ民兵に任せていては米軍の跳梁は止められないと察し、信用できる手兵を指揮して六百マイル南下。道々糾合したインディアン兵とともに、ヴィンセンス村のサックヴィル砦だけは奪い返した（警備していた米人ヘルム大尉は捕虜にされた）。これが七七年十二月十七日のことである。

ハミルトン自身がデトロイトから出陣したぞという情報を得たクラークは、まさかの冬季遠征奇襲を一七七九年二月二十五日にヴィンセンス砦に対してしかけ、見事、ハミルトン本人を捕虜にしてしまった。

たまたま米軍にとってはあまり戦況が芳しくないときでもあったので、このニュースはクラークを一躍、全米的なヒーローにした。

ヴァジニア邦では、早手回しに、クラーク隊が英国勢力を一掃した北西部一帯を「イリノイ郡」と命名した。

ところで、ケンタッキーからペンシルベニア、ニューヨーク邦の辺境住民のあいだでは、ハミルトンは極悪な黒幕の代名詞で、「米国人の頭皮に懸賞金をかけてインディアンたちに頭皮剝ぎをそそのかしている」とまで悪口されていた。七九年六月一日から八一年六月三日までヴァジニア首長を勤めたトマス・ジェファソンは、連行されたハミルトンを六月から九月までウィリアムズバーグの監獄に鎖で繋いだ上、戦争犯罪人として裁判にかけようとした。

これに対して英国政府は、「それをやるなら、こっちも米人捕虜に対して同じ裁判をするぞ」と脅したので、ジェファソンは折れ、「アメリカ合衆国についての悪口を一切言わないと誓えば釈放してやろう」と仮釈放《パロール》をもちかけたが、ハミルトンはアメリカ人による嘘宣伝の数々に心底怒っていたので、そのような取引を拒否し、軟禁状態が続いた。

結局ヘンリー・ハミルトンは独立戦争の結末が見えてきた一七八一年三月にニューヨークにて捕虜交換され、そこからロンドンへ去る。晩年にはドミニカの総督に任命されて、アンティグア島で死亡している。

ともあれ、連邦の軍資金を一セントも使わず、コンチネンタル・アーミーの正規兵が一兵も加わっていない、辺境のミリシャ単独の作戦で、これだけの戦果を挙げてくれたことには、元・オハイオ測量人のワシントン総司令官も、すっかり感心をしたのであった。

ただ、さしものクラークとケンタッキーのミリシャたちにも、西部に対する英軍の最大策源たるデトロイトを攻略することだけは、ついに戦争の最後まで、企て及ばずにおわった。必要な人数が、まったく集まらないのだ。

辺地入殖者というものは、あまりに往復日数のかかる遠征には志願しない。なぜなら、死活的に重要な春から秋にかけて、自宅防衛ができなくなってしまうからだ。

では冬ならばどうか。馬の食べる草が雪に隠れてしまうシーズンには、馬が輸送に使えなくなる。当時は「スキー機動」のできる軍隊もなかった。人が背負って行ける二十日分くらいの食糧で、雪中行軍して一挙攻略できる距離は、せいぜいが数十キロメートル先までだった。デトロイトは、ピット要塞から四百キロメートルもあった。しかも、大砲なしでは陥落させられない強靱な要塞であった。アメリカ人は、インディアンの協力も得られない。どうにも、手は出せなかったのである。

ワイオミング・バレーとチェリー・バレーの騒動

一方、ニューヨーク邦の北西域（ただしモホーク川より南側）や、そのさらに南隣にあたる、ペンシルベニア邦のサスケハナ川中流域（今日のスクラントン市やウィルクスベイム市を含む。ワイオミング・バレーと称した。一八九〇年に西部にできた「ワイオミング州」は、欧州にまで知られたこの東部の地名にあやかったもので、独立戦争とは何の関係もない）では、ナイヤガラ要塞を策源とする英軍のジョン・バトラー中佐（John Butler　一七二八年生～九六年没）による積極的なゲリラ攻撃が、アメリカ人コロニストたちに対して展開されていた。

読者は、サラトガ会戦に少し先立つ一七七七年の八月、英軍のセントリジャー支隊がモホーク川上流のオリスカニー谷で米軍のハーキマー隊を待ち伏せ、痛撃を与えた――というエピソードを覚えておられるだろう（第一巻三三三頁）。

そのオリスカニーの現場で中心的な役割を担っていたのが、ジョン・バトラーというロイヤリストのカナダ将校だった。

バトラーはコネチカット生まれだが、父がモホーク川流域に引っ越したので、そこで成長した。バトラー青年は、当地のイロコイ諸部族（モホーク族、セネカ族、オネイダ族、カユーガ族、オノンダガ族、タスカロラ族から成る。当初は五部族だったので英国では「ファイブ・ネーションズ」とも呼ぶ）の言語を覚え、毛皮トレーダーになって、財を成した。

フレンチ・アンド・インディアン戦争では、バトラーはカナダ軍の大尉になって転戦した。

一七七五年に独立戦争が勃発すると、ロイヤリストであるバトラーは、モホーク川沿いに所有していた二万六千エーカーの土地を没収され、長男のウォルターだけを連れてカナダへ逃れるしかなかった。そのさいバトラーは、白人の血が混じり、白人並みの教育も受けていたモホーク族の将校で、英軍のためにインディアン諸部族をとりまとめていたジョセフ・ブラント（一七四三年生～一八〇七年没）を頼りにすることができた。

一七七七年三月、バトラーは、複数の種族から選抜した総勢百名ほどのインディアン部隊を、やはりブラントの力を借りてカナダ領内で組織した。英軍上層部は、その部隊をもってニューヨーク邦を攻撃させようとしていたところ、結果的に八月のオリスカニーで功名を立てた次第である。

インディアンと白人の混成部隊を指揮できる有能さを認められたバトラーは、ただちに英軍の中佐に任命され、彼自身の白人中心連隊（八個中隊規模）を徴募する許可までも得た。バトラーのように財産を没収されてアメリカ合衆国に恨みを抱くロイヤリストはカナダ南部にたくさんいたのだ。また、少数ながら、逃亡黒人奴隷も、戦力化できそうであった。そこで七七年末にナイヤガラ要塞で、最初の中隊を立ち上げた。これが、泣く子も黙る「バトラーズ・レンジャーズ」のスタートだった。彼らの制服のデザインは、英軍とも他のカナダ民兵隊とも異なった、まったく独自のものであったという。

一七七八年の春から、地域の司令塔であったバトラーは、セネカ族やモホーク族をして、ニューヨーク邦内の大森林の中に散在するアメリカ人集落を襲撃させた。そして六月にはみずからも連隊を率いてナイヤガラから南下。インディアンの大軍（主にセネカ族）を糾合し、六月三十日にはペンシルベニア邦のワイオミング・バレーに侵入した。このときジョセフ・ブラントは、モホーク族らとともに別働隊になってバトラーからは離れており、ワイオミング・バレーにも所在していない。

七月一日、バトラーはウィンタームート砦を勧降使によって開城させ、守備していたアメリカ人ミリシャたちを、二度と武器を執らないと宣誓させて釈放（パロール）してやった。

次いでバトラー隊は「フォーティフォート」に近づいた。コネチカットから四十人の入殖者がやってきて拓いたとされる村だった。ここでバトラーは、村に集結している敵ミリシャ隊五百人を詭計にかけてやろうと考えた。すなわち、無血で手に入れたウィンタームート砦を夕刻に燃やして、見通しの利く森で待つのだ。さすれば敵ミリシャはバトラー隊が退却したと錯覚して前に出てくる。それをセネカ族戦士たちに伏撃させようというのだ。

計略は図に当たり、二百二十七名のアメリカ兵が殺された。バトラーはここでは負傷したアメリカ人戦闘員の助命を一切顧慮せず、セネカ族の流儀で全員絶命させたのである。セネカ族らは、前年のスタンウィックス砦の攻防中、アメリカ軍に私財を破却されたことを、甚だしく恨んでいた。

フォーティフォート村と近傍の三つの砦に籠っていたミリシャ将兵は、戦わずして降伏した。バトラーはこれらのアメリカ人たちも前回と同様のパロールで釈放してやった。

ところがこの米人ミリシャたちは厚顔にも、すぐに紳士の誓言を破約して再び武装してインディアン部隊を攻撃して来たのである。一七八二年に起きるキャプテン・パイプ酋長によるクローフォード隊鏖殺《おうさつ》事件（本書では詳細にわたらないが、センセーショナルな事件であった）には、このような下地の積み重ねがあった。

バトラー隊は、家屋は千棟以上を焼き、牛を千頭以上、柵外へ追い払うなどして、ワイオミング一帯を徹底破壊して去った。

当時の戦争では、みじめに負けた側は、敵について、あることないことを言い立てて誹謗中傷をたくましうし、なんとか自分たちの評判を守ろうとしたものである。このときのアメリカ人たちは、敵将バトラーだけでなく、その協力者であったジョセフ・ブラントやイロコイ諸族全体をも「残虐行為」の張本人だとして、さんざんに悪口した。この不当不実な捏造《ねつぞう》宣伝を聞いたブラントも、またワイオミング・バレーにはいなかった諸部族も、大いに怒ったことは言うまでもない。

次にバトラーズ・レンジャーズがナイヤガラから襲撃のために南下したのは、同じ一七七八年の十一月であった。目標は、モホーク川の南、オトセゴ湖の北にあった、チェリー・バレーの農業集落。

ただしこのたびの部隊の指揮は、息子のウォルター・バトラー大尉（一七五二年生〜一七八一年没）が執った。協力したインディアンも、セネカ族だけではなく、ジョセフ・ブラントとモホーク族が付随している。

ジョン・バトラーは、ナイヤガラ要塞にあって、アメリカ人側からのブラントに対する酷い嘘宣伝をまったく放置していた。どうもバトラーは、七八年早春からのブラントの苦労や手柄はぜんぶ自分のものとし、自分の落ち度は逆にブラントになすりつけて平気な男だったのではないかと思われる。だとするとブラントとしても、この時点ではバトラー中佐のために一肌脱ぐ気にはなれなかったのだろう。

ところが息子のウォルター・バトラーも、父親に輪をかけた小人物だった。教養も人望もあるブラント大尉が、インディアンでありながら各地で白人のロイヤリストを徴募して指揮下に置いていることにウォルター大尉は驚き、人種的偏見から腹を立て、その白人兵たちを皆、追い返してしまった。ブラントが心の中でこの未熟な人物についてどう思ったかは想像に余りある。

チェリー・バレーの警備をしていたコンチネンタル・アーミーの駐屯軍も、人種的な偏見から、味方のインディアンがもたらしてくれた警報を無視し、砦の外にある民家に分宿して油断していたところを、十一日の払暁に急襲されてしまった。とうぜん、村人たちも何の警報もされておらず、このため易々とインディアンの攻撃の的になってしまったのだ。

砦の内部に逃げ込んだ者だけは安全だったが、外側では、セネカ族が、逃げ遅れたコロニストを、武装した戦闘員であろうとなかろうと、見境なく殺して回った。彼らは、「ワイオミング・バレーでセネカ・インディアンらが非戦闘員を虐殺した」とアメリカ人が嘘宣伝をして名誉を毀損していることに本気で怒っており、ここではそのとおりのことをしてやったのだ。家屋はもちろんことごとく焼いた。

ブラントはこのあたりの村民とは顔見知りだったから、民間人の殺戮を止めさせようと思った。が、なにぶん、セネカ族の酋長ではないから、命令力がない。ただ、捕虜にしたウィリアム・ステイシー中佐を助命することには、ブラントは成功している。

バトラーとブラントによる一七七八年の一連のゲリラ作戦は、ジョージ・ワシントンをして、翌七九年の本格的な「一撃報復」を決心させる。その遠征部隊は、ロードアイランド邦のプロヴィデンス市で冬営していたサリバン将軍が率いることになるであろう。

一七七八年のブーンズボロ包囲

再び話を、ケンタッキー戦線に戻したい。ケンタッキー・ミリシャを率いたクラーク隊が長駆カスカスキアを陥れたのは一七七八年の七月だったが、それより以前、ウェストヴァジニアとケンタッキーの境目（すなわちケンタッキー川の西側河畔）には、前述したダニエル・ブーンが案内した入殖者隊が、ひとつの町を作り上げていた。その名を「ブーンズボロ」（ブーンの町）という。

オハイオ地方からイリノイ地方にかけて、ショーニー族らのインディアンに武器弾薬を支給していたデトロイト要塞の英人行政官ヘンリー・ハミルトン（クラーク隊の捕虜になってしまうのは七九年二月だから、まだ健在）は、七八年はブーンズボロの攻略を進めていた。ショーニー族酋長ブラックフィッシュによって、それが、かなりの成功を収めつつあった。

なんとブーンその人を、七八年二月に捕らえてしまったのだ。

なぜそのようなことになったか？

インディアンによる開拓村襲撃は、村の砦を正面から攻め落とすことは、たいていの場合、できなかった。その代わり、砦の外にある住居や納屋、粉挽き場などを燃やし、家畜を殺し、畑を荒らす。飢餓を発生させて入殖を諦めさせれば、インディアンの政治的目的は達成される。

守備する側にとって死活的に大事なのは「塩」であった。

ゲリラに家畜を殺されても、すぐに死骸をさばいて樽詰めの塩漬肉としてしまえば、比較的簡単に、長期保存食に回すことができた。冬の飼料が足りないとき、家畜の数を間引かねばならないときも、やはり頼みになるのはこの方法だった。

燻製にするとか、天日で干し肉にするという方法もあるだろうが、大量の燻製は大掛かりな作業場と焚き木の消費が必要だし、干し肉も長時間の監視の手間がとても面倒であった。

ブーンズボロでは一七七七年十二月に、塩が足りないようだと認識された。

そこで、あたり一帯の地理に詳しいダニエル・ブーンみずからが、七八年一月に三十人の男たちを率いて「リッキング川」の近くの塩性泉まで塩を採りに出かけたのである。

塩性の湧き水を焚き木で沸かして食塩を析出させ、それを集めて必要量に達したところで持ち帰る、という気長な工程だったらしい。

十分な塩が造られるまでの間、採取隊の生存維持が必要である。そこでブーンがたった一人で森林の中に分け入って狩りをしていたところを、ブラックフィッシュたちに包囲されてしまった。二月七日のことだった。

ブーンはインディアン世界でも古馴染みだったから、彼自身には命の危険は無かった。しかし採塩隊の他の仲間は、このままでは殺されてしまう。そこでブーンはブラックフィッシュに提案し、全員で投降するから殺すなと頼んだ。ブラックフィッシュは受け入れた。

ブーンと三十人の仲間は、ブラックフィッシュの住む町であるチリコテに連行された。

ショーニーの習俗により、ブーン以下数人のアメリカ人は、欠員となった戦士の代わりとして、ショーニー族の仲間入りをさせられた。

それ以外の者はデトロイトまで連行された。ハミルトンから償金を貰うためである。

ブーンは、ブラックフィッシュ酋長の家族として迎えられたらしい。そして、ブラックフィッシュが、すぐに続けて男手の少ないブーンズボロを攻撃しようと考えていることを知った。

ブーンは、「多数の女子供を拉致しても、デトロイトまでの冬季の歩行などとても無理だから」と説得するとともに、ブーンが自分で村人を説得して来春にブーンズボロをショーニーに明け渡してやる、とブラックフィッシュに嘘の約束をした。

六月になり、ブラックフィッシュはブーンズボロに向けていよいよ進軍する気配を見せた。ブーンはチリコテを脱走し、五日のうちに二百六十キロメートルを移動して、ブーンズボロへ危急を伝えた。

ブーンは自分が嘘の約束をしたという話は仲間に告白できなかった。開拓団側もまた、インディアン村での生活がまんざらでもなかったらしいブーンは、じつは英国の側に寝返っているのではないかと疑っていた。

ブーンは、こっちから先制攻撃をしかけろと主張した。オハイオ川の北岸に小さいショーニーの村があったのだ。しかし、この遠征は無成果におわった。

そして攻撃隊が急いでブーンズボロへ戻る途中で、南下中のブラックフィッシュの大軍を発見したのである。

一七七八年九月七日に、ブーンズボロは完全包囲された。ブーンが数えたところでは、インディアンは四百四十四人。大半がショーニーで、チェロキー、ワイアンドット、マイアミ、デラウェア、ミンゴ族も混ざっていた。十二人の白人は仏系カナダ人で、デトロイトからやってきていた。

ハミルトンがケンタッキー地方へ送り込んだ最大規模の襲撃隊であったが、大砲はゼロだったので、外壁を頑丈に造ってあった砦を強襲した場合は攻撃側にも損害が多いだろうと予想された。

じつはこの砦の中には、銃を執って戦闘できる男子はたったの四十人しか居なかった。しかしハミルトンが、「ブーンズボロのミリシャは二百人いる」という誤った情報をブラックフィッシュに伝えていたために、酋長は強気には出にくかったのである。

ブラックフィッシュは柵の外へブーンを呼び出して停戦協議を始めた。酋長はハミルトンからの書状を示した。そこには、「村人全員で降伏するならばデトロイトへ安全に連行させるが、降伏しなければ安全の保証はできぬ」と書いてあった。襲撃隊は、足弱の婦女子全員を乗せて行けるだけの馬を四十頭も伴っていた。ブラックフィッシュはブーンに「約束を守れ」と迫った。

ブーンは、自分には全部を決める権力がないので、砦の中で将校たちと相談してみる、と言ってまた砦内に戻った。

将校たちは、ヴァジニアから救援隊が来ることが期待できるので、交渉を長引かせることに一決する。ブーンと守備隊のスミス少佐が、「あと一日、仲間たちと相談させて欲しい」と柵外でブラックフィッシュに伝え、彼らはピース・パイプを共にくゆらして、協議を終えた。

砦の内部では、急いで女たちを男装させ、鉄砲を持たせて、人数をできるだけ多くみせかけた。

九月九日、再開された時間稼ぎの会談のさなかについに射撃戦が発生し、両陣営は本格交戦に移った。

砦内には、スミス少佐やカラウェイ大佐もいたけれども、自然なリーダーは、無冠のブーンだった。ブーンは、とにかく弾薬を節約しろと命じた。

松明による夜間の放火攻撃は、うまくいかなかった。それは砦内の射手からは好目標になるからだ。

柵下までトンネルを掘って火薬樽で爆破しようという試みは、豪雨のため土が崩れて、失敗した。ブーンの弟は木製の大砲をこしらえ、それは自壊する前に二発ほど発射できたという。この弟は、藁屋根の火事をすぐ消せるような「龍吐水《りゅうどすい》」も、現場で工作したそうだ。

九月十七日に最後の猛攻があり、放火の試みがまたしても雨のために失敗すると、翌日からインディアンは諦めてバラバラに帰って行った。

砦内の死者は、黒人奴隷が二人だけだった。それに対してインディアン側は三十七人が戦死したという。いかに、小銃だけで要塞を攻めるのが無謀かが分かる。

むしろ、インディアン軍が小部隊にバラけて、広い範囲で道々、農家や農場を破壊した帰りがけの行為のほうが、アメリカ人側には大ダメージだったという。

この戦闘のあと、リチャード・カラウェイ大佐はブーンを「対敵通牒」の嫌疑で告発した。なにしろ大佐の親類縁者たちが、例の塩採り隊の中にいて、いまだに居所すら知れなかったからだ。

だが軍法会議はブーンを無罪にしただけでなく、少佐に進級させた。

この事件以降、ブーンはもはや知り合いのケンタッキー人と顔を合わせるのが厭になり、一時ノースカロライナの親類のもとへ身を寄せた。そのあとでケンタッキーに戻ってきたけれども、誰も彼を知る者がなさそうな新しい土地を選んだ。

ブーンがノースカロライナに引っ込んでいた七九年春に、チリコテに対するアメリカ軍の報復遠征が発せられている。ブラックフィッシュは自分たちの町を守り抜いたが、足を銃弾で射たれ、敗血症になって死亡した。

カラウェイ大佐は一七八〇年三月にブーンズボロの郊外でショーニー族に捕らえられ、殺されて頭皮を剝がれている。

一七七八年の暮れ

ペンシルベニアのワイオミング・バレーでのインディアン軍の襲撃がセンセーショナルに報道されたあと、総司令官ジョージ・ワシントンは、次に予測されるニューヨーク邦辺地へのインディアン軍の襲来に対処すべく、一七七八年七月なかば、第四ペンシルベニア連隊などを同方面の防備のために派遣した。しかしロードアイランド作戦が進展中であったため、それ以上の辺地防備強化は、不可能であった。

イニシアチブは英軍に戻ったようであった。そして英軍の次の出方は皆目わからなかった。だからワシントンは、米軍の配置を、防禦に適したものに変更させた。

戦費をどうする？

パリでは、一七七六年暮れからフランス宮廷に派遣されているベンジャミン・フランクリンが、一七八年九月十四日に在仏米国外交団の代表に任命された。フランクリンが担わされた一大使命は、フランスから合衆国が借りている巨額の軍資金の返済を、何度となく繰り延べてもらう交渉に当たることであった。

フランスとアメリカは七年戦争当時は仇だったこともあり、対仏外交ができる人材を合衆国はほとんど有していなかった。外交団の中では事実上、フランクリンだけが一人で活躍した。

大陸会議も財政では奮闘していた。徴税することは現時点では基本的に無理なので、戦争が終わるまでは、紙幣増刷とフランスからの借款で凌ぐしかないのだ。一七八〇年には、立法によって、紙幣四十ドルを金貨一ドルに切り下げ、負債を二億ドルから五百万ドルに減らしている。また、公債の支払いも停止した。

5 カリブ海における英仏両軍の攻防

めまぐるしい展開

フランスの「西インド総督」は、マルティニク島（今でもフランス領。小アンティル諸島のほぼ中央に浮かぶ）に所在した。

この総督（陸軍大将である公爵が任命されていた）のもとに、「フランスは七月中旬からイギリスと戦争状態に入った。貴官もすぐに敵対行動を起こせ」との通報が届けられたのは、一七七八年八月十七日であった。

総督は、北隣の島である英領ドミニカ島（今の英連邦の独立ドミニカ国。今のイスパニオラ島の東半分のドミニカ共和国とは別である）を奇襲することに決心し、マルティニク島内で民兵を徴募した。

千二百人のフランス正規兵と千人の志願民兵を乗せた攻略船団は、九月六日の日没後にマルティニク島を出帆し、夜明けにドミニカ島に接岸した。その後、ドミニカ島の英軍は、一発も射つことなく、降伏する。

いっぽうこちらは、ロードアイランド沖海戦を嵐で中断されていらいボストン港に引き籠って艦船の修理を続けてきたデステーン伯爵。将兵の鋭気は十分すぎるほどに養われていた。

米国東部で十一月に入れば、もはや大きな陸戦は来春まであり得ない。同じことは英軍側でも考えているはずだ。米国北部の沖合は、十月から六月までが、嵐の多い危険な季節で、艦船がそこに無為に留まることは、有害であった。到来した冬シーズンは、避寒がてら、物産豊かなカリブ海での英領奪取作戦に役立てるのが、フランスの国益になるだろう。

デステーン艦隊は、七八年十一月四日にボストンを発航して一路南下した。

十一月二十五日、デステーン艦隊は英国の輸送船三隻に行き遭い、これを捕獲。訊問によって、ホサム司令官（William Hotham）の英艦隊が英兵数千を乗せて西インド諸島に向かっていることを知った。じつはこの英艦隊は仏艦隊とまったく同じ十一月四日にサンディフックから出航していたのだが、互いに動静を知らずにいたわけである。

デステーンは勢力不明の英艦隊に不意に追いついてしまわないように、わざとゆっくりと艦隊を走らせ、二日後に仏領マルティニク島へ入港した。

一七七八年十二月十一日、ホサム艦隊は英領バルバドス島（カリブ海のいちばん東、すなわち風上に位置する戦略的要衝。マルティニク島の南東百七十キロメートルほどである）に到着した。

その翌日、バルバドス島から、バリントン提督（Samuel Barrington）の率いる英艦隊（陸兵四千人を搭載）が発航し、十二月十三日に、マルティニク島の南隣の仏領セントルシア島に到着。クルドサック湾の波止場を占領確保した。

翌日。英軍部隊は二カ所の橋頭堡から島の首府に向けて行軍を開始する。同島所在の仏人総督と仏兵はジャングルに隠れ潜んだ。

そこへデステーン艦隊が駆けつけた。デステーンは、米国の私掠船からセントルシア島に関する急報を受けたのだ。

十二月十八日、デステーン自身も陸戦部隊の指揮を執って、英軍の高地陣地を攻めた。しかし英軍は頑強に抵抗。デステーンは、英国からのジョン・バイロン提督の新手の艦隊が十四日にも西インド諸島に接近するという情報が気になり、二十四日に継戦を断念する。仏軍歩兵の乗艦は二十八日の夜から開始され、十二月三十日にセントルシア島は放棄された。デステーン艦隊はマルティニク島へ戻った。

一七七九年一月六日、そのバイロン艦隊は、途中で嵐のために手酷く傷め付けられた状態でセントルシア島に到着した。乗員・便乗兵たちは熱帯病にもやられていた。

一月十一日、デステーンはマルティニク島から自ら艦隊を率いてセントルシア島を偵察する。港内にバリントン艦隊とバイロン艦隊が確かに合同しているのを確認して、彼はすぐにマルティニク島に逃げ戻った。フランス本国から次々に艦船が増援されてくると承知していたデステーンは、必勝の確信が得られた場合でなくば、軽々しく英軍と海戦する気はなかった。

この間、一月十九日には、ポルトガルの南西にあるサンヴィセンテ岬沖で、ジョージ・ロドニー提督率いる英艦隊が、フアン・デ・ランゲラ提督のスペイン艦隊と交戦した。ふつうは日没でドローになるのだが、数的優勢を恃《たの》んだ英側は深夜の二時まで月明下で砲戦を続け、スペイン側の戦列艦七隻を喪失せしめている。ロドニーは二月にはカリブ海域に入り、同海域での海軍司令官となった。

ドゥグラス提督の登場

一七七九年二月十九日、ドゥグラス伯爵の率いるフランス艦隊が、ブレスト軍港からマルティニク島に到着した。増強の第一波だ。先任司令官のデステーンはまだ大きな攻勢は起こさず、その代わりに、一月に英軍によって占領されたリーワード諸島のサンマルタン島（オランダとの共同統治領）を二十四日に奪回させ、また二十八日にはそのすぐ南にあるサンバーテルミー島（仏領）も奪回させた。どちらも地積としては狭小である。

欧州では、四月十二日にフランスとスペインの軍事同盟条約が署名された。

四月二十六日、さらにヴォードレーユ公爵のフランス艦隊がマルティニク島にやってきた。同艦隊は、来援の途中、英国人商人が奴隷を買い集める拠点としていた西アフリカの海岸を、何カ所か征服している。デステーンは、これだけ梃子入れをされてもなお動かなかった。

五月のカリブ海では大きな動きはなかったが、フランス沿岸ではジャージー諸島を占領してやろうという仏西連合艦隊の作戦が五月一日から発起された。フランス西端のブルターニュ地方は、名前の如く英領だった時代が長い。そのため仏本土の目と鼻の先に英領の島々がいくつか存在し、中

カリブ海要図

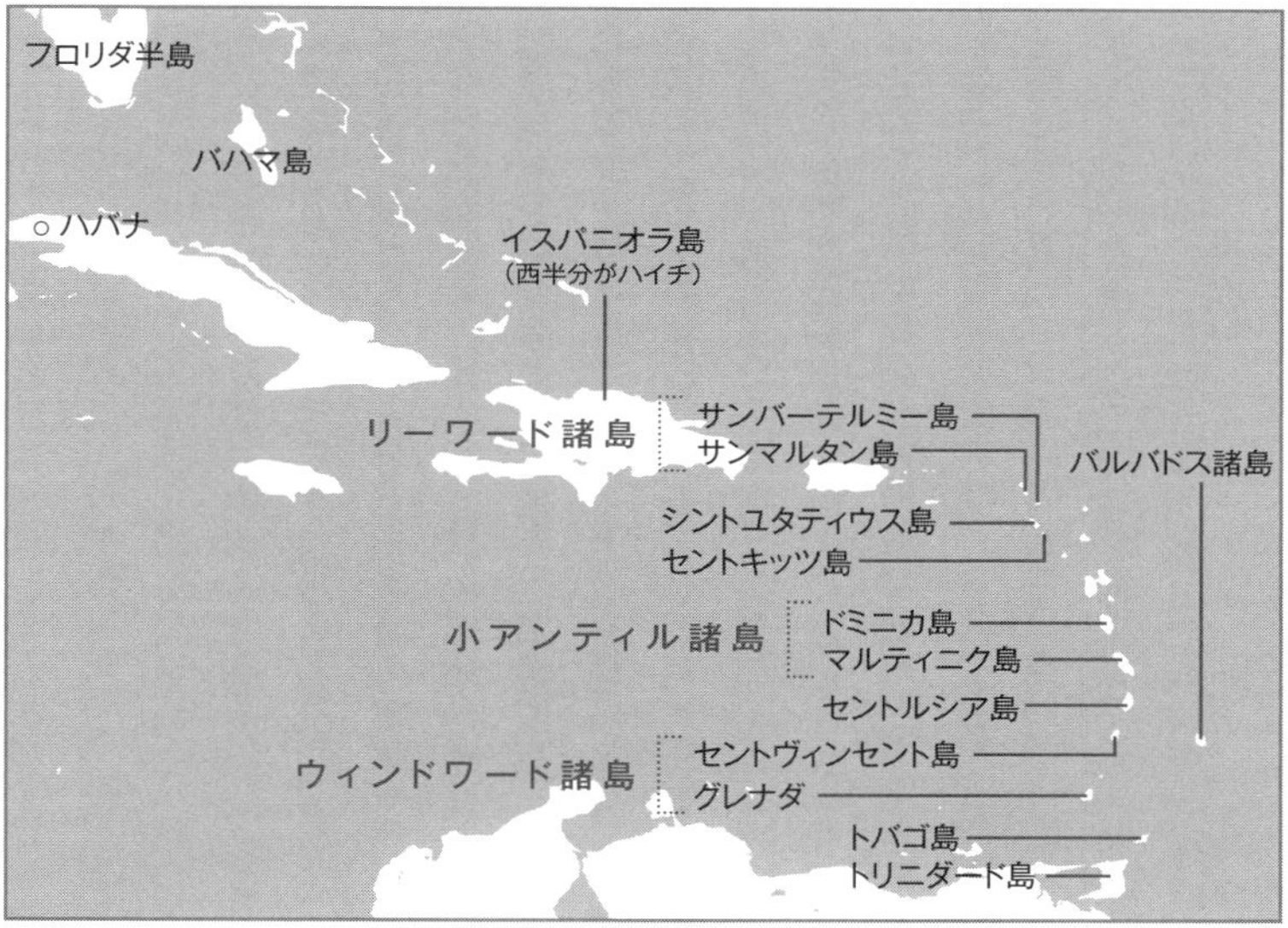
フロリダ半島
バハマ島
○ハバナ
イスパニオラ島
（西半分がハイチ）
リーワード諸島
サンバーテルミー島
サンマルタン島
シントユタティウス島
セントキッツ島
バルバドス諸島
小アンティル諸島
ドミニカ島
マルティニク島
セントルシア島
ウィンドワード諸島
セントヴィンセント島
グレナダ
トバゴ島
トリニダード島

でもジャージー島は面積が最大であった。この時点では、フランス艦隊とスペイン艦隊が連合すると戦列艦だけでも六十六隻となり、攻略は容易であろうと思われた。だが、企図は崩壊する。

仏艦隊が計画どおりにブレスト港を出航してスペインの北海域でスペイン艦隊を待ったのに、スペイン軍艦がいっこうに集まらないのだ。そのあいだに仏艦上に赤痢が蔓延してしまった。この仏艦隊が空しくブレストに帰着したのは九月十九日だった。

一七七九年六月五日、英国バイロン艦隊は、マルティニク島の監視任務を解かれ、グレナダへ移動した。そこから商船隊を、まずリーワード諸島のセントキッツ島（アンティグア島の西方五十キロメートルにして、ヴァージン諸島の東隣）まで護衛して六月十日に到着。さらに十五日に英本土に向けて出航したものの、嵐に遭って進めず、六月三十日にまたマルティニク沖まで吹き戻された。

いっぽうデステーン伯爵は六月九日、バイロン艦隊が近海を去ったのを好機と判断し、南方にあるセントヴィンセント島（セントルシア島の南四十キロメートル、グレナダの北百十キロメートルにあり）を占領させる支隊を派遣した。

派遣艦隊は北からの微風を頼りに海流に逆らってゆっくり南下し、六月十七日にセントヴィンセント島に到着する。一足早く、マルティニク在住の民兵がセントヴィンセント島に潜行して反英蹶起の根回しを整えていたので、所在の英軍は戦わずに即日降伏した。

デステーンの真面目《しんめんもく》

六月二十一日、スペインが正式に対英宣戦した。スペインの最大の願望は、「スペイン継承戦争」中の一七〇四年に英軍に占拠され、一七一三年のユトレヒト条約で正式に英国領に定まってしまったジブラルタル要塞を奪回することであった。

スペイン陸軍は、自国領土と陸続きの、幅一・五キロメートル、長さ五キロメートルの岬に過ぎないジブラルタルをただちに攻囲した。対する英軍守備隊は、石灰岩質で掘削しやすい標高四百三十メートルほどの山の地下にトンネル壕を掘りめぐらし、英艦隊から補給品を受け取りながら、それから一七八三年二月六日までの四年近くもスペイン兵を寄せ付けなかった（けっきょくスペインは今日までジブラルタルを取り戻せずにいる）。

一七七九年六月二十七日、ラモット・ピケ伯爵の増援艦隊がマルティニク島に着いた。ここにおいてようやくデステーンは対英攻勢をとることを決心。狙いは、バルバドス島に定めた。

七月一日、バイロン艦隊がセントルシア島に戻った。バイロン提督は、セントヴィンセント島が仏軍に占領されたことをそこで知った。

その頃、デステーン司令長官は、逆風のために仏艦隊はバルバドス島には辿り着けないと判断し、矛先をグレナダ島に変更していた。

七月二日、仏艦隊は二千五百人の将兵をグレナダに上陸させた。英軍の守将マカートニー卿は、高地に塹壕陣地を設けて待った。

午前十一時から仏軍の攻撃が始まった。英兵はその晩に陣地を捨てて逃げ、翌朝には大勢が決した。マカートニーは四日に降伏する。

七月五日夜、デステーンは、バイロンの英艦隊が接近中であることを知った。バイロンはセントヴィンセント島を奪い返そうと三日にセントキッツ島を発したのだが、途中でグレナダの急を聞いて、行く先を変更したのだ。

七月六日朝、バイロン艦隊はグレナダに停泊中のフランス艦隊をタイミングにおいて奇襲することに成功した。ところがバイロンはデステーン艦隊が数度にわたって増強されていたことを知らなかったので、フランス側が逆に数の上で奇襲することになった。砲数で劣る英艦隊はさんざんに撃ち負かされ、離脱。北上してセントヴィンセント島の隙を衝《つ》こうと思いつくが、そこにも仏艦隊が配備されていたので、企図を放棄。最終的に七月十五日にセントキッツ島まで辿り着いた。

デステーンは大勝利のニュースを届けさせる通報船をフランス本土へ向けて走らせ、みずからは七月十五日に北上を開始。諸情勢を検討したところ、米本土のアメリカ軍を支援したほうがよさそうだと思われたので、八月十六日に全艦隊をまとめて米国東海岸を目指した。

西インド諸島では六月から十月にかけてがハリケーンの季節とされている。

要は、カリブ海の真夏のシーズンはハリケーンも多くなり、艦にも人にもよくないので、比較的に涼しい北米へ移動したのであろう。

バイロン艦隊もただちにカリブを去って八月に英本国へ戻っている。

スペイン軍の北米南部作戦

ミシシッピ川主流の西岸（上流のセントルイス交易地も含む）、および、河口東側のニューオリンズ周辺はスペインの支配圏だった。ボリビアやメキシコとは違って、北米からは金・銀を産出しないものだから、スペイン人たちはそこを熱中して経営をしていたとはいえなかった（セントルイスなどはほぼ無法地帯）が、必要とあらば中南米の支配拠点から兵力を送り込むことは自在であった。

一七七九年五月にスペイン本国が対英戦争に踏み切ると、ニューオリンズのスペイン人は合衆国に火薬を売り、資金を貸し、また米国西部の英軍をみずからも襲撃した。

七九年九月十二日、スペイン兵とフランス人ミリシャの連合軍が、ミシシッピ下流のバトンルージュの英軍屯所を攻め落とした。

巧妙な戦法だった。夜間、英軍陣地の側面に小銃隊を回り込ませてしきりに発砲をさせ、守備兵の注意を一方向へひきよせておいて、まったくの別方向から十門の攻城砲を英軍陣地のすぐ前まで推進して待機。黎明とともに猛砲撃を開始すると、英軍守備隊は陣地にいたたまれなくなって、敗走した。

南部には「冬営」は無い。

同じスペイン軍が、翌一七八〇年一月十一日にニューオリンズを出撃して、二月上旬にミシシッピ河口からモビール湾に侵入した。そして英軍のフォート・シャーロットを十一日間攻囲して、二月下旬に降伏に追い込んでいる。

6 南部の戦局

フロリダからサウスカロライナにかけての概況

独立戦争当時には今の「ミシシッピ州」や「アラバマ州」は無かった。代わりに、帰属不明瞭な未開地（米国人はジョージア邦の奥地だとみなした人跡稀なバックカントリー）や「西フロリダ殖民地」があった。

また今のフロリダ州は「東フロリダ殖民地」と呼ばれていた。

東西どちらのフロリダも英領なのに、一緒にしなかった理由の第一は、それぞれの海岸（メキシコ湾と大西洋）の港湾都市一〜二カ所を除くと、白人定住者が存在せず、どちら側の都市を首府に決めても、もう片方の行政は行き届かなくなったからだったろうと想像される。

今でこそフロリダ州は米国老人あこがれの隠居地だけれども、旧いTVドラマの『わんぱくフリッパー』に出てきたような湿地の広がる土地柄と、蚊が媒介する熱帯病のため、なかなか白人（スペイン人、フランス人、イギリス人）の入殖希望者は増えなかった。ＣＧアニメの『ミニオンズ』でも、今ディズニーワールドやコンベンションセンターなどが立ち並ぶオーランド市（セントオーガスティン市より百五十キロメートル南）に、一九六八年には湿地と釣り餌屋しかなかったと描写されている。それは大袈裟ではないのだろう。

東フロリダでは、フロリダ半島の付け根のセントオーガスティン港よりも南へ行けば、もうインディアン（ジョージア邦から白人に逐われて移り住んだロウアー・クリーク族）にしか出会わなかったようである。

そんな状態だから、一七七五年に宗主国から独立しようなどと考える事業家も農園主も、皆無だったのだ。

こうした「過疎」の悩みは、ノースカロライナ以南の南部地域には共通だった。いずれも入殖者の農園はほとんどが海岸沿いに固まり、内陸部はインディアンや狩猟家が往来するだけの「バックカントリー」だった。

一七七〇年代の前半のジョージア殖民地は、際立って人口が少なかったという。今のジョージア州の二倍近い広さだったにもかかわらず、非インディアンの住民人口はたった五万人。さらにその半分は黒人奴隷だった。

これほどまでに過疎だと、海岸部であっても、道路や橋などの交通インフラは未整備のまま、いつまでも放置されてしまう。だから、南部の陸上を大軍で機動しようとするのは、はなはだ無謀な話だった。湿地や沼の連続であるうえ、食料を徴発できる農村が、存在しないからだ。

唯一、冬の暖房について心配をしなくて済むというところが、貧民にとってはありがたい点だが、その代わりに蚊などが媒介する熱帯病や寄生虫が、住民の生命と健康を危険にさらすのだった。同じ南部でも北縁に位置するヴァジニア邦やメリーランド邦は、人口も比較的に多かったから、コンチネンタル・アーミーのために連隊を差し出すことができた。

しかしヴァジニアより南のノースカロライナ邦、サウスカロライナ邦、ジョージア邦は、コンチネンタル・アーミーのために人員を出す余裕がなく、逆に英軍と闘うためにコンチネンタル・アーミーの援兵を送ってもらう必要があった。なにしろ稼ぎの良い産業はヨーロッパとの貿易しかないので、ロイヤリストの比率も高い。英軍といつでも結びつく用意があるロイヤリストは、南部ではしばしば集団で武装抵抗するのだった。

第一次フロリダ攻撃

もともとスペイン領だった東フロリダを英国が領有したのは一七六三年で、これはフレンチ・アンド・インディアン戦争の結果であった。

東フロリダの首府は、セントオーガスティン市。殖民地総督が所在する他、英国正規軍五百人ほども市内に駐留していた。

一七七六年夏にその新隊長として赴任してきたのが、フランスのユグノーの家系ながらレッキとした英陸軍将校のオーギュスタン・プレヴォスト大佐（Augustine Prevost 一七二三年生〜八六年没。

姓をフランス式に発音すれば「プレヴォ」）である。

しかし、プレヴォスト以上に多数の「兵力」を南部で操れる英国人もいた。スコットランド生まれで、三十歳でサウスカロライナに移民したジョン・スチュアート（一七一八年生～七九年没）だ。スチュアートは独立戦争より十五年ほども前、フロンティアのミリシャ大尉としてチェロキー族の捕虜になったことがある。しかしインディアン社会に同情的な人物だったので殺されずに解放された。一七六一年に英国政府はそんなスチュアートを北米南部のインディアン問題担当行政官に任命。いらい彼は、チャールストン市を本拠として、南部インディアンの反英化をうまく防止していた。

独立戦争の勃発後は、テネシーやジョージアなどを転々とし、一七七六年夏以降は、クリーク族やチェロキー族を反米作戦に駆り立てた。サウスカロライナの西部では、チェロキー族が同地のミリシャ隊を相手に伏撃勝利した（七六年八月一日）。それは後日の大規模な報復作戦を招き、結局チェロキー族二千人が殺されたという。サウスカロライナ等の米国人農園主たちにとっては、インディアンたちの黒幕のスチュアートこそが、八つ裂きにしてもあきたらぬ怨敵ナンバー・ワンだった。

東フロリダにはまた、英正規軍とは別に、「フロリダ・レンジャーズ」と称したロイヤリスト民兵の大部隊も存在した。一七七五年の開戦以降、土地を離れざるを得なかった南部のロイヤリストたちが続々と東フロリダまで辿り着き、そこで武器弾薬を与えられたものだ。フロリダ・レンジャーズは、東フロリダ総督の文書指導により、小部隊に分かれて、ジョージア邦内の独立派米国人たちの農園を襲撃していた。

これに対してジョージア邦側からも東フロリダを攻略してやろうと考えたのは自然であった。その第一回の試みは、一七七六年八月中旬にジョージア邦の首府サヴァナー市（当時はアトランタは奥地すぎて、まだ都市になっていない）から発起されている。

コンチネンタル・アーミーからはチャールズ・リー少将が指揮する一部隊が派遣された。しかし兵力はジョージアおよびサウスカロライナのミリシャ部隊が中心だった。

作戦を陣頭指揮する立場のリーがすぐに理解したことは、連邦軍予算には限りがあって舟艇の調達ができないことと、サウスカロライナ以南の沿岸で南下作戦をするのに舟艇でなく徒歩に頼るとすれば、自滅するしかない、という真実だった。道路も橋も無い湿地の連続なのだ。猛暑と、蚊などが媒介する風土病で、部隊はみるみる弱った。

フロリダ国境までまだ半分以上あるアルタマハ川（Altamaha）を越えると、次第に農家は存在しなくなり、食料を買い求めることが難しくなった。

米軍はフロリダ国境から撃退され、十二月までにサヴァナーに戻った。チャールズ・リー少将とその手兵も、北部戦線へ呼び戻された。

この第一次遠征では、ミリシャのウィリアム・マキントッシュ大尉が、株を上げたという。

ジョージア生まれのマキントッシュ（一七七五年生〜一八二五年没）は、母がクリーク族インディアンで、父は英軍将校だった。教育はちゃんと受けていて、独立戦争後の米陸軍で准将にまで昇っている。しかし最後はアッパー・クリーク族とロウアー・クリーク族の諍いに巻き込まれて殺されたという。

第二次フロリダ攻撃

東フロリダ総督もジョン・スチュアートも、米国人の遠征攻撃は再興されるに違いないと予期して、七七年二月から先手を打った。フロリダやジョージアでは「冬営」は無いというものの、さすがに十二月から一月にかけては作戦は不活発化するようだ。インディアンやフロリダ・レンジャーズが動き、ジョージア邦沿岸部、殊にアルタマハ川より南側の農園を襲った。途中の貯蔵穀物を焼いてしまえば、遠征軍は春の収穫まで南下は試みられないと承知していたからだ。

地元のミリシャだけでも再び東フロリダへ進攻してやろうという計画が、怒りに燃えたマキントッシュらによって立てられたのは一七七七年四月前半であった。

このたびは、騎馬で南下する陸路集団と、舟艇で南下する海路集団を併進させることになった。だが大きな問題が未解決だった。いずれも血気揃いの複数のミリシャ隊は、誰か一人の最高指揮官の命令に従おうという気が無いのである。

インディアンの反撃は、前年よりも積極的であった。

陸路を騎馬で進んだジョージア・ミリシャの夜営地点に、英軍が放ったクリーク・インディアンが忍び寄り、馬を盗もうとしたこともあった。一人のインディアンは捕まって、五体をバラバラにされたという。

ジョージア・ミリシャは、インディアンが執拗に攻勢をしかけてくるのはバックに英正規軍がいるからだと考え、フロリダ国境を前にして、南下を続ける意志力が挫けた。

帰路では彼らは待ち伏せをくらう。英正規軍とインディアンの連合戦力だった。ミリシャ隊は全員騎乗だったので、大半は逃げることができたが、四十人以上が捕虜にされて、そのうち二十四人はクリーク族によって惨殺されたという。

海路、南下したチームも、待ち合わせの島にもう一方が来ないのと、熱帯病の発生とで、戦意を喪失した。

全部隊がサヴァナーに帰営したのは六月十五日であった。

サヴァナーで、部隊指揮官だったマキントッシュは、一人の南部の有力政治家と口論になり、決闘の挙句、相手を殺してしまった。

決闘で生き残ったマキントッシュがそのままジョージアにいては、反対勢力との内紛はおさまらないので、ワシントンからヴァレーフォージに呼びつけてもらうという方法で、マキントッシュは南部戦線を去る。これが一七七七年十月のことであった。

第三次フロリダ攻撃

翌七八年には第三次遠征が企てられた。コンチネンタル・アーミーのロバート・ハウ少将（一七三二年生～八六年没）が指揮を執り、合衆国の公式文書の上では、一月二十八日に作戦発起となっていた。前年は二月にフロリダ・レンジャーズに先手を取られたことが念頭されていたかもしれない。

ロバート・ハウは、ノースカロライナの大農園主の息子で、教育を英国で受け、ジョージア邦のブランズウィックという、フロリダ殖民地に近い海岸に、自己の所領を有していた。そこがフロリダ・レンジャーズに荒らされたので、戦意はあったという。

しかしハウは、春の農繁期にかぶるようなこの作戦タイミングを気に入らなかった。従軍するミリシャの多くが途中から帰郷してしまうのではないかと危惧したのである。積極果敢なジョージア邦のミリシャ幹部たちは、この上官少将の逡巡を憎む。

一七七八年三月十二日、先にフロリダ・レンジャーズが攻勢に出てきた。ジョージア邦内五十マイルの砦を占領し、南部のロイヤリストを元気づける。

ただ、比較的に貧しいジョージアのロイヤリストは、自分の土地は惜しかったものの、そのために命を投げ出すほどのガッツはなかった。これはクリントンの見込み違いであった。

ジョージア・ミリシャが砦を奪い返そうと大挙して迫ると、英軍は砦を焼き払って避退した。フロリダに逃げたロイヤリストのうち、戦意が旺盛だったのは、サウスカロライナ人だった。彼らがジョージア北進作戦の中軸だったようである。もちろん彼らの願望は、ジョージア邦などではなく、サウスカロライナを奪回することであった。

女癖が悪いという評判が大陸会議にまで聞こえていたロバート・ハウには、統率力がなかった。春の農繁期が過ぎた六月になって、一つの命令系統に従わない四人の指揮官による四部隊（うち一つはサウスカロライナ・ミリシャ）が、めいめい南進することになった。目標は、セントオーガスティン市の攻略である。ハウはコンチネンタル・アーミーの手兵だけを率いた。

フロリダ領内に侵入した米軍は、六月十七日に英軍と衝突する。これはどちらも決定的な戦果を挙げなかった。

夏の苦しい季節が始まる七月一日、フロリダ領内で英正規軍が米軍の後尾を奇襲した。糧食の乏しい米軍側の戦意はすでに低下していた。

南下軍は、七月中旬にサヴァナーまで戻った。その直後、ロバート・ハウは、サウスカロライナの政治家クリストファー・ガズデンと決闘騒ぎを起こす。

ジョージ・ワシントンは、セントオーガスティン攻撃の失敗と、この決闘事件を理由として、一七七八年九月二十五日、南部戦区の米軍司令官をベンジャミン・リンカン少将（B. Lincoln 一七三三年生〜一八一〇年没。マサチューセッツの農場経営者だったが独立戦争勃発とともに軍事指導者として頭角をあらわし、七六年五月にコンチネンタル・アーミー少将に昇進した）に挿《す》げ替える。

その後の深南部だが、一七七九年三月十四日に、インディアンたちを反米で糾合させていた斡旋工作員のジョン・スチュアートが病死した。これ以降、英軍はクリーク族を有効に活用できなくなったという。

独立戦争中、四度目の冬営

ジョージ・ワシントンが一七七八年末からの冬営地に選んだのは、ニュージャージー邦のミドルブルックである。約九万人ものコンチネンタル・アーミー将兵が、十一月末までに同地へ移動してきた。

将兵は、ヴァジニア、メリーランド、ペンシルベニア、デラウェアの出身者が多かった。ニューイングランド諸邦の部隊は、英軍の北上作戦に備えるため、冬は出身地に帰郷して待機するのが、理に適っていた。

今日、ミドルブルックという地名はない。そこはバウンドブルック市に吸収されてしまっているのだ。バウンドブルックには往時、大きな屠畜場があったという。

一七七六年末のプリンストン戦の直後、ワシントンは北上し、米軍司令部はモリスタウンで七七年春まで冬営することになった。その途中で一行はミドルブルックのある一帯を通過している。土地柄についてワシントンは呑み込んでいた。

米軍が冬営地を選ぶときの最低条件があった。まず、小屋掛けの用材や、暖房・炊事に不可欠な焚き木の得られる「森林」帯であること。次に、地域住民が独立派であること。ミリシャがいれば、なお助かった。

あとは、適宜の「間合い」が肝要である。

このミドルブルックからは、ニューヨーク市北方のニューイングランド戦線（特にハドソン川の中流域）へ応援にかけつけることが容易にできた。

英軍が冬営地を襲おうとして、もしもスタテン島から本土に上陸すれば、すぐに見張りが街道を数十キロメートル騎行して、その警報を伝えることもできた。

兵隊小屋の建築様式

冬営地には、同一規格の丸木小屋が一七七九年一月までに多数、建設された。

釘は非常な貴重品となっていたため、小屋組みは釘無しでできるように工夫された。ドアと窓のヒンジ（蝶番）も、金具の入手が困難だったので、なんとか材木で工夫したという。さすがに窓ガラスだけは求め得なかった。

壁の丸木は、隙間を粘土で塞ぎ、隙間風が通らないようにした。屋根の隙間は、斧で薄切りにした破片材を充塡して塞いだ。

煙突も細丸太で組み、その内面と外面を土でカバーして耐熱性が与えられた。

その兵舎小屋の寸法は、床平面が十六フィート（四メートル八十八センチ）×十四フィート（四メートル二十七センチ）。切妻屋根で、軒高は七フィート（二メートル十三センチ）。この規格はジョージ・ワシントンが正式に下達したものである。

将校たちは、この小屋の中を仕切って二軒長屋のようにし、三～四人が共同で利用した。

兵隊用の小屋は、同一寸法だが、一軒に十～十二名が詰め込まれた。それでも真冬にテントで幕営するよりは数十倍も具合が良い。多段ベッドには藁を敷き、一人に一枚、毛布があてがわれた。シュトイベンのマニュアルに、野営地でのテントの整頓法が指定されているが、この小屋も、一直線に揃えて建てられた。

将校の小屋は前列。厨房の小屋は最後尾。すべて、テント設営流儀と同様である。

毎朝、隊列行進と点呼があった。その行進のためのスペースも森林を切り開いて設け、清掃を励行させていた。

米兵にとって幸いなことに一七七八年末は暖冬であった。雪も年末年始にちょっと降っただけだった。一月中旬以降は普通に寒くなったけれども、七九年の春は例年よりも二週間早くやってきた。ジューンベリー（六月に実の成るアメリカザイフリボク）が四月一日に開花したという。前年のヴァレーフォージでは半飢餓があった。しかしミドルブルックでは糧食は足りていた（七九年末からのモリスタウン冬営ではまた事情は悪化する）。

冬営中の給養の総責任者（クォーターマスター・ジェネラル）はナサニエル・グリーンだった。

砲兵隊の冬営地は、歩兵部隊のキャンプから数マイル北西に設営された。砲兵隊指揮官のヘンリー・ノックスは、その近くの町で民家に代価を支払って一冬を宿営した。

ワシントンも、近くの町で民家の一フロアを四ヵ月借り、代金千ドルを支払っている。

七九年一月十五日に、ワシントンはフィラデルフィア市に出張して、大陸会議の要人とさまざま会談した。議事録等はほとんど残されてはいないものの、一月二十日から二月二日までの某日、ワシントンは次のように訴えているという。

――将校には、逆境を楽しむ精神力を持ってもらわないといけない。単に環境に堪えようという態度ではダメである。それでは部隊全体が、潑剌とした士気のない烏合の衆になってしまう。そこに一つの打撃が加われば、部隊は粉々に消散するだろう――。

ワシントンは、将兵の被服と砲兵隊への弾薬補給について特に要望して、二月二日にフィラデルフィアを出立。四日後の二月六日にまたミドルブルックに戻った。

リクエストは叶えられ、すぐにフランス製の軍服がコンチネンタル・アーミーに行き渡った。三月には、新任のフランス大使によるキャンプ訪問もあった。

シュトイベンの作った訓練と服務の基礎マニュアルの英訳版を吟味校訂して、大陸会議によって米軍制式の典範として公布してもらったのが、やはりこの冬営中の一七七九年三月二十九日である。

今回、冬営中の最高司令官をわずらわせたのは、あまたの大佐たちから、「自分を将官にしてくれ」という要求が殺到したことだった。冬営期間は、昇進人事と猟官運動のシーズンでもある。ワシントンは、その判断はすべて大陸会議へ丸投げすることにしていた。

新兵の徴募でも心労は絶えなかった。徴募を委任された各地の将官たちが地元で無理やりな徴兵をしがちなので、それをいましめねばならなかった。

他方でワシントンは、英軍からの脱走兵士を米軍兵士にすることを禁じた。そんなやつらは米軍に入ってもまじめに従軍することなどあり得ないのだ。

英国兵といえば、サラトガ会戦で捕虜にした大量の英軍将兵が、国際慣行に基づいて英本国からの給養品を受領するさいに、ヴァジニア邦の兵要地誌についての確実な情報を英軍将校に教えてしまって、それに基づいてクリントンがヴァジニア侵攻作戦を思いつくのではないか——という心配も、ワシントンの脳裏を去らなかった。サラトガの投降兵たちは、ヴァジニア邦の内陸部の町シャーロッツビルに抑留されていたからだ。

この情報漏洩を防止するため、米国は、英国からの捕虜慰問物資を、ヴァジニア邦のハンプトンローズ港（内陸リッチモンド市から流れ下っているジェームズ川を挟んで、今のノーフォーク軍港からは対岸、ニューポートニューズ市の東隣にあり、大西洋に面す。あたりは米海軍御用の造船所が多い。一七八一年の決戦地になったヨークタウンや、日露戦争講和会談の場になったポーツマス市もほど近い）で受け取り、そこから先は米軍が荷物を捕虜収容所まで陸送することにした。

ニューヨークの英軍本営の動静を探るため、ワシントンは、アブラハム・ウッドハルという男を「サミュエル・カルパー」の偽名でスパイとして働かせ、ニューヨーク市中で英軍将校たちに接触させて、情報を取っている。

本土のニュージャージー邦のエリザベス市（パースアムボイに近い）に駐留しているウィリアム・マクスウェル准将にも、ワシントンは頻繁に対岸（スタテン島やマンハッタン島）の様子を報告させていた。

けれども英軍は一枚上手で、七九年二月後半、スタテン島から夜間にコマンドー部隊がエリザベス市を襲撃し、ニュージャージー知事のウィリアム・リヴィングストンを拉致し去った。

クリントンは一七七九年三月に、コンチネンタル・アーミーを早期決戦に引き込むことも期待して、ロングアイランドの東から海上機動によってコネチカット邦の港町ニューロンドン（ロードアイランドに近い）を襲撃させる計画を立てた。米軍の諜報網はこれを事前に探知し、イズラエル・プトナム少将（ワシントンの命令にしばしば従わぬ人物で、七八年以降は戦闘任務から外されてコネチカット邦での徴募に任じていた。七九年末に中風に罹り事実上引退。ルーファス・プトナム大佐は従弟）が部隊を展開させたが、けっきょく天候不順のため、クリントンはこの計画を放棄している。

ワシントンは、大陸会議からの要求に従い、ニューヨーク邦とニュージャージー邦の奥地住民をインディアンやロイヤリストの襲撃から守るための対インディアン遠征作戦も、この冬営中に立案しなくてはならなかった。

焦点は、またサスケハナ川中流域のワイオミング・バレーだ。

実行は六月からとなるが、今度は三つの部隊に三方向から押し包むように合撃させることにした。この規模の作戦になると、将官の序列が大問題だ。ワシントンは、順序として、まず先任格だったホレイショ・ゲイツ少将に総指揮を打診したが、ゲイツは健康を理由に断った。それで、ワシントンが信頼するサリバン少将が、先任将官として主攻部隊も率いることに決まる。

サリバンはロードアイランド邦のプロヴィデンス市からミドルブルックに呼ばれ、ワシントンと打ち合わせに入った。

ワシントンが苦楽をともにしたかったのは、この大戦争のさなかに「私益」を追求することのない、清廉な将官たちだった。多額の軍資金を自由にできる将官が、それを私的に流用しようとたくらめば、簡単にできた。将官の地位にあってなおかつ、公益を絶対優先しようとする志操を堅持していた人物は、さしもの合衆国においても、ごく稀で、得難かったようである。サリバンは、そんなワシントンの眼鏡に適っていた。

七九年五月の後半から、ミドルブルックのコンチネンタル・アーミーは、新年度の任務を付与されて、北米各方面へ出陣して行った。ワシントンの直率部隊は六月三日に北上した。六月の第二週にはミドルブルックは無人になり、立ち並んだ小屋は、最終的には地元民の薪にされた。

南部サヴァナー市の失陥

英軍総司令官クリントンはニューポート防衛戦のために自ら増援軍を率いて出たが、米軍が敗走し、仏艦隊が嵐で損壊してボストンへ退避したという情報を確かめた後、一七七八年九月にまたニューヨーク市の本営に戻った。そして次に打つべき大きな手を考えた。

やはり心配なのはカリブ海や南部方面であった。仏艦隊の第二陣がやってくるとすれば、必ずやアフリカの西端のヴェンデ岬から西へまっすぐ向かう風と海流に乗って、カリブ海の東端のウィンドワード諸島（風上諸島）にまず到達せねばならない。そこからメキシコ湾流に乗って米本土の東海岸に北上するというのが、合理的なのだ。すなわち、仏艦隊の襲撃は、南ほど即興的に可能である。クリントンは、とりあえずフロリダの守備を増強しようと決心し、南遣部隊を編成させた。

寒さの厳しいニューイングランド地方が冬営の準備に入った一七七八年十一月、クリントンは、英本土のジョージ・ジャーメイン卿からの全般指導に従って、決心を変更し、準備が整った南遣部隊をフロリダではなくジョージア邦に上陸させることにする。

北米東海岸の南部における最大の港町は、チャールストンである。同港には因縁があった。クリントン自身が一七七六年六月に、モルトリーの指揮する現地守備隊のために撃退されていたことだ。さすがに沿岸の制海権は英国側が終始握っていたので、英軍将兵が持ってきた荷物を全部まとめて再び船に乗って撤退するのには問題はなかった。が、クリントンは、お役御免となる前にこのチャールストンだけは是非とも征服して、戦史に刻印される己《おの》が不名誉を雪《すす》がねばならぬと、心中ひそかに期していたろう。

その手始めにジョージア邦の最大の港町であるサヴァナーをまず攻略するのだ。同港はサウスカロライナ邦との境界線でもあるサヴァナー川の河口にあった。

ノースカロライナ邦では依然として、ロイヤリスト数千人の糾合工作が可能であった。このロイヤリストを南下させたり、あるいは英領の東フロリダに駐屯していた英軍部隊がジョージア邦を皮切りに北上するという噂を流してやれば、南部の米軍は措置に迷ってサヴァナー市防衛のみに集中できなくなる。そうしておいて攻略軍主力としてはニューヨークから三千五百名の正規軍とロイヤリストをキャンベル中佐（Archibald Campbell）に指揮させてサヴァナー川河口に上陸せしめる——というのが初盤構想となった。

キャンベル隊は準備を整え、七八年十二月二十三日にニューヨーク港を護衛艦隊とともに発航した。

南部のコンチネンタル・アーミーの司令部はピュリスバーグにあった。それはサヴァナー市から川を十五マイル遡上した、サウスカロライナ邦側の岸にあった。

サヴァナー市の防衛を担任したのは、コンチネンタル・アーミーの少将ロバート・ハウ以下、ミリシャ主体の千名前後の米兵である。

ハウは、南部戦区の司令官職を七八年九月から、ジョージ・ワシントンのお気に入りの一人であるベンジャミン・リンカンに挿げ替えられていた。サヴァナー防衛も、リンカンからハウが承った命令だった。

ロバート・ハウは七八年十二月二十五日、サヴァナー市中に八百五十名の兵力で立て籠もろうとした。ところが既設の堡塁の状態が、思ったより劣悪だった。ハウは市の南郊で防御することに決心を変更。あたり一帯は低湿地だから、何本かの盛土された堤道を切断して塹壕を構築すれば、敵は前進して来られぬと考えられた。

二十八日、英艦隊からキャンベル隊が上陸を開始した。ハウの守備線の最右翼に未だ切断工事されていない堤道があることを現地ロイヤリストは見逃していなかった。

英軍はロイヤリストに導かれ、迂回浸透によって米軍の防衛プランを崩壊させた。サヴァナー市は一日で陥落し、ハウはサヴァナー川をやや遡った左岸（サウスカロライナ領）にあったリンカンの本営まで逃れ得たが、多くの米兵は湿地中で動けなくなり英軍の捕虜となった。

前後して、フロリダ邦のセントオーガスティン市の駐屯地からはプレヴォスト准将の率いる有力な英軍部隊が北上し、ジョージア国境を越えて海岸沿いにサヴァナーを目指した。プレヴォストは七年戦争のときから北米大陸を往来している。しかし五十五歳になって疲れを感じ始めており、クリントンに対して退役願いを書く気になっていた。

プレヴォスト准将はキャンベル隊が占領済みのサヴァナー市に一月十七日に入城し、キャンベル中佐から指揮権を継承する。この動きと、キャンベル隊が一七七九年一月十九日にサヴァナー川を河口から二百キロメートル遡上したオーガスタ市(ジョージア邦)を占領したことは、南部のロイヤリストを元気づけた。いまやサヴァナー川の主要航路は英軍の自由になるのである。

二月三日、サヴァナー市のプレヴォスト准将は、すぐ北のサウスカロライナ邦の海岸にある島状要塞であるポートロイヤル(今のビューフォート市)を陥れようと、二百名からなる部隊を舟艇機動させた。しかしそこを守っていたのはウィリアム・モルトリー准将——七六年のサリバン島の殊勲者——だった。モルトリーの米軍部隊三百二十人と英軍は、どちらも弾切れになるまで射撃戦を続け、英軍は引き退がった。

自暴自棄の南部ロイヤリストたち

一七七九年二月十日から十四日にかけ、ノースカロライナ邦から南下してサヴァナー川右岸(ジョージア領)にあるオーガスタの英軍砦を目指していたスコットランド系を中心とするロイヤリストの有力な集団が、サウスカロライナとジョージアのミリシャにより行く手を遮られ、三百人を除いて全滅させられた。「ケトル・クリークの戦い」と称する。

ロイヤリストは道々、パトリオッツの農園を焼き払いながら進軍したので、深い恨みを買っており、捕虜七十五人のうち五人は、ミリシャの手で絞首刑に処されたという。敗残した三百人のうち何割かはオーガスタのキャンベル部隊に収容され、残りは帰郷した。

早くも、南北戦争を先取りしたような、内戦に特有の憎悪の昂進が、始まっていた。ロイヤリストたちとパトリオッツは、命よりも大事な財産を蹂躙し合い、強奪し合う間柄となった。

米本土を離れようとしないロイヤリストは、捨て去るを忍び得ぬ不動産や債権や投資物件を所有していた。対英貿易で少しずつ儲け、信用を得て借金をして買い取った土地、住みよくした屋敷、苦心惨憺やっと経営を軌道に乗せた農場や事業施設などなど、どうして合衆国の「戦利品」として突然にタダで進上ができようか。

互いに感情が悪化し、むしろ外国兵に対したときよりも容赦がなくなるのは、内戦では必ず見られる勢いであった。

手ごわい英軍

一七七九年二月二十七日、ジョン・アッシュ准将の率いるジョージア・ミリシャ二千六百人と、エルバート大佐のコンチネンタル・アーミー百名が、サヴァナー川を下って英軍を海岸に圧迫撃滅しようとした。が、英軍支隊九百人による奇襲的な伏撃を受け、沼地に包囲されてほとんど殲滅された。これを「ブリアー・クリークの戦い」と称する。

英軍支隊長は、マーク・プリヴォスト中佐。サヴァナーを占領したプレヴォスト准将の息子で、父親はこの息子を出世させようと努めていた。微妙に姓の発音が異なるのは、父親はフランス語圏のスイス生まれだったからアクセント記号が生きているが、息子は英国人であるから、まるっきり英語読みになるのである。

三月三日、米軍がサヴァナー川中流のオーガスタ市を奪回しようとしたが、ふたたび英軍のプリヴォスト中佐が巧みな迂回機動で米軍隊列の末尾を奇襲、これを沼沢地に追い詰めて一方的に勝利した。

7　ニューイングランド方面の余炎

ストーニーポイントの快勝

一七七九年初め、例によって英本国からクリントン司令官は、〈なんとか早くジョージ・ワシントンとコンチネンタル・アーミーを決戦に引き出し、北米での戦争のカタを早くつけるのだ〉との要求を受け取った。前年から引き続いての再注文だった。

この時点でニューイングランド諸邦のアメリカ軍は、ハドソン川西岸のウェストポイントを要塞化して拠点基地とし、春とともにハドソン川の両岸に広く展開できる態勢であった（第一巻二一三頁地図参照）。

英軍の大部隊がニューヨーク港から艦船を使ってハドソン川をウェストポイントまで遡ることは、地形的に見ると非現実的だった。というのもハドソン川は、河口のマンハッタン島から「王様の渡し」までは直線的で、川幅も広いのだけれども、「王様の渡し」以北は川幅がぐっと狭まり、しかも河流が蛇行しているので、帆船は操縦の自由も効かず、両岸から大砲で撃たれた場合の不利は自明であった。米軍では念を入れて、ウェストポイントより少し下流の「モンゴメリー砦」の位置で、両岸の間を鉄鎖や沈船で一直線に点綴《てんてい》した阻塞線《そさいせん》まで構成していたのである。

そこでクリントン将軍としては、二段階の作戦を考えるほかはなかった。まずウェストポイントの下流二十マイルにあるストーニーポイント（岩石岬）を確保するのである。そこから、あらためてウェストポイントまで攻め上って、ハドソン川の支配を確実にし、ニューイングランド地方を米本土から切り離してしまえばよいだろう。

「王様の渡し」は、西岸のストーニーポイントと東岸のヴァープランク岬とを連絡するフェリーの桟橋施設だった。ハドソン川はそこにおいて急に狭くなり、川幅が半マイルしかないので、渡し場として屈強だ。

米軍は、ヴァープランク岬の警備のため「ラファイエット砦」を置き、ストーニーポイントにも四十名の守備兵を配していた。

一七七九年五月二十八日、クリントンは、英軍部隊六千人を、キングズブリッヂ（ハドソン川下流の東岸で、マンハッタン島のすぐ北のウェストチェスター地区にある）に集結させた。

船舶に搭乗した英軍は、遡行して五月三十一日に「王様の渡し」の両岸へ上陸する。

ストーニーポイントの守備隊は、英軍の接近を視認するや、小屋を焼き払い、一発も射撃することなく陣地を捨てた。

ラファイエット砦では、どういう状況だったか不明なのだが、守兵が英軍の接近に気づくのが遅れて、ノースカロライナからやってきた米兵七十名が捕虜にされてしまった。

英軍は、占領したストーニーポイントにさっそく本格的な陣地工事を施し、五百二十五人の部隊に守備させた。それに加うるに七十人近い女・子供からなるキャンプフォロワーたちも随伴したそうだ。

ミドルブルックに所在したワシントンは、両砦の失陥を知らされるや、とりあえずウェストポイントの防備強化を命じた。が、ただ英軍の北上を待ち受けるのみではウェストポイントも守れないと賢明にも洞察して、攻勢作戦を決心する。

ワシントンは、モンマス会戦で奮闘してくれたアンソニー・ウェイン准将に、ストーニーポイントとラファイエット砦の奪回作戦を策定させることにした。同時に、若い元気な騎兵少佐のヘンリー・リー（一七五六年、ヴァジニア生まれの学士）を呼び、ストーニーポイントを偵察させた。

ウェインは、ラファイエット砦との同時攻撃という一案を斥け、まずストーニーポイントだけを攻撃することにした。ワシントンもそれを承認し、正式命令が発令される。

ストーニーポイント陣地の最高標高は、海面から百五十フィート。クリントンはそれを見て、ジブラルタルの岩山を連想したという。が、ジブラルタルが石灰岩質でトンネルなども簡単に掘れたのに比し、マンハッタン島やこの辺りの岩盤は硬く、工事は骨であった。

岩質であるため浸食されなかった、天然の突堤のような高地が、入り江に突き出ている格好である。その突堤状の台地の周囲は、ハドソン川の水がときどき浸すような泥濘地で、舟艇も歩兵も前に進めぬ障碍帯であった。

このストーニーポイント要塞の防衛指揮官としてクリントンが指名したのは、歴戦の中佐、ヘンリー・ジョンストンだった。

ジョンストンは、付近の自然樹木を伐り倒させ、高燥な岩盤の地面にその鹿砦《ろくさい》（樹頂を敵方へ向けて寝かせた障礙物）をズラリと二線に並べさせて、米軍が正面からでは突堤の先端まで押し寄せ得ないように工夫した。もちろん、多数の野砲と臼砲《きゅうほう》（砲身が短い大砲で、榴弾を高い角度で発射する）を収容した突角堡も散在させた。

米軍がこの陣地を昼間に正面から強襲しようとしても、まったく成算は立たない。

そこでウェインは、複数の連隊から、銃剣格闘を恐れない勇猛な米兵だけを千二百人選抜し、特別旅団を編成した。

彼は、二年前にパオリ夜営地で英軍にしてやられた「静粛夜襲」（銃弾を一発も発射せず、銃剣だけで黙って奇襲突撃する）を、こんどは逆に英軍に対して実行し、みずからの恥を雪《すす》ぐつもりだった。

夜襲に一日の長があったのは……

このときワシントンの胸中には、前年（一七七八年九月二十七日）の「ベイラーの虐殺」（Baylor Massacre）の苦い記憶が蘇ったかもしれない。

ワシントン夫人の護衛隊でもあったヴァジニアの軽騎兵部隊が、今のニュージャージー州のリヴァーヴェイル市で民家に分宿していた。その寝込みを、ロイヤリストに手引きされた英独軍が、銃剣だけを使って奇襲したのだ。例によって兵士のマスケット銃からフリント（燧石《ひうちいし》）は脱されていた。

深夜に十一人が刺殺され、六十九人が捕虜とされてニューヨーク邦タッパン町の収容所へ送られた。完敗である。

騎兵連隊長は二十六歳の大佐で、歩哨を一人も立たせていなかった。つまりまったく米軍側の落ち度だったのだが、こういうときの英米人は、必ず悔し紛れに「敵軍が捕虜をとらなかった。虐殺（マサカー）だ！」と騒ぐ。

どうも英米圏では「マサカー」という語には高い信憑性は伴わないという伝統があるようである。

これもクリントンがコンチネンタル・アーミーを野戦へ誘い出すための挑発だったけれども、ワシントンは自制している。

夜間の前進開始

さてストーニーポイント攻撃部隊の機動開始前の野営地点は、攻略目標より七マイル上流のモンゴメリー砦であった。そのすぐ南にはクリントン砦（これは米国人の名からとられている）もあった。

部隊は、英軍に気どられないように、ハドソン川の川岸に近い道路を避けて、山の裏手を南下した。念を入れて、経路上の飼い犬もあらかじめ殺し、吠え声を立てられないようにしたという。

宵のうちにストーニーポイントの西二キロメートルの農場に集結すると、兵士たちはラム酒をふるまわれた。そして、この戦争中の陸戦としては珍しいことに、敵陣一番乗りの兵士には五百ドルが、以下百ドルずつ安くして、先登《せんとう》から五番目の者にまで、現金で褒美として与えられる——と告げられた。

七九年七月十五日の深夜零時、三隊に分かれての攻撃行動が開始された。

ウェインのプランはこうだ。まず中央の堤道から、マーフリー少佐が率いる一部隊が陽攻する。この部隊はマスケット銃に実弾を込め、鹿砦線に英軍守備隊の注意をひきつける。

続いて、南翼側（下流側泥濘地）からひそかに近寄ったウェインの本隊が、岩肌を登攀して突入する。その最前列の「決死隊」（Forlorn Hope）二十名は、ジョージ・ノックス中尉が率いた。それに前衛隊、本隊が続行する。いずれもマスケット銃に装弾せず、鹿砦排除用の斧と、銃剣だけを使って、暗夜に奇襲をかけるのだ。

守備隊の注意が正面と南翼にひきつけられたところで、北から、やや人数の少ない三隊目が突入する。この隊はペンシルベニア人からなり、やはり発砲を禁じられた先頭の決死隊はジョン・スチュアート少佐〔フロリダ方面の英軍将校と同名異人〕が率いた。

マーフリー隊が鹿砦線に達して一斉射撃を始めたところで、守備隊の英軍指揮官ジョンストンが致命的な誤りを犯す。部下の半分をみずから率いて、マーフリー隊に向かって逆襲突撃に出たのだ。

この陣前突出に参加した英兵は、すすんで米軍の両翼包囲の中に飛び込む形となり、ごっそりと捕虜になってしまった。ジョンストンも捕虜になった。

指揮官が不在の陣地では、深夜の混乱は収拾され得ず、英軍の総崩れを導いた。十五門の大砲のうち火を噴いたのは二門だけ。そのうち有効だったのは一門だけだった。南翼隊の前衛隊指揮官として敵陣に一番乗りしたフランス貴族のフルーリー中佐が、英国の旗を引き裂いた（中佐はあとで五百ドルを、自分に従った隊員たちに分配した）。二番乗りがノックス中尉で、三番～五番目は軍曹だった。

ウェインは、小銃弾（鉛の球丸）を額に受けて負傷。後送された。

攻撃開始から英軍の降伏まで二十五分しかかかっていない。多数の英兵がハドソン川へ飛び込んで逃げようとし、溺死した。

回顧すれば、米軍が銃剣格闘ができるのだとみずから立証したのは、一七七八年六月のモンマス戦だった。

そしてこのたびは、弾薬を装塡しない小銃による三叉合撃を深夜にやって成功させた。ほとんど銃剣格闘などできなかった米軍が、戦争五年目にしてとうとうここまで獰猛化したのである。それが分かっているから、ワシントンもウェインも、このような放胆な作戦を企画できたのだ。

実行されるまで計画が漏洩しなかったという点でも、お見事だった。

敗報にショックを受けたクリントンは、総力を連れてハドソン川を遡行することになった。

七月十八日に、ワシントンとシュトイベンがストーニーポイントに騎行臨場し、殊勲の将兵たちと上機嫌で握手した。そして米軍は、クリントンの大部隊がやってこないうちに、持ち出せる軍需品をすべてウェストポイントまで搬送させて、ストーニーポイントを引き払った。

ヘンリー・ノックスの見積もりによれば、ストーニーポイントで米軍の手に入った英軍の兵器と需品は、十一万ドル強の価値があった。

大陸会議は、あたかも私掠船のような作法で、この攻撃に参加した将兵たちに十六万ドル近い褒賞金を大盤振る舞いした。それほどに、この一勝の価値は、欧州への好ましい影響という点で、プライスレスだと信じられたのである。

ウェインと、他の二隊を率いた佐官たちには「議会勲章」が授与されている。独立戦争八年間を通じて「議会勲章」は十一個しか授与されていないことを考えれば、アメリカ人たちがこの捷報をどう評価したかが分かるだろう。

「王様の渡し」の両端を大部隊で再度確保した英軍は、それから一七七九年十月二十二日まで、同所の守備を続けた。

クリントンは、ニューイングランド方面での英軍の作戦に悲観的になり、攻勢を企てなくなった。

ペノブスコット遠征始末

独立戦争後半の主戦場となる南部戦線に視点を移す前に、米軍艦隊が北部の海岸で英軍に手痛く斥けられてしまった、ペノブスコットの海上挺進作戦も見ておきたい。これは米軍が動員した軍艦の数としては、有数の作戦であった。

ペノブスコット川は、その一本東寄りのケネベック川と同じく、現在のメイン州にあり、川沿いにはバンゴア市などが所在する。カナダ国境まで百三十キロメートルほどだ。しかし独立戦争当時にはメインという行政区域はなく、ボストンからカナダ国境までぜんぶがマサチューセッツ邦だった。

一七七九年六月中旬、カナダのハリファックス港から送り出されてきた英軍部隊がペノブスコット川の河口湾を基地化しようとする動きを見せたことが、マサチューセッツ人を強く刺激した。英本国ではそこに「ニューアイルランド」という新しい殖民地を創設させるつもりだったのだ。

ボストン港で動員できるありったけの艦船（四十隻以上）で、ペノブスコット湾のイギリス人を襲撃しようという話が、マサチューセッツ人たちの間でまとまる。彼らは大陸会議をも動かし、合衆国海軍軍艦三隻と、若干の合衆国海兵隊にも応援に加わってもらうことにした。

七月二十四日、米軍の遠征隊による上陸はうまくいったものの、すでに築城工事されていた英軍陣地を攻略する作戦は簡単ではなかった。英兵やインディアンも果敢に反撃に出てきた。

八月十三日、ニューヨークから十隻の英軍艦が駆けつけ、それから二日間のうちに湾内の米軍艦船をあっけなく掃滅してしまった。

陸上に取り残された米兵は、後方連絡線を遮断されてどうしようもなくなり、内陸の森林中に逃げ道を探した。彼らはそこから延々と徒歩でマサチューセッツまで帰還するしかなかった。

英艦隊がペノブスコット湾へ集中投入された余波で、この時点でクリントンが推進していたコネチカット方面やニュージャージー方面での作戦は、もはや推進できなくなってしまった。

その後、英軍は、独立戦争が終わるまで、ペノブスコット流域一帯を保持。しかし一七八三年のパリ条約により、土地は米国に返還された。

メイン州がマサチューセッツ州から分離するのは、一八二〇年である。

一七七九年のコネチカット邦が受けた試練

巨大な英軍が駐屯するニューヨーク港一帯のすぐ北隣に位置したコネチカット邦は、どうしてもニューヨーク市を奪還しなくてはと期すジョージ・ワシントン率いるコンチネンタル・アーミーにとって、無類の後方兵站《へいたん》基地だった。

さかのぼれば、一七七六年時点でワシントンがニューヨーク周辺に持っていた兵力の半分も、コネチカット邦が出していたという。

兵員の差し出しもさることながら、糧食を中心とした補給需品の負担量において、コネチカット邦の貢献は突出していたようである。コネチカット邦知事のジョナサン・トランブル（Jonathan Trumbull, Sr. 一七一〇年生～八五年没）が、それを推進した中心人物であった。

トランブルとはどんな男か？

曽祖父いらい同地に根をおろして成功している名家の次男として、ジョナサンはハーバード大学で神学を専攻。プロテスタント教会の「教師」（幹部職）になるライセンスを取得した。家業の貿易は兄が継ぎそうだった。弟のジョナサンには、家業の手伝いの傍ら学芸に打ち込んだり宗務に専心する余裕があったのである。

ところが、この兄が一七三一年に海難事故で死んでしまう。一家の期待はジョナサン一人にかけられた。

ジョナサン・トランブルの商売流儀は変わっていた。ふつうはニューヨークやボストンの仲買人を頼るものなのに、彼はじかに英国と交易しようとした。それは成功して、一七六〇年代に彼は富豪に数えられる。

この間、一七三三年にはコネチカット殖民地議会議員、三九年からはその議長となっているから、いかに土地の名士だったのかが分かる。

ところが一七六六年に彼は商売で大損を出してしまった。人々は彼を「副総督」にすることで救済しようとする。三年後には財務状況は破産に等しくなったが、偶然にも現職の殖民地総督が病死したので、六九年からジョナサンが総督に繰り上がった。こうして彼は地元に大きな恩義を負うことになった。

一七七五年四月のコンコード戦の直後、コネチカットのすぐ北隣のボストンで攻囲戦が始まった。英軍のトマス・ゲイジ司令官は、（おそらく連絡係を介して）トランブル総督に、補助兵卒や物資面での全面協力を求めた。これに対してトランブルは、ゲイジの麾下にある英軍部隊がコネチカット邦を勝手に荒らしていること、英軍は挑発を受けたわけでもないのに殖民地の臣民を殺していることを理由として、その提供を断った。

こうしてジョナサン・トランブルは、対英開戦前からの殖民地総督がそのまま英国王との義絶を通告して、さらに独立邦の知事に選ばれ承認された、唯一の人物となった（もう一人の例とされることがあるロードアイランド邦知事のニコラス・クックは七五年四月時点ではまだ副総督）。

ボストン市とニューヨーク市に挟まれているコネチカット邦は、あいまいな中立が許される場所ではなかった。コンチネンタル・アーミーに物資を積極的に供給しないとすれば、英軍の徴発隊がやってきて奪うだけであろう。

ジョージ・ワシントンは、このトランブル知事からは独立戦争の最初から最後まで援けられる。殊に七七年末から七八年春にかけてのヴァレーフォージにおける不慣れな冬営と、七九年十二月から八〇年六月にかけての極寒のモリスタウンでの冬営は、トランブル知事とその息子たちの奔走がなかったならば、どうなっていたかもわからない。

レキシントン戦の直後、コネチカット邦議会は、知事の息子のジョセフ・トランブル（一七三七年生～七八年没）を、ボストン攻囲に参加しているコネチカット兵たちのための補給責任者（兵站総監）に据えた。

司令官のワシントンは、このジョセフ青年に嘱目し、コンチネンタル・アーミーの初代兵站総監になってくれるように頼んだ。知事との連絡将校が必要だったのだ。

一七七五年七月十九日に大陸会議はその人事を事後的に正式承認する。ジョセフにはコンチネンタル・アーミーの大佐の階級も与えられた。

しかし大金を扱う兵站総監に自分の甥を据えたいと画策するよこしまな有力者が大陸会議内でジョセフの仕事ぶりを誹謗するなどの雑音もあって、心労は並大抵ではなかったようだ。あきらかにジョセフはこのために体調を崩してしまった。

コンチネンタル・アーミーがヴァレーフォージで初の大規模冬営に入った矢先の七七年末に、ジョセフ・トランブルは大陸会議によって更迭され、戦争委員会のメンバーに転任させられた。そしてすぐに病死してしまっている。

さいわい、後任の兵站総監のジェレマイア・ウォヅワース（一七四三年生～一八〇四年没）もコネチカット人だったから、トランブル知事がテントや衣料や牛の群れを集めてヴァレーフォージまで定期的に送り届けてくれる業務に大きな支障は生じなかった。

牛の群れはコネチカット東部で集められたという。そこはいつでも英軍が侵攻して来られる土地であり、住民が家畜を温存しようとしても、遅かれ早かれ英軍に略奪される蓋然性が高かったのではないかと想像できる。

新たな決戦プラン

ジョージ・ワシントンが大いに頼みとする一大補給基地のコネチカット邦は、敵将クリントンから見れば、敢えて傍観できぬ土地である。

だから独立戦争中、コネチカットは英軍に繰り返し襲撃を受けた。

まず一七七七年に、ニューヨーク殖民地のロイヤリスト総督が率いる二千名が侵攻し、軍用の小麦や需品用のテントを倉庫ごと焼き払っている。

一七七九年二月二十六日には、コネチカット邦の最南端にして最西端に位置するグリニッチ市の製塩所に英軍が襲来したが、これはイズラエル・プトナムの現地ミリシャ隊が撃退した。

この年、クリントンは、なんとかジョージ・ワシントンのコンチネンタル・アーミーの本隊を、要塞の援護が得られない土地まで釣り出して、決勝的会戦をしかけて一気に戦争の終結へもって行きたいと望んだ。それが、英本国政府からの執拗な要求でもあった。

ワシントンはハドソン川中流のウェストポイント周辺と、ニューヨークを西から圧迫できるニュージャージー邦にコンチネンタル・アーミーを配備し、その連絡線も要所で固めている。

既述の如く、決戦を焦ったクリントンは一七七九年の五月後半にストーニーポイントと対岸のヴァープランクスポイント（岬）を襲わせた。が、そこからさらにウェストポイント方面を攻めるには英軍は兵力不足だとクリントンは覚る。

そこで次に策案された手が、英正規軍を中心とする本格的な「タイロン攻撃隊」を編成して、一七七九年七月にコネチカットの海岸都市を続けざまに焼き討ちさせるという、ワシントン釣り出し作戦であった。

盟友トランブル知事の膝元をさんざんに荒らしまわってやれば、ワシントンもコネチカット邦の苦難を座視してはおられず、コンチネンタル・アーミーの主力をそこへ移動させるに違いない。そうなったらクリントンは、コネチカットとニューヨークの境に近い海岸寄りのママロネック市から北上して、ワシントンと野戦で雌雄を決する心算であった。

タイロン襲撃隊による海岸都市焼き討ち

襲撃の指揮を執るウィリアム・タイロン少将は、ニューヨーク港において、ジョージ・コリアー提督の艦隊に分乗した。襲撃隊の将兵二千六百名の中には、ドイツ人傭兵部隊のほか、イェール大学（コネチカット邦の名門大学）卒業生のエドマンド・ファニングが組織したロイヤリスト連隊もまじっている。

一七七九年七月三日にロングアイランド湾を東航開始したタイロン以下の襲撃隊は、コネチカット最大の貿易都市ニューヘヴン沖に七月五日に到着し、ただちに上陸して微小な抵抗を追い払った。タイロンは、住民の私宅も容赦なく焼き討ちせよという命令をクリントンから受けていたようである。しかし、タイロンの部下の指揮官の中にはそれに従わぬ者もいた。特に土地の案内役でもあるロイヤリスト部隊が、公共建物や船舶の破壊だけに努めようとしたのは、自然であったろう。

タイロンの本隊は小麦倉庫を焼却し、それから軍鼓の合図によって、郊外まで広く分散した襲撃隊を呼び集めて、その場でひと晩を夜営した。

七月六日の午後になって、襲撃軍はふたたび艦船に搭乗した。

次の目標は、ニューヘヴンよりもニューヨーク港寄り（西寄り）の、フェアフィールド市だった。

七月八日にフェアフィールド沖に艦隊が着くと、住民は皆、内陸へ逃げた。襲撃隊はそこで、無人の街を好きなだけ略奪し、今回は徹底した焼き討ちを実行した。建物二百棟が焼亡したという。

英軍部隊は、その夜は、沖で船中泊。それからいったんロングアイランド島の北岸にあるハンチントン湾まで戻り、そこで補給品を積み込んだ。

七月十日の十四時、タイロン襲撃隊はまたハンチントン湾を出撃して、夕方に、対岸のコネチカット邦の海岸のいちばん東端のノウォーク市に到着した。船団はノウォーク諸島の外縁に碇泊。ボートで兵員が上陸を始める。日付が変わった翌日の未明三時に上陸は完了し、彼らは浜で夜明けを待った。

英軍は二隊に分かれてノウォーク川の両岸を遡行し、町を目指した。

タイロン少将の本隊は、ノウォークの東側から焼き立て始めた。それら家屋から狙撃されたためである。

もう一隊は、西の横丁から焼き始めた。やはり、家屋内から狙撃されたのがきっかけである。破壊は徹底したものになった。建物二百七十棟、船五隻、製粉所と製塩所複数が焼かれた。無事に残った家屋は六軒だけだったという。

ジョージ・ワシントンは、ノウォーク市を英軍が襲撃しているという報告を受けるとすぐに、ニューロンドン市（やはりコネチカット邦の東端に近い）に駐留していたコネチカット兵部隊に、急いで海岸へ行くように命じたが、それは間に合わなかった。

タイロン襲撃隊は、それから七月十四日にまたハンチントンまで戻ったところで、クリントンからの命令に接したので、ニューヨーク港に帰った。

この一連の作戦は、ワシントン軍の主力をおびき出すことには結びつかなかった。それどころか、タイロン襲撃隊のために兵力二千六百人を充当したために、七月十五〜十六日のウェイン隊によるストーニーポイントの奪還を許してしまったともいえる。

タイロンの焼き討ち戦術は、米国の新聞にも、英国の新聞にも、叩かれた。パリでは米国外交団のサイラス・ディーンが、これは蛮族の所業で筆紙に尽くし難いと非難宣伝を打った。

クリントンは本国への報告書の中で、焼き討ちを正当化している。しかし同時に、このような海賊行為を命じなくてはならないのは当職にとって苦痛である、と不平の意も表した。

8　焦点のチャールストン市

前段階としてのサヴァナー戦

一七七九年五月、英海軍のジョージ・コリアーが率いる艦隊が、ヴァジニア邦のポーツマス市を焼き討ちした。ヒット&ラン攻撃であった。おそらくジョージ・ワシントンはこの直後に、カリブ海のデステーン提督に宛てて、仏艦隊を引き連れて北米海岸に戻って来てくれるよう催促するメッセージを、届けさせたのではないかと考えられる。

他方、一七七八年の九月からワシントンによって南部戦区の総責任者に指名されていたコンチネンタル・アーミーのベンジャミン・リンカン少将は、サヴァナー川（サウスカロライナ邦とジョージア邦の境界をなす）下流左岸のピュリスバーグに本営を置いて、七九年の春から両カロライナ邦でミリシャの徴募に努めていた。

既述したように、七九年一月からサヴァナー川上流のオーガスタ市を占領していた英軍は、このリンカンの軍勢を無視し得ず、オーガスタを引き払ってピュリスバーグの対岸（ジョージア邦側で、かつ、八キロメートルほど上流）に位置するエベニーザー砦に移動した。

四月、リンカンは、サヴァナー川河口のサヴァナー市の英軍に通じる陸側からの補給線は概ね遮断できたと判断し、二十三日に、オーガスタを攻略するために北上した。

折しも米軍の私掠船の活動によって海からの輸送船入港が途絶えてしまって苦しんでいたサヴァナーの英軍司令官プレヴォスト准将は、陸からの包囲圧力が緩んだ好機を捉えて、反対にピュリスバーグを陥れてやろうと決心。二十九日に二千五百名をひきつれて北上を開始した。

この英軍の動きが伝わると、サウスカロライナ・ミリシャは動揺した。彼らは自分たちの農園が英軍に寇掠《こうりやく》されると心配し、内陸（北西方角）のオーガスタではなく、チャールストンのある北東海岸の方角へ馳せ戻ろうとした。もちろんリンカンの軍命には背く不規律であるけれども、ミリシャ指揮官のウィリアム・モルトリーにもそれを止める力はなく、部下の意向に従う他になかった。

こうしてリンカンのコンチネンタル・アーミーとモルトリーのミリシャ部隊は分割されてしまう。

プレヴォストは、規律の乱れているモルトリー隊こそ好餌であると見て、目標を変更し、モルトリー隊を追尾にかかる。プレヴォストは、チャールストン市の外周防御陣地（南端にチャールストン市がある舌状地の「根」の部分にある）より外側（北側）でモルトリー隊を捕捉撃滅できよう――と計算した。

七九年五月十日、英軍の前衛は、チャールストン市から十一キロメートル内陸の川岸でモルトリー隊の後衛に追いつき、小競り合いが始まった。

しかるに十二日、英軍はリンカンからモルトリーに派遣された米軍の伝令使を捕らえ、リンカン軍がチャールストン救援のため内陸から急行中であることを知った。これでプレヴォストはまた決心を変え、サヴァナーまで引き揚げることにした。

だがチャールストンからサヴァナーまでは百三十キロメートルもあるうえ、その間の海岸部は湿地や河川の連続である。ロクな道路はなく、舟艇で沿岸を南下しない限りは、全滅は免れないと思われた。

ストノ・フェリーの戦い

プレヴォストはその準備を整える間、米軍部隊の来攻を喰い止めるための後衛軍九百名（スコットランド兵、ドイツ傭兵、そして両カロライナ邦のロイヤリスト）をメイトランド中佐の指揮の下、残置した。その防備展開地をストノ・フェリー（ストノ川の渡し場）といった。チャールストン市から は西にあたっている。彼らは大急ぎで複数の陣地を土工した。

六月十六日、プレヴォストの英軍本隊は海へ出た。

リンカン少将のコンチネンタル・アーミーはチャールストンに入城後、両カロライナのミリシャ部隊を再糾合し、あらためてストノ・フェリーの英軍部隊を掃滅しようと決心した。

チャールストンにおけるリンカンの麾下には六千名前後の将兵が数えられたのだが、ほとんどはミリシャで、彼らはチャールストン市内から動きたがらなかった。そのため、ストノ・フェリー攻めのために動員できたのは、訓練未到な千二百人のミリシャ隊だけだった。

攻撃隊は、アシュレー川の渡し（舌状地の「根」の西端で、市の外周防衛陣地があった）からストノ・フェリーまで十三キロメートルの道程を夜行軍したあと、休憩なしで黎明時に横隊に展開した。現地は濃密な樹林帯だった。

米軍右翼はミリシャ隊が中心で、最右翼の歩兵中隊はフランスからやってきたマルメディ侯爵が指揮していた。

左翼隊はアイザック・ヒューガー（Isaac Huger　一七四三年生～九七年没）准将が指揮するコンチネンタル・アーミーである。

交戦は六月二十日の日の出前から始まった。激戦の後、総指揮官リンカンが退却を命じた。

米軍は三十四人が戦死した。その中には、第七代の合衆国大統領になるアンドリュー・ジャクソン（このときはまだ十二歳）のいちばん上の兄、ヒュー・ジャクソンも混じっていた（死因は熱中症であった由）。ヒューガーも重傷を負っている。

メイトランドはじつはもっと早く陣地を引き払ってしまいたかったのだが、飲用水を運搬する手段を手当てできずに滞陣していたのだという。

けっきょくメイトランド隊は六月二十三日にビューフォート（サヴァナーとチャールストンの中間にある海岸の町）に向かって移動を開始する。米軍は、南下する彼らを妨害できなかった。

これと同じころテネシー州では、ノースカロライナとヴァジニアのミリシャ隊が、チッカモーガ・インディアンの村を襲撃している。

動揺する外交

一七七九年八月、初代の駐米フランス大使、コンラッド・アレクサンドル・ジェラールが米本土に到着した。同伴してきたジョン・アダムズは、その二ヵ月後、また欧州へとんぼ返りする（十一月着）。

アダムズは、英国と和平交渉をすすめたいと考えていた。しかし、フランスの外相はその企図に拒否権を発動した。米仏同盟の条項により、どちらか単独での対英講和は、許されていなかった。

デステーン、再び

一七七九年七月二十五日にカリブ海から仏兵四千人を連れて北上開始したデステーン艦隊は、八月三十一日、米国南部の沿岸に戻ってきた。

この大艦隊は、英軍二千七百名が占領中のサヴァナー港の沖を通り過ぎてサウスカロライナ邦沖に集合した。デステーンはそこから連絡将校をチャールストンまで派し、まず米仏軍が合同でサヴァナーを攻略することに話が決まった。

九月二日に嵐が通過し、仏戦艦五隻が損傷したものの、デステーン艦隊は軍艦だけでも三十九隻もあったので、北米の全英軍を戦慄させるには十分であった。

ニューヨーク司令部のクリントンは、コーンウォリスの部隊をジャマイカへ派遣する命令を取り消した。またロードアイランド（ニューポート）の守備隊には、全員そこを引き払ってニューヨークまで撤収するよう命令した（十月十一日に撤収）。

ニューヨークの北方、ハドソン川両岸に部隊を展開させ、司令部本営をウェストポイントに置いていたジョージ・ワシントンは、なぜデステーンがニュージャージー沖まですぐにやってきてくれないのかをいぶかしみ、イライラしながら経過報告を待つしかなかった。

仏艦隊は七九年九月三日から六日にかけてサヴァナー市に押し寄せ、いきなり英軍艦二隻などを鹵獲した。すぐに上陸戦闘を始めていれば、サヴァナーは陥落しただろうという戦史家もいる。

兵員の上陸は九月十一日から始まった。サヴァナー市街からは二十三キロメートルほど南方の海岸だった。デステーンは守将のプレヴォストに対して、型どおりの勧降使を送った。プレヴォストは、「返事をするまで二十四時間待って欲しい」と言って引き延ばし、その間に八百人の将兵を新たにサヴァナー陣地へ呼び集めた。これで守兵が三千五百人となったので、プレヴォストは降伏の呼びかけを拒絶した。

九月十六日、コンチネンタル・アーミーとミリシャ合計千百五十名を率いたリンカン少将が、デステーンの仏軍と合流する。

血気のモルトリーは、即刻攻撃しようと主張した。が、デステーンとリンカンは、おもむろに攻囲を準備する流儀を選んだ。攻城砲などの重資材は、海が荒れていたために九月二十四日まで到着しなかった。

英軍のサヴァナー市陣地に対する米仏連合軍の砲撃が開始されたのは、やっと十月三日からだった。爾後五日間、二千門以上の大砲で砲撃を加えたのだが、守備軍も時間をたっぷりと与えられていたので、強靱な築城工事で凌ぎ切った。

逆に仏艦隊の船内では壊血病が蔓延し、水兵百七十五人が死んだという。

フランス艦隊の艦長たちは、ハリケーンの襲来を恐れ、南部の沿岸からは早く離れたがっていた。デステーンにも、先の嵐で傷んだ五隻をすみやかに修理する責任があった。

そこで十月七日に米仏司令官が軍議し、総攻撃を翌朝からと決した。

しかし攻撃は、地上部隊が、見通しのよい平地を、塹壕がよく掘られた敵陣まで五百メートルも歩いて行くという、芸の無い正面強襲だった。バンカーヒルの逆パターンである。

仏兵は大損害を被った（仏軍の中には、今のハイチから志願して従軍してきた自由黒人兵七百名も加わっていた）。米兵の損害は仏軍より少なかったが、最後に攻撃発起点まで逃げもどったのは同じだった。この戦闘で、ポーランドから米国独立戦争に参加していた騎兵隊長のプラスキ伯爵が、英軍野砲の放った散弾によって撃ち倒されている。

不幸中の幸いは霧が発生したことで、おかげで英軍は陣前に飛び出して追撃することを得なかった。

この第一次総攻撃が失敗に終わると、デステーンの戦意は瞬時に消失し、十月十八日に攻囲は中止となった。

リンカンの米軍は、チャールストンに引き取った。

デステーンは、カリブで挙げた手柄の報告を土産に、十一月に米国沿岸を去り、一七七九年十二月にフランス本国に入泊した。一部の仏軍艦艇と兵員は、グレナダやセントヴィンセントやハイチに引き返した。ドゥグラス提督とその麾下艦隊だけがチェサピーク湾に暫く残ったが、それもやがてカリブ海へ移動してしまう。

多くのアメリカ人が、フランス軍に対して強い不信感を抱いたことは、言うまでもない。

サリバン隊の奥地遠征

前述したように、一七七九年はじめ、ミドルブルックの総司令部にて、ジョージ・ワシントンは対北方インディアンの討伐作戦を考えていた。

ワシントンの宿願は、究極にはニューヨーク市（北米最良の貿易拠点。物流量ではフィラデルフィアの次だが、当時からすでに事実上の経済首都候補）を総攻撃して英軍の手から奪回することであった。応援のフランス軍の都合がよければ、そしてまた、英軍が南部へ兵力を転送してニューヨークの守備が手薄になったように見えたなら、すぐにもニューヨーク港への一斉攻撃をかけたくてたまらなかったのだ。

だから、大陸会議からの要望が強かった対インディアン討伐作戦も、あくまで初夏のうちに短期で切り上げさせて、コンチネンタル・アーミーのニューヨーク包囲態勢には影響のないようにしたいと、ジョージ・ワシントンは願った。

この北方電撃作戦には、効果の徹底を期すため複数個の旅団を充当する。旅団長の准将たちを束ねる現場司令官の階級は、少将でなくてはならない。ワシントンは北方戦域のコンチネンタル・アーミーの少将に先任順に声をかけた。が、皆、理由を構えて辞退をしたので、けっきょく序列五番目のジョン・サリバン少将（ニューハンプシャー邦出身）に白羽の矢が立った。

サリバンは作戦の意図をこう理解した。オハイオ地方の反米インディアンたちの食料を焼き尽くしてしまえば、カナダの英軍基地（ナイヤガラ砦）がそれら部族の面倒をみるしかなくなる。さすれば、カナダからオハイオ地方への攻勢の余力など、英軍にも北方ロイヤリストにもなくなってしまい、ワシントンのニューヨーク攻囲の間、背後の心配は消えるはずだと。

サリバンが編組させた旅団は、主としてニュージャージーの連隊からなるもの（指揮官ウィリアム・マクスウェル准将）、ペンシルベニアの連隊からなるもの（指揮官エドワード・ハンド准将）、ニューハンプシャーおよびマサチューセッツの連隊からなるもの（指揮官イノック・プーア准将）、そしてニューヨーク邦の連隊からなるもの（指揮官ジェームズ・クリントン准将。英軍のクリントン総司令官とは無関係）の四個旅団に砲兵隊などを増強した総勢四千人であった。

このうちサリバンが「旗本」として頼みにしたのはプーア旅団で、対インディアン戦の流儀を知り尽くしていた彼らは、行軍中は本隊の前衛をしばしば担当した。

サリバン遠征隊は、二カ所から出発する。ニューヨーク旅団は、モホーク川の最下流（ハドソン川に合流するあたり）に集結した。

サリバンの司令部および他の三個旅団は、ペンシルベニア邦のイーストン市で準備を始めた。

そこはデラウェア川の西岸であり、南へ下る街道の先にはトレントン市があった。イーストンの対岸はニュージャージー邦で、西へ向かう街道はイーストンから大西洋岸のパースアムボイまでずっと続いていた。その途中に、ミドルブルックがあるのだった。

作戦計画はこうだ。

サリバン軍は、イーストンから陸路、北西へ行軍し、ワイオミング（サスケハナ川が最も東に張り出している屈曲点の東岸）に前進拠点基地を設営する。そしてそこからはサスケハナ川沿いに北西へ遡上して、支流のカユーガ川およびシマング川の合流点であるティオガから原生林を北上。イロコイ連盟インディアンたちの巣窟であるオンタリオ湖南方の広大な湖沼地帯（南北に細長い小さな峡谷湖が手の指のように並んでいる）まで達し、目についたすべての集落を手当たり次第に掃滅する。同時にニューヨーク旅団はモホーク川を西行。途中から南転して、ティオガ付近のサリバン軍本隊に合流するまで密林原野を行軍し、途中で見かけたインディアン集落はすべて破却する。

攻勢的・懲罰的な焦土化作戦であった。

ワシントンがサリバンに任務を説明した文書が残っている。ワシントンは〈われわれの未来の安全は、彼らインディアンに恐怖（terror）を与えられるかどうかにかかっている〉と強調した。

ワシントンの期待としては、ナイヤガラ砦まで追撃して欲しかっただろうが、補給線の細長さを考えたら、それはいくらなんでも無理だった。

サリバン自身はイーストンに五月前半にやってきた。サリバンは遠征指揮官の責任として、イーストンにおいて出発前に輜重隊を万全に整えたかった。

ところが塩漬け肉はいつまでも届けられず、糧食を運搬する数百両の荷車／馬車を調達することもできなかった。

時間がどんどん過ぎて行くので、ワシントンはイライラした。出発できないあいだも、多数集結している将兵と馬は、蓄積した糧食を喰い潰して行くのだ。

サリバンはペンシルベニア邦議会議長のジョセフ・リードに、同邦の法律で禁じている荷車の徴発を許可してほしいと頼む。これがはっきりと拒絶されたので、以後、ペンシルベニアの有力者とサリバンの関係は悪化した。

ワシントンは、サリバン隊が六月前半にはインディアン地区に突入することを期していた。しかるに、ワイオミングまで達する荷馬車用の道路が六月十二日にようやく啓開されたという情況だった。

ワイオミング基地においても、サリバンは補給物資が集積されるまで停滞した。そこには川舟による連日の補給があった。加えて、数百頭の駄馬、そして生きた牛の群れもやってきた。

しかしサリバン自身は七月末になってもまだワイオミングの基地から動こうとしない。そしてひっきりなしに、ワシントンや大陸会議の戦争委員会に対して「約束の補給品を送れ」と催促し続けた。

いちばんサリバンを怒らせたのはペンシルベニア邦要人の態度だった。そもそもこの遠征で大きな福利を得るのは、ワイオミング地区を抱え、年来インディアンの浸透攻撃にさらされているペンシルベニア人のはずである。にもかかわらず、約束した数百人のミリシャを寄越さないのだ。

だからサリバンも、この作戦中、インディアンとロイヤリストがペンシルベニア奥地の開拓村を脅威しているからと出動要請を受けても、皮肉に満ちた返答を与えてすべて拒絶した。

このあたりですでにサリバンは、凱旋後の退役を考えたのだろうと、兵頭は想像する。

六月後半にはワシントンもしびれを切らした。夏までの一撃離脱の短期作戦を命じたのに、サリバンは一七七九年の秋までのシーズンをまるまる使う気なのか？　それでは今年はニューヨーク攻撃はできないではないか！

ワシントンには、サリバンが荷車補給にこだわって、駄馬だけの軽い輜重ですぐに動かないことが心外だった。密林中に荷車用の立派な道路などを建設しながら前進したのでは、とてもではないがイロコイ連盟の本拠地を速攻することはできはすまい。

ワシントンの督促状が届く前にサリバンはワイオミングから動く。

しかしワシントンは「プランB」も発動することにした。それが、ダニエル・ブロードヘッド大佐による、より小規模の遠征隊による奥地焼き討ち作戦である。

親米のインディアンも混ぜて、ペンシルベニアのさらに西の奥地のピット要塞から、アレゲニー川（オハイオ川支流）を北上し、エリー湖南岸一帯のインディアン集落に対して焦土作戦を敢行したのち、ふたたびピット要塞まで戻るというものだった。もし彼らがエリー湖の南岸までたどりつけば、そこからサリバン隊（オンタリオ湖南岸まで到達しているものとして）と合同でナイヤガラ砦を陥れることができるかもしれない、とワシントンは期待した（距離を考えれば、さすがにそれも望みすぎであった）。

サスケハナ川を遡行するサリバン隊に随行する駄馬はじつに千二百頭、「歩く食肉」とした牛の群れは七百頭にのぼったという。

しかし麻袋を馬千二百頭の背に乗せて運搬した食料や弾薬よりも、樽詰めした物資を百二十艘の筏に分載して両岸から馬で曳いて遡行させた分量のほうが多大だった。水の浮力は、圧倒的なのだ。

遡上行軍中のサリバン軍の隊列は、前後六マイルの長さに達したという。

ティオガに到着したのは八月十一日だった。

サリバンはこの遠征中、できればインディアン戦士の大集団を夜間の強行軍によって早朝に奇襲し全滅させるという大手柄を挙げ、大陸会議へ報告したいものだと念じていたが、その試みは一度もうまく行っていない。野砲隊や荷駄隊を伴うサリバン隊は、密林や湿地帯においては鈍重すぎ、到着前にインディアンたちは集落から逃亡してしまうのだ。

しかし、米軍の接近を察知しても逃げることのできない家屋群・倉庫・畑・果樹園は、米兵たちが着実に破却し続けた。最初からそれだけを目標にしていれば、あるいは彼らは労せずしてナイヤガラまで攻め寄せることもできたかもしれない。

モホーク川から南下してきたニューヨーク旅団は、八月十九日にティオガに到達し、本隊と合同した。

サリバンはそのティオガに常に二百五十人を残し置き、防禦胸壁にもなる石組みの倉庫を建設させ、食料や薪を収納させた。一時的にそこは「サリバン砦」と呼ばれた（作戦終了後、放棄）。

ここで彼らは、筏の樽から需品を駄馬用の麻袋へ詰め直し、密林北上の準備を整えた。麻袋は絶対数が足らなかったため、彼らは野営用のテントを袋に仕立て直した。

ワシントンの目論見からは二ヵ月遅れて、遠征隊はティオガを八月二十六日に進発した。前路には斥候隊、翼側には警戒隊を出して、輜重隊をまんなかに囲む厳重な隊形で、サリバン遠征隊は北上した。

森林を啓開しながらのサリバン隊の進軍は、難渋した。やはり重すぎる野砲の随行が全体の足を引っ張った。

しかしスケジュール遅れにも好都合なことがあった。夏の収穫期を越しているので、インディアン村には必ず食料の蓄積があったことだ。豆、瓜、カボチャの類を米兵は雑嚢に詰め込み、残りは小屋に集めて残さず焼いてしまった。

英軍指揮官のバトラー大佐は、イロコイ連盟の生活基盤が破壊され尽くされないうちに米軍の戦意を挫く必要を痛感した。

バトラーの率いる白人レンジャー三百人と、ジョセフ・ブラントの率いるモホーク族は、インディアン集落のニュータウン村の南方で、待ち伏せ作戦を試みた。

経路の両側が高地になっているところがあり、その片方の高地に胸壁を工事しておいて植生で偽装し、サリバン隊をおびき寄せて両高地から奇襲的に挟撃しようというプランだった。

八月二十九日、米軍の尖兵隊が接近した。米兵は、じゅうぶんに用心をしていた。

その上、モホーク族が仕掛けた誘い出し行動もへたくそで、前方に罠陣地が設けられていることが米側に簡単に覚られてしまう。しかるにバトラーは、米軍が英軍の企図に気づいていることを察し得なかった。

米軍尖兵隊三十人はただちにその場で緩慢な銃撃戦を開始して本隊が追及してくるのを待った。午前十一時に到着した最後尾のサリバン少将は、二個旅団に大迂回して敵後方から攻めさせ、敵を全滅させようと考えた。

サリバンは、迂回隊が敵後方を占位するであろう午後三時まで味方の野砲の存在を秘匿させておいて、三時に急に野砲隊を前に出して英軍陣地を圧迫した。

ところが迂回隊は湿地に足を取られてまだ英軍の後方へは回りこめていなかった。

ロイヤリストとインディアンは、迂回隊の接近を感知して、戦場を離脱した。

そのあと米軍は、住民の逃げ出したニュータウン村に至り、まる一日をかけて、インディアンが耕作していた百五十エーカーもの優良な穀物畑を焼き払った。

サリバンはこの戦闘の後でやっと正しい教訓を知った。重い野砲は未開森林地帯の遠征に伴うべきではないのだ。それで、三ポンド砲一門と、さらに小口径の軽便な小型砲二門をのぞいて、すべてティオガの「サリバン砦」へ送り返して、部隊を身軽にした。

また、インディアンの貯蔵食料が大量に手に入ったので、爾後は、部隊としての配給食は減らすと部下に宣言した。ここから先は、全員で略奪しながら進むのである。

サリバン隊が敵集団を求めてさらに北上する途次、イロコイ六部族のうち、旗幟《きし》鮮明《せんめい》に米軍に味方しているオネイダ族の使者がやってきて、「この先のカユーガ族を攻撃しないでくれ」と頼んだ。

サリバンは、米人入殖者に対する襲撃に何度も加担したカユーガ族はいまさら謝罪しても遅いと返答し、それよりも、オネイダ族が約定に反してまともな案内人をよこさないことを強く責めた。

九月五日、セネカ湖畔のケンダイアという戸数六十ほどの村で、インディアンに捕らえられていたたひとりの白人捕虜を収容した。この男が、セネカ湖北端のカナダサガという村にインディアン戦士千人が集まっている、と教えた。

だがカナダサガでも敵を捕捉することには失敗する。村の周りでは桃やリンゴ系の果樹が栽培されていた。

しだいに将校たちは、どこで遠征をやめて引き返すかという相談を始めた。そろそろ朝夕の冷え込む季節が迫っているのだ。

ゲネセキャッスルという大きな村が、折り返し点の目標に選ばれた。地域最大級の集落であるから、そこなら、ティオガまでの帰路に必要な糧食も確実に得られるはずだ。

ゲネセキャッスルへの急行軍に堪えない傷病兵は、そこからティオガへ後送された。

サリバン軍は九月十日にカナンダイグァ湖北端を通過し、十一日にホネアエ村着。インディアンは竈でポテトをあぶっているときに米軍に気づき、あわてて逃げた模様だった。

サリバンは輜重隊をこの村にとどまらせ、ゲネセへの最後の急行軍を軽装の攻撃隊だけで実施しようと決心する。

最初に送り出されたトーマス・ボイド中尉以下二十六人の斥候隊は、ゲネセを偵察して戻る途中、四百人のインディアンに待ち伏せされて全滅した。

これはニュータウンで倒した敵兵よりもずっと多い、遠征中の最大損害であったと考えられる。しかしサリバンは報告の中で、ニュータウンの戦闘を大勝利だと強調し、ボイド隊の損失についての責任は問われなかった。

騎乗兵の肩ぐらいまで伸びた見通しのきかない草原を通過してゲネセキャッスルに本隊が達すると、そこにはボイドらのバラバラ死体が転がされていた。死体には無数の拷問の痕跡が看取された。ゲネセ村は大きな集落だったので、完全な破壊には二日間が必要だった。燃やせるものは燃やし、火つきがわるい貯蔵物は川に投げ捨てた。

サリバン隊は引き返した。九月十七日にホネアエ村で、残置していた輜重隊および傷病兵たちを収容。

さらにセネカ湖を通過したあたりから、追撃される心配も薄れたので、サリバンは部隊を分割して、できるだけ広範囲のインディアン村を焼きたてさせた。

分散南下した部隊は、ティオガに帰着後、サリバンの命令でさらにもう一回、手分けして北方に往復して、地域を徹底的に荒らした。

サリバン遠征隊が、最終的にワイオミングを目指してティオガを進発したのは九月三十日だった。この遠征中に大雨や熱波がいちども襲来しなかったのはサリバンにとって幸いだった。サリバンに与えられた部下将校も歴戦の者たちで、兵隊には規律があった。

対するカナダ方面のロイヤリスト指揮官ジョン・バトラー大佐は、はじめから米軍とは比較にもならぬ乏しい補給しか、後方（ナイヤガラ砦）において期待をすることはできなかった。英本国が、すでに南部戦域へ主な関心を移してしまっていたからだ。したがって英軍は、多数のインディアンを動員してサリバン隊を邀撃する作戦などは企て得なかったのである。

サリバン隊の中核であったニューハンプシャー連隊の少佐は、ワイオミングの農場に帰着した一七七九年十月七日の日記に、こうしたためた。「……無数の巣を破壊してやったが、鳥どもはまだ空を飛んでいる」。

たしかに、オンタリオ湖南岸域からペンシルベニア邦方面にかけて、インディアンやロイヤリストは全滅したわけではなく、一七八一年まで襲撃や討伐は互いに繰り返される。だが憩うべき「巣」を一七七九年に焼き払われたインディアン側の苦境はつのる一方で、一七八三年のパリ条約でも、戦績不振な彼らの土地所有権は無視されてしまったのである。

一七七九年において、結果的に北部戦線における唯一の本格作戦だったサリバンの遠征は、こうして成功裡に終結した。

サリバンは一七七九年十一月三十日に依願退役を許可されて軍務を離れ、翌年からはニューハンプシャー邦代表の大陸会議メンバーとなった。

9　十八世紀最悪の冬営

異常気象下のモリスタウン

一七七九年十一月から、ジョージ・ワシントンはモリスタウン（ニュージャージー邦）で冬営に入った。この冬営は一七八〇年六月二十三日まで続く。たまたま十八世紀でいちばん寒い冬であったそうである。

ワシントンが、ナサニエル・グリーン少将に宛てて、冬営地をモリスタウン市郊外に決めたと知らせたのは、一七七九年十一月三十日付の手紙であった。

以前（一七七六年末から七七年春まで）、ワシントン司令部はこのモリスタウンに冬営したことがあった。

モリスタウンは、英軍の本拠地が置かれていたニューヨーク市からは五十キロメートル弱、二日行軍距離にあり、中間には低山山脈と大沼沢が広がっているので、こちらが奇襲を受ける心配はなかった。逆に、街道を通れば、いつでもこちらから攻め寄せることはできる。街道の東端末のひとつはエリザベス市（その対岸はスタテン島北端）へ、もうひとつはパースアムボイ市（対岸はスタテン島の南端）まで達していた。米軍の攻撃的気勢によって、英軍将兵を常時、緊張状態に置いてやれる間合いである。ワシントンは、自身の第一優先目標が、あくまでニューヨーク市の奪還にあることを、敵にも味方にも、疑いの余地なく示そうとした。

兵隊たちの舎営地は、モリスタウンの市街地からは五マイル南西の「ジョッキーホロー」という原野に設定された。森林六百エーカーを伐採し、その丸太によって数百棟の小屋を整然と建て並べる作業が必要であった。

七九年十二月の第一週から、いろいろな部隊が逐次に集まってきた。キャンプに入った総人数は七千五百名弱だったと算定されている。

ワシントンは、兵員用の小屋の平面を、十四フィート×十五フィートと決めた（前回ミドルブルックでの統一規格は十六フィート×十四フィート）。軒高は六フィート六インチにした。

丸太に刻みを入れたものを組み合わせて壁にする。その丸太の隙間は粘土で塞いだ。ミドルブルックでの経験があるので、手馴れたものである。

出入り口ドアがあって、その反対側に暖炉がある。ミドルブルックとは違い、釘はあったようだ。

各小屋では下士官や兵十二人が起居した。

将校用の小屋は、やや広く造られた。高級将校はそこを一人で占有し、下級将校はそこに四人で入った。これもミドルブルック方式だ。

過去二回の冬営で、将校も兵卒も冬営の勝手が分かっていた。おかげで、記録的な寒波とそれに伴う長期の補給途絶に苦しめられたにもかかわらず、モリスタウン冬営中の死者数（餓死・凍死・病死・事故死を含む）は三百五人だけに抑制されたという。

北米では、冬の寒さは毎年同じではない。

一七七七年末から七八年春のヴァレーフォージ冬営は、寒さとしては平年並みだったのに、死者を二千人以上も出してしまった。コンチネンタル・アーミーは、軍隊として冬営の経験がなく、殊に部隊衛生の鉄則を習っていなかったためだった。

一七七八年末から七九年春のミドルブルックの冬営は、物資不足は極端だったけれども、暖冬と、前回の経験に助けられた。

そしてこたびの一七七九年末から八〇年春のモリスタウン冬営では、コンチネンタル・アーミーは、十八世紀で最悪といわれる厳冬の試練に投げ込まれた。

諸部隊がジョッキーホローに着いたとき、すでに積雪は三十センチあった。すぐに気温が異常に下がり、暴風が吹き荒れた。それが一週間近く続いた。

強風が鎮まるや、こんどは豪雪。たちまち一メートル二十センチから一メートル八十センチくらいも降り積もり、道路に沿った柵が見えぬため、どこが道かも分からない。吹き溜まりになった地点では積雪は四メートルに及んだという。

このせいで馬車や荷車がすべて通行不能となったのはもちろん、騎馬伝令すら出るに出られず、重要文書は、かんじきを履いた下級将校が徒歩で送達したという。

一七八〇年一月には、北米の東海岸は、ノースカロライナ州北部よりも北側が、ことごとく結氷、もしくは流氷に閉ざされた。したがって補給物資を輸送する船舶が出入りすることは不可能になった。

マンハッタンの住民や、スタテン島に駐留するドイツ軍部隊は、薪をハドソン川対岸のニュージャージー等から搬入するのに、舟艇ではなく、牡牛に曳かせた橇《そり》を活用せねばならなかった。氷は厚さが二メートル以上あった。

モリスタウンよりも南に位置したフィラデルフィア市ですら、一七八〇年一月の日中の気温が摂氏零度より上がった日は一日だけであったという。

しかし米軍将兵はすでに冬季のキャンプに慣熟しており、衛生規律がなぜ必要かも理解されていた。この頃までに米兵のほとんどが天然痘の予防措置である「種痘」を受けていた効果も大だったようである。

解決不能の問題は、豪雪に伴う糧食運送の途絶だった。

正真正銘の飢餓に、米軍将兵は直面した。

八週間、パンの配給が無いことがあった。また、一人あたり二ポンド（九百七グラム）の肉で十日間を我慢させられたこともあった。

ある兵卒の日記によると、野生の鹿がするように、彼らは樺の木の皮を齧った。また、多くの兵隊が革靴を火で炙って食べた。ある下級将校は、愛玩用に手元に置いていた子犬を殺して食べた。

この冬営中、二十八回もの冬嵐がモリスタウンを襲ったという。配給の毛布は薄いもので、ベッドの藁の先端が容易に貫通したという。

とても堪えられず、勝手に帰郷しようと脱走した者は千七十二名にのぼった。脱走後に凍死した場合、追跡調査のしようがないから、死者数にはカウントされていない。

病気になってどこか別な場所の病院へ送られたり、正規に帰郷が認められてそのあとですぐ死んだ者も、死者の数字には入っていない。こうしたカウント外の死者を含めれば、モリスタウンの苛酷さは、もっとリアルにイメージされるだろう。

ジョージ・ワシントンは、モリスタウン市街の一邸宅の一部を、代価を支払って借り上げ、総司令部にしていた。

ワシントンの警護部隊はその邸宅から七十メートル離れた場所に十二棟の小屋を建てて輪番で終日警備にあたった。

あるとき豪雪と強風のため、立哨の交替兵がその七十メートルを移動できず、一人の衛兵が七十二時間も連続して上番することを余儀なくされた。しかしこの雪では誰も総司令部を奇襲などすまいというので、彼は屋内に招じ入れられて、司令部員のための食事を分けてもらったという。

ワシントン夫人のマーサは、一七七九年十二月三十一日にモリスタウンにやってきた。他の将校たちの夫人も大勢来て、キャンプ生活を手伝っている。

ワシントンの提案で、一夜、ダンスパーティが企画された。三十四人の将校が、四百ドル相当を醵金し、タバーン（ホテル兼よろず屋）を借り切った。

四百ドル相当、というのは、彼らは実際には、合衆国政府が発行した「コンチネンタル紙幣」で支払ったからである。これは、戦争中はあまり信用がなく、額面と時価との間に極端な落差があった。

馬が大問題

往時の冬営は、西洋陸軍につきものな厖大な数の馬の飼い葉を、ひとつの駐屯地ではとうてい準備ができなくなるための、必然の習慣であった。

ニューヨークのような船舶運漕に至便な大港湾都市ならば、冬のあいだの飼い葉を外部から取り寄せることもできただろうが、そこまで条件が恵まれていないほとんどの町では、一カ所に分屯させる部隊の規模を抑制するか、飼い切れない馬を冬期間だけ他の場所に疎開させる必要があった。

モリスタウンのコンチネンタル・アーミーは、将校用乗馬と砲兵用の輓馬を、郊外の何カ所かに分散して飼わせた。しかし近郊のみでは秣が足らず、多くの馬がペンシルベニアや、もっと南までも送られている。いうまでもなくコンチネンタル・アーミーの馬は戦時に徴発したもので、戦後はまた元の所有者に返さなければならぬ私有財産なのである。

コンチネンタル・アーミーの騎兵部隊には、コネチカット邦へ移動してパトロールすることが命じられている。ワシントンが北部戦域で最も頼りにした補給拠点がコネチカットであった。そのコネチカットには、すぐ南隣のニューヨークからいつでも英軍の襲撃があり得たためだ。

コネチカット邦知事のトランブル（前出）は、この冬もワシントンの窮地を救った。ワシントンから手紙を受け取るや、ただちに補給隊を編成して、ブリザードの中をものともせずに、荷車と牛の群れをモリスタウンに届けさせたのだ。

スタテン島攻撃

後述する如く、英軍総司令官のヘンリー・クリントンは、一七七九年十二月二十六日にニューヨーク港を出発して、南部のチャールストン市攻めにかかっていた。ニューヨーク残留部隊の留守の指揮は、ドイツ傭兵隊長のクニプハウゼンが任せられていた。

クニプハウゼンの性格は、クリントンほど慎重ではないと見られていた。留守部隊を駆使して、とつぜん果敢な攻勢作戦を実行しないとは限らない。

ワシントンは、クニプハウゼンが完全結氷したハドソン川の上を、橇に補給物資を載せて遡上し、一挙にウェストポイント要塞を攻略してしまわないかと怖れた。豪雪で動けないコンチネンタル・アーミーには、救援する方途が無いはずだった。

そこでワシントンは、クニプハウゼンにそのような遠征を思いつかせないために、逆にこちらからスタテン島を攻撃することにした。ウィリアム・アレグザンダー少将（スターリング卿）が、三千名を率いることになった。

一七八〇年一月十四日から十五日にかけての夜、スターリング部隊は五百台の橇を海岸町のエリザベスタウンから氷上に押し出して、対岸のスタテン島に殺到した。

しかし米軍の動きはロイヤリストによって英軍に通報されており、島ではドイツ軍傭兵が大砲を並べて防備を固めていた。

攻撃は惨憺たる失敗におわった。凍傷者が五百名にのぼったという。

が、クニプハウゼンには、もしニューヨークから大部隊で北上すれば、いつでもニュージャージーから攻め込まれてしまうという確かな心象が刻み付けられた。

初の「部隊反乱」

劇的なまでの苦難に彩られたモリスタウンの一七七九年から八〇年にかけての冬営については、米国の学校の自国史の授業では、長らくスルーされてきたようである。というのは、そこで米軍史上最初の「兵士の反乱」や「兵士の民家略奪」が起きてしまったからだった。外聞の悪い不名誉な事件が、英雄的な耐乏ドラマを汚してしまった、と思われたのだった。

反乱は、雪のあるうちは発生しなかった。一月初旬以降、積雪と猛吹雪に紛れて夜間に脱走するのは、誰にもたやすいことであった。もっとも、その先には餓死か凍死か、高い確率での「行き倒れ」の運命が待っていたが……。

降雪も積雪もなくなって、脱走すれば追跡されるという季節になったときに、危機は訪れた。

一七八〇年五月中旬、それまでは少しはあった肉の配給が、ゼロになってしまった。これは豪雪が交通を麻痺させたからではない。コンチネンタル・アーミーの兵站に責任を有する大陸会議や中央上層の文官たちが、あきらかに、するべき仕事をサボっているのだ。

兵士にはなんと五ヵ月も給料が支払われていなかった。おまけに「コンチネンタル紙幣」は「無価値」の代名詞で、貰ったところで腹は膨れない。

食料供給基地であるコネチカット邦からやってきている二個連隊の歩兵の正規兵たちが、怒りを募らせた。

米軍の駐屯地や軍学校では、朝夕の点呼に続き、隊伍を整斉と組んで営庭などを練り歩く「マーチ」(行進)が短時間実施されるのが常である。

五月二十五日、一人の兵隊がだしぬけに「俺といっしょにマーチする者は集まれ！」と叫び、たちまち多数のコネチカット兵がマスケット銃や太鼓を持ち出してそれに呼応した。当時は、マーチの歩調もドラミングに合わせるものだったのである。

彼らはそのままジョッキーホローから出て行きそうになった。示威行進では済まず、「用武器反乱」に発展しかねなかった。将校が慌てて止めようとしたが、剣着き鉄砲を胸につきつけられては、抑えも効かない。

けっきょくこの騒ぎは、一人の旅団長がペンシルベニア連隊を一個ひきつれて反乱集団に迫り、少数の首魁を逮捕し、残りは小屋に戻されて、事件はなかったことにされたようである。

六月七日まで続くこの冬営では、すでに「広義の餓死」と看做《みな》し得る病死者が出ていた。スキャンダルが拡大すれば、上層指導部の責任問題に発展し、米国内の団結と規律が打撃を受けたことであろう。不祥事は、隠さねばならなかった。

反乱の二日後、豚肉と、三十個の牛の頭がキャンプ地に届けられている。なお、モリスタウンはこのあと、一七八〇年末から八一年春、および、八一年末から八二年春にかけても、一部の米軍旅団の歩兵によって、冬営地として利用されている。コンチネンタル・アーミーの大部隊が一カ所に集中して冬営する習慣は八〇年春をもって終わって、以後のシーズンはすべて分散的冬営になった。

後述するが、一七八一年一月には、より深刻な兵隊反乱がこのジョッキーホローおよび、そこから三十キロメートルほど離れたニュージャージー邦ポムプトン村で立て続けに発生する。けれども八一年末にはすでに独立戦争の山場は越えられたと誰もが感ずるようになり、冬営する米軍将兵には未来の希望があった。

10　チャールストン市、陥落す

クリントンの新計画

米仏連合軍の重囲をはねかえしてサヴァナー市がもちこたえたとの報告を受け取った英本国政府は、南部こそ全般の戦勢をくつがえし得る場所だと確信した。要するに、南部住民の中にはイギリス贔屓の者が多いか、さもなくば、独立派（パトリオッツ）が強い支持を受けていないがために、米国政府の思ったような作戦ができないものに違いない。

チャールストンのあるサウスカロライナと、隣のノースカロライナの住民は、英軍や独軍に駐留された体験がまだない。したがって英軍に対して悪感情を抱いてはいなかったので、英軍がそこで作戦した場合に、住民の協力を期待できるかもしれなかった。

そこで、北部の英軍を南部に転陣させて次はチャールストンを占領し、そこを拠点化して、そこから北上作戦をせよというジャーメイン卿の指示が、ニューヨークのクリントン司令官に届けられた。

しかしクリントンには、フランスやスペインが参戦したことの意味が分かっていた。英国が世界で動員できる戦力は有限なのである。今後は、クリントンがいくら要望しても、もはや北米に本国から大増援が到来することは、あり得ないのだ。クリントンは国王から支持されていないとも感じており、戦意をなくしかかっていた。

ロンドンでは、北米戦線の事情を知らぬライバル将官どもが、好き勝手にクリントンの作戦をあげつらっていた。海軍の提督たちも、どういうわけかクリントンには協力をしないで、いい気な批判ばかりするのだ。

クリントンは、いちばん信頼する副官のダンカン・ドラモンド中尉を英国に派遣して、一七七九年春から、「どうかコーンウォリス将軍を後任とし、自分にはそろそろ帰国を許していただきたい」と請願をさせていた。だがジョージ三世は、クリントンの離職はおろか、本国に一時帰国することも許さない、とドラモンドに明言した。

ノース卿内閣におけるクリントンの直上のボスであるジャーメイン卿（当時の英国政府には「陸軍省」「国防省」が無く、地域ごとの殖民地省が軍事政策も指導した。ジャーメインは北米の殖民地担当大臣）は、南部遠征をクリントンがみずから率いるように逆に命じた。

しかたがない。クリントンは、ニューヨークの留守を任せる代理の指揮官としてドイツ傭兵隊長のヴィルヘルム・フォン・クニプハウゼンを指名。みずからは、英独兵八千名とともにチャールストンを攻略するという肚を決めた。

サンディフックで警戒冬営に入らせていたドイツ軍部隊（クニプハウゼンは直前まで同部隊とともにいた）や、十月二十五日にニューポートから撤収させた兵力も合わせ、八千名の将兵が、マリオット・アーバスノット提督の指揮する艦隊（輸送船だけでも九十隻）に分乗して、ニューヨーク港を一七七九年十二月二十三日から二十六日にかけて滑り出た。

ところが海象が思わしくなく、ノースカロライナ邦が最も東に張り出しているハッタラス岬沖まで南下したところで艦隊は大嵐に見舞われてしまい、ちりぢりになってしまった。少なからぬ大砲がこのとき海没した。

そして、なんとか再集合をしてチャールストン市の南方二十マイルの海岸に上陸できたのは、じつに一七八〇年一月末から二月十一日にかけてであった。船倉に押し込めていた軍馬の大半は、その時点で斃死してしまっていた。

このため、上陸後、チャールストンへの前進を開始するまでに、クリントンは一ヵ月をかけねばならなかった。

ノースカロライナのロイヤリストや、サヴァナーのプレヴォスト准将の部隊を糾合しないと、兵力が足りなかった。馬の調達も必要だった。

米軍を脱走したアイルランド人たちも逐次に加わって、ようやく英軍は当初計画の一万人に達したという（後世のアメリカ人は敗北の理由を英軍の数に帰するために、この数値をできるだけ水増ししようとしたがるので注意が必要）。

三月二十日、英軍は、砂地の浅瀬を測量情報によって回避しつつ、艦隊をチャールストン市の南の対岸（アシュレー川の右岸）まで遡上させた。これは米軍守備隊には意外であった。

　クリントンの地上部隊は、アシュレー川の西岸（右岸）を北上し、チャールストンよりはるか上流の川幅の狭いところで三月末に東岸へ渡った。舌状地形の南端にあるチャールストン市の守備隊は、この時点で「舌の根」を遮断され、袋の鼠になったも同然だった。船でこの舌状地から逃れ出ようとしても、すでに英海軍が周辺水域を取り囲んでしまっている。

　チャールストンの守備隊長は、コンチネンタル・アーミーのベンジャミン・リンカン少将であった。リンカン軍は数的に劣勢であったが、敵が塹壕陣地を構築してしまう前に押し出せば、内陸方向もしくは北東方向へ離脱することはできたであろう。

　ところが、チャールストンの市民たちが、リンカンに移動を許さなかったという。じっさいには、兵力の過半を占める両カロライナのミリシャたちも、チャールストン市を出たくはなかったのだろう（それはストノ・フェリーの戦いから露呈していた「温度差」であった）。それでもコンチネンタル・アーミーだけでも市外を遊動する選択はあったに違いない。しかし軍隊指揮官としてリンカンは押し出しが弱すぎる人物だったようである。リンカンは逆に米軍の軍事資産をせっせと「罠の中」に集め始めた。

　制海権を得ている英軍はどこからでも補給が受けられる。これに対して米軍と市民は、補給路が陸海ともに断たれようとしていた。そうなれば、時間は英軍の味方になるであろう。

　クリントンは欧州の都市攻囲戦のように、塹壕線をすこしずつ前進させる戦術を四月一日から採用する。

モンクスコーナーの戦い

じつはチャールストン市にはまだ、一本の有力な陸上補給路が北方から、つながっていた。クリントンがそれを知ったのは、すでに攻囲が部分的に始まっていた八〇年四月七日に、コンチネンタル・アーミーに所属する一個ヴァジニア連隊がチャールストン市に入ったからだ。そこに一本の補給道路ができているのならば、是非にもそれをカットしなくてはならない。

切断するに好いポイントは、クーパー川（チャールストンを舌状台地の南端だと見た場合、その舌の根の東側を南流している川）に架かるビギンズ橋だと思われた。クリントンは本営から四十八キロメートル離れたビギンズ橋まで、ジェームズ・ウェブスター中佐の千四百名の分遣隊を派した。

しかるにその途中にはモンクスコーナーという邪魔な「出丸」があったのである。アイザック・ヒューガー准将の守備隊がリンカンによってそこに布陣を命ぜられていた。

ヒューガーはサウスカロライナ生まれで、ミリシャ将校として一七六〇年からチェロキー討伐に従軍。独立戦争勃発時にはサウスカロライナ邦の議会メンバーにもなっている。七九年六月のストノ・フェリーで負傷したが、十月にはリンカンの麾下でサヴァナー攻撃に参加できるまでに恢復している。彼自身は騎兵であった。

英軍は、モンクスコーナーまで二十四キロメートルに近づいた四月十二日に、ヒューガーからチャールストン市内のリンカンに宛てた文書を携行した黒人奴隷を捕らえた。その文書および訊問から、ヒューガー部隊の配置がつまびらかになった。

四月十四日の午前三時、ウェブスター中佐は、真っ暗闇の中を奇襲をかけた。米軍はすぐに潰走状態に陥って、勝負がついた。

かくしてチャールストン市に通ずる連絡線は一本もなくなり、包囲は完成し、米軍は袋の鼠となった。

ヒューガーは逃げ延び、後でグリーン将軍の指揮下に入っている。

ウェブスター部隊の一翼を成したロイヤリストの一兵卒が、このモンクスコーナーで町家を徴発するついでに住民婦人を陵辱した。その所業は英軍将校の咎めるところとなり、下手人はチャールストン市外縁の野営地まで連行されて、鞭打ち刑に処された。

英軍はヒューガー部隊が使っていた百八十四頭もの馬匹《ばひつ》を捕獲し、うち八十二頭は騎兵用の乗馬であったので、大いに助かったという。

南部最重要港の失陥

四月二十一日にリンカンから、条件付き降伏がクリントンに打診された。チャールストン市を放棄するので部隊は退却させて欲しい、というものだった。クリントンは拒絶する。

じりじりと英軍の塹壕線は南へ遷移し、ついに、野砲弾が市街に火災を起こすことが可能な距離にまで近づいた。

リンカンは五月九日に再び条件を提示し、それは再び拒否された。クリントンは逆に、早く無条件降伏しないと、占領後の市民に厳しく報復するぞと脅した。

二日後の一七八〇年五月十一日、リンカンは無条件降伏を応諾する。

チャールストンで捕虜になったアメリカ人は六千七百人（うち千人は海軍所属）。鹵獲《ろかく》された大砲は三百門。英軍はこの戦争最多の五隻の艦船も、戦利品として得た。

捕虜のうち将校はパロールされている。下士官・兵は、数ヵ所の収容所に終戦まで禁獄され、終戦までに半数近くが死んだともいう。

英軍はこの大勝で、サラトガの汚名をひっくり返すことができた。

チャールストン陥落で、しかしサウスカロライナは平定はされなかった。奥地ではゲリラ戦が起きていた。けれども英本国の方針では、次の段階としてチャールストンからの北上作戦が期待されていた。

クリントンは、周辺域の戡定《かんてい》作戦およびそれに続く北上作戦の現地指揮をコーンウォリス少将に任せて、みずからはチャールストン攻囲に参加した将兵の三分の一を引き連れて六月にニューヨークへ戻った。

マンハッタン島の北隣にあるウェストチェスター地区に「フィリップスバーグの領主の邸宅」と呼ばれる館があり、そこがクリントンの司令部になっていた。以後、クリントンは手紙によって、コーンウォリスにそこから命令を出すのみになった。コーンウォリスは国王に直接陳情を繰り返していた。クリントンとしてはそういう手合いにはうんざりだった。

11 ロシャンボーが登場するまで

幕間劇《まくあい》――「裏切り者」になったアーノルド

一七七七年秋のサラトガ会戦の筆頭殊勲者ベネディクト・アーノルドは、大陸会議から「先任少将」（すなわち、米軍にただ一人の中将であったワシントンの次の席次）と公認してもらったが、野戦軍の指揮は委ねられず、七八年六月からフィラデルフィア市の軍政官にされて、そこで戦傷の養生を続けた。体《てい》よく閑職にまつりあげられた……とも言える。

アーノルドは、獲得できたステイタスにふさわしく身を飾ろうとした。大都市フィラデルフィアに古くから暮らしている上流社会の人々と対等に付き合おうとして、彼は多額の借金を負う。

一年間、フィラデルフィアで資産家たちと付き合ううち、彼は、経理の仕事など真面目にやっていられるかという気持ちになった。軍の馬車や国家の貨物船を使って私貿易を営み、儲けようとした。

大陸会議へは、アーノルドがいろいろ不正を働いているという告発が複数、寄せられるようになった。アーノルドは、そうした個人攻撃があることに憤慨した。ロイヤリストと親しく交遊していると告発されたアーノルドは、ついに軍政官を辞めさせられた。一七七九年三月十九日のことである。

翌四月、三十八歳のアーノルドは、十八歳のマーガレット・シッペン嬢、愛称ペギーと婚姻した。ペギーは裕福な商人の娘で、義父は、フィラデルフィアのロイヤリスト・サークルに属していた。じつはペギーは、その前にジョン・アンドレという英陸軍少佐と懇意だった。アンドレは英軍のヘンリー・クリントン将軍の副官の一人で、スパイ網を操っていた。

ペギーが、アーノルドを、アンドレに紹介したようである。

一七七九年五月、アーノルドは、英軍総司令官クリントンと秘密の手紙をやりとりし、カネとひきかえに米軍内部の情報を売ろうと持ちかけた。

同年秋、彼についてのかねてからの告発が却下または帳消しになるという見通しから、アーノルドは一時的に、英軍との接触を中断している。

七九年十二月、軍法会議はアーノルドの主要容疑については無罪とした。ただ軽罪については有罪だとした。ワシントンはアーノルドを軽く叱責して決着させたつもりだった。

だがアーノルドはまたも腹を立て、一七八〇年五月にクリントンとの秘密接触を再開する。アーノルドとワシントンの個人的友情は続いていたので、アーノルドはワシントンの次の一手は何かという最高機密情報を英軍に売ることが可能だった。

同年六月、アーノルドはウェストポイント要塞の司令官に任命された。そして七月、アーノルドはクリントンに、銀貨二万ポンドでこの要塞と部隊（三千人）をそっくり英軍に進呈しよう――ともちかけた。

九月、クリントンは、ジョン・アンドレ少佐を、休戦旗を悪用させて要塞まで派遣し、裏切りの手順をアーノルドと詰めさせようとした。

しかし両名の陰謀は米軍側に勘づかれていた。じつは両名ともに監視を受けていたのである。

九月二十三日、米軍はアンドレを捕縛し、身体検査したところ、アーノルドから手渡された手紙が出てきた。動かぬ証拠だ。アーノルドは、計画が失敗した場合は財産を捨てて亡命しなければならないので、十万ポンドくれ、とも求めていた。

クリントンはアンドレに、私服ではダメだぞと注意を与えていたのに、アンドレが拘束されたとき、彼は私服であった。国際戦時慣行によって、アンドレはスパイとして十月二日に絞首刑に処された（その前にアーノルドとの身柄の交換が米国側から非公式に打診されたが、イギリス側が拒否したともいう）。

アーノルド本人は、容疑が固まって正式に逮捕される前に小舟艇でハドソン川を下り、二十五日にニューヨーク港の英軍艦『ヴァルチャー』に逃げ込んだ。同艦はそのまま英国に向かった。

後述するように、ワシントンは八〇年九月二十一日、ひそかにニュージャージーからハートフォードまで出張してロシャンボー将軍と会見。そこから戻る途中でアーノルドの裏切りを知る。ワシントンは、錯乱したペギーに面接し、ひと通りの聴取のあと、放還してやったようだ。

アーノルド寝返り事件は、フランス政府の戦争見通しについて、打撃を与えた。しかしアーノルドに同調しようとする米国人は、増えなかった。

英国は、ベネディクト・アーノルドを正規の英陸軍の准将にして酬いた。そしてカナダ兵を部下に与えて、一七八〇年十二月にワシントンの出身地のヴァジニアを荒らしまわらせた。

一七八一年九月には、アーノルドは自分の故郷であるコネチカット邦を襲撃し、ニューロンドン市を焼き討ちするなど、かつての隣人たちの憎しみを買った。南部ではヨークタウンの英軍がその翌月に降伏する。

英国が戦争を断念すると分かった八一年十二月に、アーノルドは妻ペギーとともに英国へ脱出した。ロンドン政府からささやかな年金を貰い、英国人からも蔑まれながら、怒りっぽく余生を過ごしたという。カナダやカリブ地域との貿易にも手を出しているが、成功はしていない。

アーノルドはロンドンで一八〇一年六月十四日に死んだ。ペギーは最後までアーノルドを見捨てなかった。

アーノルドが一体どれほどの情報を英国に売っていたのかは、なんと、一九二〇年代に英国政府がそれを教えるまで、米国政府には全容の把握はできていなかったとされている。

フランス外相の戦争構想と「武装中立同盟」

独立戦争当時のフランスの対外政策を采配した中枢閣僚は、首席大臣のモールパ（Maurepas）でもなく、陸軍大臣のモンバレー（Montbarey）でもなく、外務大臣のシャルル・グラヴィエ（Charles Gravier, comte de Vergennes 一七一七年生〜八七年没。外相在任一七七四年〜）であった。肩書はヴェルジェンヌ伯爵というので、ここでもそう呼ぼう。

ヴェルジェンヌは地方貴族の出で、次男であったので将来は微妙であった。母とは幼くして死別。父は事実上の再婚をした。教育は宗教組織に委ねられた。

遠戚に有能な外交官がいたのが、彼の幸運だった。そのおじさんがリスボンへ赴任するのに、ヴェルジェンヌは連れて行ってもらう。外交官見習いの生活が始まった。

当時、オーストリー継承戦争（一七四〇〜四八）があり、欧州諸国が、オーストリーやイギリスの側へ加担をしないように、フランスとしては秘密外交工作を展開する必要があった。ポルトガルは、英側に立っての参戦はしないことになって、おじさんのミッションは成功した。

ついで一七四三年におじさんとヴェルジェンヌはバイエルンへ転任する。バイエルンの君主カール七世は、マリア・テレジアのオーストリー王位の継承に反対で（自分がなるつもりだった）、フランスの潜在的な同盟者だった。

この工作も順調だったが、カールが四五年に急死するや、世継ぎのマクシミリアン三世が弱くて首都ミュンヘンを占領されてしまい、バイエルンは対オーストリー戦争から脱落する。

帰任後、おじさんがヴェルジェンヌを外相のピュイジュー（Puiseulx）に売り込んでくれた。ピュイジューの口利きにより、国王ルイ十五世は一七五〇年に、ヴェルジェンヌをドイツの選帝侯国のひとつに大使として任命した。ひとり立ちのキャリアが始まった。

七年戦争（一七五六～六三）のさなか、ヴェルジェンはトルコへ赴任し、トルコをしてロシアと戦争させるという重大なミッションに邁進した。

バルト海方面ではロシアの勢力が膨張しつつあった。トルコには衰退の兆しがあったものの、トルコとフランスは伝統的に良い関係である。ポーランドをロシアに支配させないことが、フランスの国益であった。それにはトルコとの戦争を扇動するのがよかろう。

フランスは長年の宿敵オーストリーとも同盟を組み、トルコに対してはオーストリーを攻撃しないように説得をした。

マルタ島でトルコの船がキリスト教徒の捕虜によって盗み出されてしまうという事件も、ヴェルジェンが仲裁してやった（船は返し、捕虜は返さない）。地中海で余計な戦争でも始まったら、フランスは対英戦争に集中できなくなってしまうのだ。

上司の外相ショワズールはしかし、ヴェルジェンではトルコとロシアの戦争はけしかけられないと思い、大使職を解いた。その後、一七六八年に露土戦争は始まる。残念なことにトルコは弱すぎた。そして、さらに弱まった。

外交官として国王の許可なく勝手に婚姻したことで、ヴェルジェンはショワズールから憎まれていたが、幸運にも、ショワズールが辞めさせられる。

一七七〇年にヴェルジェンは対スウェーデン工作を担任した。親仏勢力をもり立て、資金を渡すのだ。

一七七四年に国王はルイ十六世にかわった。新国王はヴェルジェンを外務大臣に任命した。

それまで三十五年間も外国暮らしをしていたヴェルジェンは、パリの宮廷内にはほとんど人脈も築いていなかったが、そんな彼だからこそ客観的に世界情勢を見ることができた。

彼は七年戦争の終結直後から見抜いていた。フランス勢力がカナダやオハイオの地から消え去れば、こんどは地元のアメリカ人たちが宗主の英国に牙を剝くだろう――と。

北米十三殖民地を支援するという方針はヴェルジェンが決めた。七年戦争で強大になりすぎた英国の独走を許しておくと、フランスは近い将来に真の危機に陥ってしまうであろう。

武器、弾薬、義勇兵たちの対米輸送は、一七七六年早々に始まった。英国艦艇は北米海岸を完全封鎖できなかった。密輸船にとっては隙だらけであった。

一七七七年のサラトガ会戦の報を聞いて彼がおそれたのは、米英が和解しやしないかということだった。それは困る。ヴェルジェンは米国使節団（筆頭格がベンジャミン・フランクリン）に伝えた。合衆国を承認しよう。攻守同盟を結ぼう――と。話が次第に早くなった。

ヴェルジェン外相はもちろん、スペインも対英戦争に誘うつもりだった。しかしカルロス三世は、合衆国の独立を支援することが新大陸のスペイン支配地での人心を不安定化させてしまうことを怖れていた。

デステーン艦隊の北米における不振は仏米関係を危機におとしいれた。

ヴェルジェン大臣の腹案では、北米にさらに援軍を送り出さねばならなくなって手薄となった英本土を、一七七九年にフランス軍が直接上陸して脅威し、一挙に有利な講和に持ち込むつもりであった。

しかしこの大作戦は放棄せざるを得なかった。戦争が一年延びるごとに、フランス財政の赤字は著しく増大するはずであった。ヴェルジェンは、賭けに敗れたのだろうか？

そうではなかった。デステーン遠征軍の作戦的なしくじりを、ヴェルジェンは本領の外交でカバーした。

北ヨーロッパ諸国に「武装中立同盟」を結成してもらう、という外交である。

英海軍は七八年以降、欧州の中立諸国の商船が米国やフランス、スペインの港に向かうのを、北海、大西洋、地中海でも積極的に臨検し始め、積荷が軍需品だと見れば一方的に拿捕するようになっていた。その迷惑は各国商船の五分の一にも及んだ。そこでロシアのエカテリーナ二世が（今日の暦に換算して）一七八〇年三月一日に〈積荷が戦時禁制品ではないと宣言した武装中立船同士の船団を組もう。ブロケイド（封鎖）は単に英国政府がそう宣言しただけでは有効でなく、英国軍艦が所在せぬ米国等の港湾に、われらの船団は商品を自由に搬入する貿易の権利がある〉と呼びかけた。

一七八〇年八月には、デンマーク（当時はノルウェーも支配）とスウェーデン（当時はフィンランドも支配）が、武装中立同盟に加盟した。オランダも八一年一月に加盟しようとしたが、それを察知した英国からオランダに宣戦し、「中立」の資格をなくされた。

しかし、プロイセン、オーストリー、ポルトガルは八一年に加盟してしまい、翌八二年にはオスマントルコが、八三年にはふたつのシチリア政府までが加盟した。

これはシカゴ大学の政治学教授ジョン・ミアシャイマー氏が「バランシング」と名付ける動きで

ある。要するに世界のなかで英国一国が強くなりすぎて勝手をし始めれば、周辺国は自動的に「対英国」で団結しようとするのだ。

フランスは、英国から攻撃されるオランダにも金銭支援をしてオランダを支えた。バイエルンの王位継承をめぐり、オーストリーとロシアが戦争しそうになったのも、ヴェルジェンは止めている。欧州大陸で余計な戦争が起きては、フランスもスペインも新大陸での対英戦に集中できなくなってしまうからだ。

かくしてヴェルジェンの策により、英国は初めて、ほぼ全世界を敵として戦うという立場に追い込まれた。

次は軍事的なロードマップを立案する番だった。

サヴァナーでふたたび米国人を落胆させてしまって一七七九年末に帰仏したデステーン艦隊から報告を聞くなどしたヴェルジェンは、精鋭のロシャンボー部隊の英本土攻略作戦投入を無期延期し、それをそっくり北米遠征部隊として、一七八〇年五月一日にブレスト港から送り出した（七月十日にニューポート着）。さらに翌八一年には、ドゥグラス提督の一大艦隊もカリブ海へひとまず向かわせる。

このロシャンボー中将の陸兵五千三百人、陸軍将校四百五十人と、ドゥグラスの三十隻前後もの戦闘用艦艇が、米国独立戦争の決着をつける運命を担っていたのである。

「アイドルでしかも策士」のラファイエット

米国独立戦争にフランスがどう関わるかを細かく考えて力強く推進したのは、外務大臣ヴェルジェンヌだった。そのヴェルジェンヌ伯爵に、当時のフランス軍にとって「陸戦司令官の切り札」だったとも言えるロシャンボー将軍を北米に送り込むことを決心させたのは、ラファイエットだったように思われる。

この前後のラファイエットの活動を追わねばなるまい。（本節を書くにあたっては、インターネット上に公開されている Dean Engle 氏の論文を特に参考にした。）

ジョージ・ワシントンは一七七八年七月二十四日に、ある人に宛てた手紙の中で〈ラファイエット以外の外国人将校は、いなくなってくれたほうがいい〉と、異例にあけすけな感慨を漏らしている。

日付は、デステーン艦隊がサンディフックからロードアイランド沖まで北上しているさなかだ。ワシントンは、デステーン艦隊が北方でどんな大勝利を博するかも知れなかった時点から、もううんざりしていたかのようである。

デステーンはその〈予感〉を裏切らない。七八年八月にニューポート攻略作戦をご破算にさせ、十一月早々にはボストン港からカリブ海へ去ってしまった。

モンマス戦に続くクリントン軍追撃の頃から、ワシントンがニューヨーク市の奪回を次の大目標として即座に夢見たとしても、いかさま無理はなかった。情熱過多なラファイエットは、それをたしなめたりはしなかっただろう。だからワシントンは、デステーン艦隊がせっかくサンディフックまで無傷で到来していながらすぐにニューヨーク港へ突入せず、またニューポートまで北上して行くという行動に、大いなる不満を覚えた。

しかし、デステーンにロードアイランド作戦を実行させた助言者は、ラファイエットだったようである。

ラファイエットは、北米の港湾のどれが、吃水の大きなフランスの軍艦の行動に適切であり、逆にどこが危険であるか、仏本国にリポートしていた可能性がある。一七八〇年、後述するロシャンボー遠征軍を直接にニューポート港まで導いたのも、ラファイエットの建策によっているのだ。ロードアイランド邦のニューポート港は、ニューヨーク港よりも大型船の積み下ろし作業が容易であった。ラファイエットはそこを重視した。

もうひとつ。フランスが七年戦争でうしなった大きな権益である、カナダのニューファウンドランド沖の鱈《たら》漁場に、北方のロードアイランド邦は近いのだ。

カナダのハリファックス港や、その近くの北大西洋漁場を、フランスがなんとかして奪回したがっていることは、この戦争の当事者たちの誰にとっても秘密ではなかった。ラファイエットは、その国家目的に忠実たらんとした。

もしニューポートに有力な仏軍根拠地が築かれれば、ニューヨークのクリントン英軍総司令官は、カナダの運命が気にかかり、北米全土の戦力配分を、考え直さなければならない。英軍戦力が北方重視になれば、こんどはカリブ海域に英軍戦力の隙が生じるであろう。

このような目論見もふまえてラファイエットがひそかに推奨したロードアイランド作戦が、半分はデステーンの性格のせいとはいえ、米国人の誰もが苦々しく思う展開を見せてしまった後では、ラファイエットの合衆国内での立場は一転して悪くなっていてもおかしくない。

ところがそうはならないのである。

まったく同じような中身の演説を人前でしても、それが即座に強い共感をまきおこすキャラクターと、生理的に拒絶されるだけのキャラクターとが、どうしてもあるものである。声の質、外貌、年齢、熱情の表出などは、そのキャラクターの不可分の要素を成す。しかもそれが、聞き手の感受性との相性がよくなければ、信用されなかったり、同情されなかったり、理屈がとんと通じなかったりするだろう。ただ「至誠」があるだけではだめ。その至誠が、顔や声や動作に表出しなければ効果は無い。

同じような学識や能力のセットを個人で持っていても、政治家や周旋家や扇動家やネゴシエーターになれる人となれない人とがあるのは、それにふさわしいキャラクターが伴っているかどうかにかかる。

ラファイエットは、米国人に対しては無双の説得力と感作力を発揮するキャラクターを全備していたようである。

大陸会議の中には、最初からフランスの介入全般を歓迎しない面々もあった。そんな連中でも、ラファイエットについてだけは、あしざまに罵ることが憚られた。

もちろんラファイエットの家系は過去にフランス陸軍元帥を二人も出し、現宮廷にも強力なコネクションを有する。そのカリズマとコネだけでも合衆国にとっては至大の価値があった。が、ラファイエットのパワーはそれだけではなかった。ラファイエットの言うことなら、みんな許そうという気になったのだ。

ラファイエットは、ボストン港に入ったデステーン提督が全米で痛罵されていた一七七八年十月に、首都フィラデルフィアにやってきて、大陸会議に対して、いきなり米仏合同のカナダ遠征作戦を提案している。

当時大陸会議議長のヘンリー・ローレンス（H. Laurens　一七二四年生〜九二年没、七七年十一月から七八年十二月九日まで議長。奴隷貿易で財を成したサウスカロライナの大物政治家）はたちまちにしてラファイエットの友人になり、それに賛成した。

ラファイエットは、もし大陸会議が許可してくれるなら、この私案を仏国王に説くためにこの冬（七八年末）、帰仏したいのですが……と申し出た。合衆国の代表者たちは口々に、ぜひそうしてくださいとラファイエットに頼んだ。

初代駐米全権大使としてデステーン艦隊に便乗して、七八年三月からフィラデルフィアに赴任していたジェラール（Conrad Alexandre Gerard de Rayneval　一七二九年生〜九〇年没）は、上司の外相ヴェルジェンへの報告書にこうしたためた。「ラファイエットは当地では完全にアイドルとなっております」と。

ラファイエットは、評判最低のデステーンからも頼られた。〈ニューイングランド人とサリバン将軍が貴官を非難しているからといって、ワシントン氏や大陸会議が貴官の敵に回ったわけではありませんから〉とラファイエットから手紙で慰撫されデステーンは、大陸会議に対する弁明の役を、ラファイエットにお任せして、本人は決して合衆国の要人とは会わぬことにした。これは賢明だった。

やがてワシントンも大陸会議から命令される。デステーン艦隊がカリブに向かって北米を離れるにつき、サリバン将軍とその周囲のアメリカ軍人がフランス軍を公的に悪口《あっこう》したりせぬよう、万全を期せ、と。これまたラファイエットが手を回した工作の成果である。プロ外交官や政治家でも四苦八苦するであろう二国間関係のメンテナンスを、ラファイエットのキャラクターがサラリとやってのけた。

ラファイエットは一七七八年末にいったんパリに帰った。こんどはヴェルジェン外相に報告と建策をするためだ。ヴェルジェンが呼び戻したのかもしれないと思うのだが、それを裏付ける記録は無い。

ラファイエットが米本土で敢闘してアメリカ人の間で評判が高いという噂がフランスに届いて以来、フランス国民は貴族も平民も興奮し、なぜ政府はもっと合衆国を応援しないのかという輿論が形成されていた。ラファイエットは当然それも承知していただろう。

ラファイエットは一七八〇年の二月か三月まで、十五ヵ月間ほどフランスにとどまったようだ（再び北米戦線に戻った日付が、遺憾ながら調べがつかない。彼はロシャンボー遠征隊がニューポートに着いた八一年七月十一日時点では、すでにワシントン司令部の一員であった。ロシャンボー軍とは別な艦船に乗っていちはやく再赴任したのだろう）。

七八年末にラファイエットがフランスに戻ったとき、ヴェルジェンがロシャンボー将軍に命じた英本土進攻作戦の準備が、セーヌ河口のルアーブル港周辺で着々と進みつつあった。万事順調ならばそれは七九年夏に発動されることになっていた。

ラファイエットは、じぶんが抱懐していたカナダ征服作戦案よりも、この英本土直撃作戦に大乗り気となり、みずからもその上陸戦に加わる気で七九年七月にはルアーブルに居たところ、ヴェルジェン大臣から唐突に、北米遠征軍（ロシャンボーの英本土攻撃部隊をそっくり転用する）についての相談を受けたのである。

ヴェルジェンは七九年中にこの戦争の帰趨を決定的にしてやれると念じていたところ、狙いは外れ、それを諦めた。クリントンの方が一枚上手であった。デステーン艦隊はサヴァナーで惨めに敗退させられた。クリントンは南部のロイヤリストを活用することで、英本国からの増援をたのまずに南部作戦を持続できそうだ。だから英本国の防備は堅いままである。七九年夏の英本国上陸作戦を、ヴェルジェンは成功の見込みは無いと考えた。

ラファイエットは、切り替えの早い才人だった。「その派遣軍はニューポート港へ直航させるべきであります」と回答し、七八年夏に失敗したロードアイランド作戦の詳細と所見を、手紙によってモールパ首席大臣およびヴェルジェンに呈示する。

一七七九年七月三十日にラファイエットは、〈北米にはすぐに二千名の仏兵を送るべし。うち三百名は精鋭の竜騎兵たるべし〉〈コンチネンタル紙幣の価値を支えるべし〉〈仏軍がハリファックスを占領するという方針を許可されたい〉〈米軍にはもっと物資を援助すべし〉ともヴェルジェンに書き送っている。ラファイエットは、ニューポートを根拠地としてカナダを攻めるというみずからの提案を復活させたわけだ。

二千人とはデステーン遠征隊の半分という控え目な数字だ。じつは米国人たちは、フランス王国はアメリカの味方をしてくれるのは歓迎だけれども、軍事介入のついでに北米での政治的覇権を追求するのではないかという疑念を、ずっと払拭できずにいた。あまりに大規模な仏軍の派遣は、フランスの真意を疑う合衆国内の人士をいたずらに刺激するかもしれぬというのが、ラファイエットやヴェルジェンの共通の心配事だったのだ。

しかし七九年もそろそろ冬営準備に入らねばという九月、ジョージ・ワシントンは、着任早々の二代目駐米フランス大使ラルザン侯爵（Anne-Cesar, Chevalier de la Luzerne 一七四一年生〜九一年没。陸軍少将だったが外交官に転じ、七九年九月に先任者ジェラールから当職を引き継ぐ）とウェストポイント要塞にて、翌年（一七八〇年）の大筋の方針について協議した。そして九月三十日にワシントンはラファイエット宛てに〈早く米国に戻ってきて欲しい。米軍正規の陸軍少将として。また、勇敢なフランス軍部隊の長として〉と懇望する手紙を書いている。

パリのヴェルジェンは、部下たちからのあらゆる報告を検討して、大規模なフランス軍の北米派遣も、今年ならば、新大陸で警戒されることはなく、逆に歓迎されるであろうと、一七八〇年一月二十五日に判断した。

ルイ十六世は、八〇年二月二日にヴェルジェンの計画を承認する。作戦秘匿名は「特別遠征」とされた。

ラファイエットは、四月に米国へ向かう予定のロシャンボー将軍を補佐せよ、とヴェルジェンから言い含められて、二月か三月に米国へ再赴任した。実際にはロシャンボー軍の出航は五月になった。

「攻城戦のエース」ロシャンボー中将の遠征司令官起用

ロシャンボー伯爵（Jean Baptiste Donatien de Vimeur, Comte de Rochambeau 一七二五年生〜一八〇七年没）は、パリの六十キロメートルほど南にあるロシャンボー城に、さほど裕福ではない貴族の三男として生まれている。

十字軍時代から続いた軍人の血筋で、「豪胆なる騎士として生き、また死ね」が、代々の家訓であった。

十五歳でパリの士官学校に入ったところ、数ヵ月せぬうちにオーストリー継承戦争が勃発（一七四〇年にまずプロイセンとオーストリーの間で始まり、フランスは反ハプスブルク陣営を組織する。すなわちプロイセンを援け、オランダでは英軍と対決）。

ロシャンボーは騎兵少尉となって、ボヘミア、バイエルン、ライン地方を転陣した。十六歳でウィーン攻囲に立ち会い、プラハの占領にも加わった。しかしプロイセンがオーストリーと手打ちをし、戦線から脱けたために、フランス軍は苦難に直面する。

オーストリーの歩兵部隊に押されて退却する途中でも、ロシャンボーはたびたび勇敢さを示した。

予備隊として控えているように命じられたのに攻撃に参加し、譴責されたこともある。

一七四三年には十八歳で大尉に昇進。同時にパリの宮廷に呼び返された。

ロシャンボーの母は、有力者オルレアン公爵夫人の侍女であった。当時の仏軍士官は、どの将軍の部下になれるかによって、キャリアの見通しがまるで変わる。有能で権勢ある上官から認められるチャンスが多ければ、さらなるポストを国王へ推挙してもらえたのである。

革命前の仏軍のポスト決定は、宮廷工作がすべてだった。母が宮廷人脈を使ったおかげで、ロシャンボーは稀代の名将ドゥサクス将軍の幕下で一七四六年のフランダース戦を見学することができた。

彼みずからも幾度となく、危険を大胆にくぐりぬけた。火災を起こした火薬庫から火薬樽を運び出す作業を陣頭指揮したこともあった。

ベルギーのナミュール要塞をクレモン伯爵が攻め落とした作戦にもロシャンボーは参陣した。彼が正確に城砦を偵察したおかげで、攻略はうまくいったという。

感心したクレモン伯爵は、国王に直接に影響力を行使できるポンパドゥール夫人に働きかけ、ロシャンボーが「連隊を買う」許可をルイ十五世からもらってくれた。こうして一七四七年、ロシャンボーは二十二歳にして歩兵連隊長＝大佐になった。

同年七月二日、ラウフェルト（Laufeldt）の闘いで突撃中に葡萄弾（野砲から発射する至近距離用の散弾）に当たり、負傷。しかし翌一七四八年のマーストリヒト攻囲戦には出陣し、勇敢にして忠節な軍人貴族の有望株であることを立証した。

国王ルイ十五世は、かかる頼もしき若武者の存在を嘉《よみ》し、式典で国王のすぐ横を騎乗できる名誉を、ロシャンボー大佐に与えた。

エクス・ラ・シャペル条約で八年間の継承戦争も終わった。当分は平和だと観念したロシャンボーは富裕商人の娘と婚姻し、郊外へ引っ込んだ。二十四歳であった。

ところがそれから十年も経たぬ一七五六年に、七年戦争が始まる。ロシャンボーも軍務に復帰。ミノルカ島に遠征した。

ここでロシャンボーは、攻城砲の輸送から据え付けまでを完璧な手際よさで采配し、すばらしいタイミングで砲撃を開始させ、ポート・マホン要塞を陥落させた。

攻囲の開始にあたってロシャンボーは、「前日に飲酒した兵は、次の日の突撃に参加することを禁ず」とのルールを示達し、それまで日常的に酔っ払っていたフランス兵たちを、奮い立たせたという。

部下からは景仰され、上司からは信任され、名声いやがうえにも高まって、同年に准将(Marechal de Camp)に栄進。翌五七年にはライン川戦域に転戦している。

ハノーバー侵攻では先鋒をうけたまわり、ハルツ山麓のレゲンシュタイン要塞を、ハッタリをかまして開城させた。

しかし英国の同盟者のフリードリヒ大王がロスバッハ(一七五七年十一月五日)とロイテン(十二月五日)の二会戦でたてつづけに勝ってしまったため、全局はフランスにとって思わしからざる形勢になった。

課題は明らかであった。フランス軍部隊の練度が、フリードリヒのプロイセン軍部隊に数段劣っているのだ。

国王はロシャンボーを一七六一年に三十六歳の若さで少将に昇進させ、フランス軍歩兵総監（歩兵の教育訓練に専任する最高職）に任命。軍隊の鍛え直しと高機能化の期待をかけた。

一七六三年に七年戦争が終結すると、ロシャンボーは新陸軍大臣のショワズール公爵をサポートして兵術改革に邁進した。従前の歩兵部隊は密集しすぎており、性能が向上した野砲の好餌であるので、戦場ではもっと粗散に展開させる必要があった。

しかしショワズールが更迭され、ポンパドゥール夫人も死去するや、歩兵戦術改革は停滞してしまった。部内の抵抗が、やはり大きすぎた。ルイ十六世はロシャンボーを国防大臣に、とも考えたようだが、それは実現しなかった。

やがて北アメリカで独立戦争が始まった。ヴェルジェン外相は一七七六年に「英本土進攻作戦」を構想し、ロシャンボーはヴォー伯爵（Comte de Vaux）の下でその準備に着手する。

ヴェルジェンのプランは大胆なもので、英国東海岸のポーツマス海軍工廠の沖に浮かぶワイト島（Isle of Wight これがあるおかげでポーツマス軍港はニューヨーク港と同様に二方向の出入り口を与えられ、攻防ともに有利）に上陸、占領してしまい、一七七九年夏までにはそこから英海軍の本拠地を襲撃しよう、というのだ。

ヴェルジェンは、英国が次々に大兵力を新大陸に吸引されてしまえば、本土防衛力は手薄になるだろうから、そこに乗じて、フランスから宣戦を布告した直後にいきなり英本土に手をかけて、英海軍の二大工廠のひとつを機能麻痺させてしまえば、至短期間に英側から和を乞うはずだ、と計算したのだ。

ロシャンボーはこの作戦のための資材集積と兵員訓練に奔走した。が、一七七八年の北米での仏米連合軍が振るわなかったために、七九年に計画そのものがキャンセルされてしまった。

ヴェルジジェン大臣は、ロシャンボー将軍が鍛え上げてくれた精鋭兵団を、むしろ北米大陸まで持って行く方針に傾いた。七八年末からパリに戻っていたラファイエットは、そのような派遣軍を送り出すならば、最高司令官はデステーンのようなキャラクターでは決して米国人たちとはうまくいかないということを、ヴェルジジェンに忠告したであろう。ヴェルジジェンもさるものだ。言われずともそこは承知していたであろう。

ヴェルジジェンは、国王を説いてロシャンボーを三月に中将に栄達させるとともに、七千名以上のかつてない大兵力を率いて北米へ渡り、現地ではワシントン将軍の指揮下に入ることを、国王の名で命じた。

この遠征仏軍地上部隊の公的地位――司令官以下、あくまで米陸軍の補助部隊であって、北米における合衆国の主権をないがしろにする気はないこと――については外相のヴェルジジェンからベンジャミン・フランクリンに対してねんごろに通知された。

フランス本国には兵員七千人をいちどに運ぶだけの艦船の余裕がなかったため、まず第一陣として五千五百人の正規兵がブレスト軍港を一七八〇年五月一日に出帆。

彼らは一七八〇年六月二十日にバミューダに到着し、ついで七月四日の夕暮れ時にチェサピーク湾に姿を現した。七月六日からロードアイランド邦に向けて北上し、七月十日から十二日のあいだに、逐次にニューポートに碇泊。一隻だけは、ボストンへ入っている。

ニューポートに到着した艦隊は、戦艦七隻とフリゲート艦四隻が護衛する輸送船三十隻からなっていた。ワシントンのコンチネンタル・アーミーがニューヨーク市を遠巻きにしていつでも攻め入るぞという気勢を見せていたため、英艦隊もニューヨーク港を留守にはできず、この新手のフランス軍の揚陸を妨げる試みはなされなかった。

アーバスノット提督およびグレイヴズ提督の英艦隊によるロードアイランド沖の封鎖は、七月二十一日から始まっている。

上陸したフランス軍のもとには、二十人ほどのオネイダ族やトゥスカロラ族がやってきて、昔かわらぬ友好を誓ったそうだ。

ロシャンボーは、上陸した翌日に、ワシントンに宛てて丁重な挨拶状を書き送った。ワシントンもただちに返書をしたため、即座に幕下からラファイエットをニューポートへ派遣して、リエゾン（連絡将校）としている。

ワシントンは、米仏連合でニューヨーク市を攻略するという大構想に執心していた。ニューヨークの英軍が降伏することで、独立戦争は劇的に終わるだろうと、ワシントンは夢見ていた。

ロシャンボーはまず血気のラファイエット侯爵に対し、父が子に諭すように、この精鋭のフランス陸軍正規部隊という貴重な軍事資源を、クリントンおよび英国に対する「決定打」にならぬような散漫な作戦（たとえばラファイエットの私案であるカナダ沿岸占領作戦）に無駄に投じて磨り減らすようなことはしてはならぬ、と戒めた。

第一回ウェザースフィールド会談

ジョージ・ワシントンとロシャンボーの最初の面談場所は、一七八〇年九月二十一日に、ロシャンボーの本陣（ニューポート市）と、ワシントンの総司令部（ニューヨーク邦ニューウィンザー）のちょうど中間点にあたる、コネチカット邦のウェザースフィールド（Wethersfield コネチカット川の右岸で、ハートフォード市の南四キロメートル）に設けられている。

ロシャンボーは、ワシントンがニューヨーク攻めをすぐにも発起したくてたまらないことを聞き知っていたので、冬営シーズンにさしかかる九月下旬まで、意図的に軍議を遷延したのであろう。

七歳年長で、陸軍の指揮官としての格の差も歴然としすぎていたロシャンボーが、上から目線でワシントンの戦争プランを否定したとなれば、いかにも角が立ってしまう。ロシャンボーは、「フランス本土で積み残された残り二千名の精兵の来着を待っております」という言い訳を切り札に、当年中のニューヨーク攻略が考えられなくなる時節まで、直接会談を避けたのだ。

過去に十四度もの欧州での本格的都市攻囲戦を経験してきた生粋の武人ロシャンボーには、クリントンが周到に防禦陣地帯を構築させてしまって、物資の集積も十分であるニューヨーク市を囲んで攻めてみたところで埒《らち》は明かない、と、瞬時に判断ができた。しかし彼の経験知と戦術眼が教えているその結論を、ワシントンを怒らせないですんなり納得させることもまた難しいと彼は分かっていた。

初会見では、ロシャンボーはワシントンの考えを無下に否定せずに、やがて追加の増援が来たところでニューヨーク攻撃も考慮しましょう、と米国総司令官を立てた。

ワシントンは、ロシャンボーが自分に非常な気を遣ってくれているのがよく分かり、滲み出る人格にも感心し、フランスがロシャンボー軍をバックにして北米大陸で政治的主導権を奪おうとしているのではないかという疑いを解く。

ロシャンボーの方はちょっとがっかりした。というのは、当然にワシントンから案内されてハドソン川沿いのコンチネンタル・アーミーを閲兵できると思っていたのに、その招待がなかったからだ。しかしワシントンとしては、とてもじゃないがコンチネンタル・アーミーの今の姿を、フランス軍将校たちには見せられないと気を揉んでいた。文字どおりに襤褸《ぼろ》をまとっていたからである。彼らの精神を支えていたのは、ただ、ジョージ・ワシントンのカリズマだけだった。

はるか後年の一七九〇年に、ロシャンボーは生前最後のワシントン宛ての手紙をフランスから書き送っている。その中でロシャンボーはこう回顧した。〈わたしたちが最初に会った場所で出てきた軽食を覚えていますか？　わたしの幕僚将校たちは、熱いスープをすぐに口に入れて、皆、火傷をしましたね。あなたがた米軍の将校たちは、スープが冷めるのを待っていたのに……。これがフランス人のずっと変わらぬ性格です。目的を達するために急ぎすぎるのです……。〉言うまでもなくここでロシャンボーは、フランス革命の急展開について自嘲をしているのである。

一七八〇年末からの仏軍の冬営

ロシャンボー中将以下のフランス軍は、ロードアイランド邦にて冬営をすることになった。仏騎兵だけは、コネチカット邦のレバノン市で冬営した。

ロシャンボーの司令部はニューポート市に置かれた。仏軍の軍資金は豊富であったため、現地社会の貴紳たちはロシャンボーを歓迎した。

将校は町家に分宿。兵隊は郊外に小屋を建てて舎営した。その地代や借家代はすべて金貨で支払われたのだから、誰も文句などあろうはずがない。

ロシャンボーがときおり催した夜会では、フランス軍楽隊が演奏し、もちろん、絶賛された。

ロシャンボーは、新大陸では初の「軍隊新聞」も、この時期に発行させている。

仏陸軍だけでなく、彼らを運んできた仏艦隊も、ナラガンセット湾（ニューポートの前浜）から動くことはなかった。だから英艦隊は、ロードアイランド沖で、それから一年間も監視をし続けることになった。

一体、老練なロシャンボー将軍にはどんな勝算があったのか？　それを物語る前に、一七八〇年五月以降の南部での陸戦を瞥見《べっけん》しよう。

12　南部内陸部での長期ゲリラ戦

ワックスホー（Waxhaw's creek）の殲滅戦《せんめつ》

チャールストン市が一七八〇年五月十二日に陥落してから六日後、コーンウォリスは早くもサウスカロライナ邦の北西方面の内陸部の敗残米軍部隊を掃滅すべく、二千五百人を連れて出陣する。まずチャールストン市の北を流れているサンティー川を渡河。その本流の左岸沿いに上流を目指して進軍すれば、支流のウォタリー川がそのままノースカロライナ邦の内陸に位置するシャーロット市までも導いてくれるのだ。英軍は有象無象の米軍を駆逐しながら、しぜんにヴァジニア邦まで攻め上る勢いがつくはずであった。

だがとりあえずはシャーロットまでの中間点に位置するカムデン市（やはりウォタリー川の左岸にある）を、コーンウォリス軍は攻略しなければならない。

しかるに前進中のコーンウォリスは、地元ロイヤリストから、耳寄りな情報を得た。サウスカロライナの大物政治指導者であるラトリッヂ知事が、今まさにノースカロライナ領へ逃亡しつつあるというのである。しかもその護衛に付き添っているのは、たかだか三百五十人くらいだという。

じつはチャールストン市の解囲のために南下していたエイブラハム・ビュフォード大佐のヴァジニア連隊が、チャールストンが陥落したと聞いて引き返すのに、ラトリッヂ一行が加わっていたのだった。

コーンウォリスは、歩兵や輜重が一緒だと、どう急いでもラトリッヂを捕捉することは無理だが、騎兵および乗馬歩兵だけの捕獲隊を編成すれば、追いつけるだろうと計算した。

二百七十騎からなるその急追任務隊を、コーンウォリスは、バナスター・タールトン（Banastre Tarleton）中佐に率いさせる。

タールトン騎兵隊は、三ポンド砲一門をともなって、五十四時間で百マイルを走破した。「英軍が追いかけてくるぞ」と途中で警報されたビュフォード大佐は、ラトリッヂ知事だけをいちはやくノースカロライナのヒルズボロ市まで逃がしてやるため、少数騎兵をつけて先行させ、みずからは英軍部隊との遭遇戦を期した。

五月二十九日、タールトンは米軍の野営跡を発見した。前夜まで米軍はここにいたのだ。ということは、せいぜいまだ二十マイルしか進んではいまい。

大急ぎで前進すると、午後三時頃、英騎兵は米軍に追いついた。そこが、ワックスホーという土地で、ノースカロライナまであと六マイルのところだった。

タールトンは、米軍の後衛を駆逐したあと、勧降使を派遣している。そのさい、自軍の人数を誇張して伝えた。

ビュフォードは布陣のためにやや時間を稼いでから、申し越しを拒絶した。続いてビュフォードは愚かにも、相手が突進衝力のある騎馬部隊なのに、こちらの歩兵を横一列に長々と並べた。いちおう坂の上手であったが、その後方にはほとんど予備隊を置かなかった。もしギャロップ（襲歩）で駆け抜けられたら、混乱は収拾できぬはずであった。

欧州での実戦経験のある指揮官ならば、このようなときは「密集方陣」を複数、構成させたはずである。ただし英軍に大砲があると疑っていたなら別で、そのようなときは、林縁に布陣して背後を密林に托するようにする。

瞬時に勝機を看破したタールトンは、麾下《きか》の後尾が追及してくるのを待たずに、三本の縦隊を編成して同時に米軍の横隊に攻めかからせた。距離が三百メートルに詰まってからは、全速疾走である。

ビュフォードは、英軍が距離三十メートルに近づくまで歩兵に発砲を許さなかった。こちらが馬防柵の後ろにでもいるのならばそれは正しいのだが、胸壁も、塹壕も、地形障礙が何も無いところで敵騎兵の突撃を受けた場合には、正しくはない。米軍は蹴散らされた。

逃げ惑う米兵に対し、英軍騎兵はサーベルを抜いて斬りまくった。逃げ遅れた米兵たちは降参を叫んだ。

勧降使に対しては「徹底的に闘いますよ」と威勢の良い返答を与えていたビュフォードが白旗を振った（味方軍医の目撃証言あり）。ところがその後でタールトンの馬が射たれ、タールトンは地面に投げ落とされてしまう。

隊長が卑劣な騙し討ちで殺されたと思った英兵たちは怒り狂い、しばらく米人の投降を受け付けなくなった。

この修羅場から生きて脱出できたのは、ビュフォード以下百名ほどの将兵だけだった。百十三名が殺され、五十三名は捕虜になった。タールトン側の戦死は五名のみである。

以後しばらく、アメリカ兵たちは、情け無用の殲滅を完遂することを諧謔的に「タールトンの休戦」と呼んでいたそうである。

バナスター・タールトンという男

タールトン中佐について、少し詳しく解説しておこう。

彼は一七五四年、大商人であるリヴァプール市長の息子として生まれた。当時のリヴァプールに出入りする商船はことごとく、アメリカ殖民地相手の奴隷貿易に関わっていた。

法曹家の修業としてオクスフォード大学まで進学させられたが、十九歳のときに父が死去。バナスターは遺産として五千ポンドの大金を手にした。

家業は一歳下の弟が継ぐ見通しとなり、バナスターは一七七五年に英陸軍の騎兵連隊の最下級将校（コルネット。少尉と中尉に相当）の株を買った。

騎兵将校というのは、じぶんの馬や馬丁を維持するためだけでも巨額の自己負担支出が恒常的に必要な世界で、貧乏な平民には決してなることのできない職業であった。

同じ年に北米では独立戦争が始まった。二十一歳のタールトンは、わざわざ志願して七五年の暮れに北米戦線へ向かう。

初陣は、一七七六年六月の、失敗したチャールストン攻略作戦である。ニューヨークに撤退したあと、こんどはニュージャージー方面で、敵将チャールズ・リーの動静を探る騎兵偵察に加わった。そして七六年十二月十三日に大手柄を挙げた。チャールズ・リーをまんまと捕獲したのだ（第一巻二五九〜二六〇頁）。

この殊勲により、彼は十二月末に騎兵の「旅団副官」に昇進した。これは正確には階級ではないのだけれども、少佐職であるから、以後、彼は「少佐」と呼ばれる。まだ二十二歳だった。

ニューヨークで七八年に新編したロイヤリスト連隊（乗馬歩兵+歩兵）の連隊長となったタールトンが、サウスカロライナへ送り出されたのは一七八〇年初めである。連隊長は大佐か中佐の職だから、これ以後、彼は「中佐」または「大佐」と呼ばれる。本書では中佐としておく。

タールトン連隊はクリントン将軍を助けてチャールストン市の占領を成功させ、続いて前述の「事件」の主役となった。

彼の南部戦区での活動はまだまだ続くが、ここでは彼の終戦後の人生を紹介してしまおう。

一七八一年にヨークタウンが陥落すると、彼はその年のうちに英国へサッサと帰っている。二十七歳だった。

しばらく遊蕩の時期があり、ある賭博がきっかけで、皇太子（将来の国王ジョージ四世）の元愛人であった女優兼作家のミス・ロビンソンと付き合いはじめた（最終的にタールトンは大金持ちの令嬢と婚姻している。子は無い）。

一七九〇年にリヴァプール選出の庶民院議員となった。この時点で彼の正規の階級は「大佐」であった。ウィッグ党員として「フォックス&ノース内閣」を支持した論功行賞人事で、地方の知事の肩書も貰う。タールトンの議会演説は、ミス・ロビンソンが代筆したといわれている。

その後、軍事的には何の手柄もないのに、一七九四年に陸軍少将、一八〇一年に陸軍中将、一八一二年には陸軍大将にされた。しかしアメリカ独立戦争の後、タールトンが国外で実兵を率いたことは一度もないのである（ウェリントン将軍の代わりにイベリア半島で作戦したいという希望はあったらしい）。

一八一五年には男爵。一八二〇年にはバース勲章を得てナイトに叙された。没したのは一八三三年だった。

自然発生したゲリラ活動

チャールストンに籠城しなかったサウスカロライナのミリシャたちは、あちこちでパルチザン部隊活動を続けた。

一七八〇年七月十二日には、今のブラトンヴィル市にあった「ウィリアムソン農場」に集結していた英軍（過半はロイヤリスト民兵で、正規軍将校が率いていた）を、約九十人規模の米人ミリシャが奇襲し、九十人前後を殺している。

コンチネンタル・アーミーがサウスカロライナ邦まで南下してくるという噂もあったため、コーンウォリスはいやが上にも慎重を期さねばならなかった。

ゲイツの名声、カムデンに沈む

一七八〇年四月、ワシントン将軍は、ヨハン・デ・カルプ少将（ドイツからアメリカ側に参陣していた男爵）にコンチネンタル・アーミー（規模は九百人から千四百人まで諸説ある）を率いさせて南部へ送り出した。

ワシントンは、チャールストンで捕虜になってしまった南部戦区司令官リンカンの後釜としては、最も信頼しているナサニエル・グリーン少将を推していた。が、大陸会議は、サラトガの英雄、ホレイショ・ゲイツ少将の起用を望んだ。ゲイツはヴァジニアの農場に引っ込んでいた。

これも「民主主義の地雷」であった。ゲイツの知名度は全米的どころか世界的であり、大陸会議の期待もそれだけ高かった。

大陸会議は、ゲイツがサラトガで烏合の衆である雑多なミリシャをうまく統率できたという事実を買っていた。アメリカ人が書いたアメリカ史では触れられないけれども、南部人は昔から、扱いやすい集団ではなかったのだ。

両カロライナ市民からなる、独立不羈《ふき》でちょっと反抗的な民兵でも、ゲイツならうまく操縦してくれると、大陸会議は思ったのだ。ゲイツは、カルプ麾下のコンチネンタル・アーミーと、進軍途中で隊列に加わるはずの、さらに多数のミリシャもあわせて指揮することに決まり、七月からいよいよサウスカロライナを目指す。ワシントンはやきもきしたはずだ。なぜなら大陸会議は、ゲイツをワシントンの指揮に服さなくてよい立場の司令官として南部へ送り込んだからだ。

七月十二日、ゲイツはノースカロライナ邦のコクセズミル（Coxe's Mill　シャーロット市の百三十キロメートル北東）に至った。

七月二十七日、ゲイツは自軍を、バレン郡を縦断するコースに向けた。サリズベリー市（シャーロット市の六十キロメートル北東）、さらにシャーロットと、内陸の町を順番に中継駅にして行く迂遠な（ただし補給面では確実になる）コースではなく、ショートカットの強行軍でコーンウォリス軍に会敵しようと考えたのだ。

コーンウォリスの英軍は、チャールストンから海岸沿いに北上して、サンティー川を渡河した後、少数のゲリラ部隊と小競り合いをしながら、サウスカロライナ邦の北東内陸方向へ移動しつつあった。ゲイツ軍は、その針路を北方から南下して押さえようとした。

やがて、両軍の衝突地点はカムデン市になると判断できるようになった。

コーンウォリスは、カムデン市に陣地を工事して、正規兵二千五百名で米軍を待つことにした。すでに二千人ものミリシャを合流させて、総兵力三千四百名という大軍になっていたゲイツ軍は、英軍が野戦陣地を本格築城してしまう前に、できれば会戦にもちこみたかった。

ゲイツは自軍の兵数を幕僚から正確に報告されていなかったようである。彼は、ミリシャが大量に集まって、自分の麾下にはすでに七千人がいると信じていた。どうしてそのように誤解したのかは、分かっていない。

三千四百人に給養し続けるのと、七千人に給養するのとでは、司令部の苦心はぜんぜん違ってくる。ゲイツは責任上、勝負を急ぐ必要を感じたであろう。

あと半日行程でカムデンに至るという地点で、ゲイツ軍は大休止し、野外での「晩餐」が用意された。牛の焼肉、糖蜜シロップなどが米軍将兵たちにふんだんに振る舞われたようである。喫食が終わるや、夜行軍が開始された。黎明にカムデンの英軍陣地前縁に展開するというのが、司令官ゲイツの目論見だ。

ところが、将兵たちの体調に異変が起こった。腹を下して道端の藪へ駆け込む者が続出。食材か水のどちらかが、加熱不十分だったようである（生焼けのパンが原因だとする資料もある）。いずれにせよ、南部では生水すらも危険なのだ。

ゲイツはしかし、行軍計画を変更しなかった。途中休憩無し。

八月十六日の未明、米軍歩兵は、理想的とは程遠い消耗した状態で、カムデンまで到着した。

戦闘は、タールトンの英騎兵隊と、米軍斥候の騎兵隊がまずカムデン南方の路上で遭遇した。銃撃戦はタールトン側が優勢で、英騎兵が追撃しようとするところを、米軍歩兵が林縁から射撃して阻止。

この道路沿いに互いに北上しながら、戦闘配列ができ、砲兵も加わり始めた。

この朝、ゲイツは、正確な敵情も得られなかったようである。精鋭なカルプのコンチネンタル・

アーミー（メリーランド兵とデラウェア兵）ではなく、ヴァジニアのミリシャを、彼は自軍の最左翼に置いた。この部隊は、他のミリシャよりはマシだったとは言われるものの、銃剣も満足に用意ができていないようなコンディションであった。

コーンウォリスはその最右翼（米軍から見て最左翼。ヴァジニア・ミリシャの正面）に、精鋭の第二十三歩兵連隊を配していた。

にもかかわらずゲイツは、まずヴァジニア・ミリシャ隊に前進攻撃を命じた。英軍が応射し、すぐに銃剣突撃をかけてくると、たちまちヴァジニア・ミリシャはパニックに陥って敗走した。その様子を見て、おじけづいたノースカロライナ・ミリシャたちも、一発も射つことなく逃げ出した。

ゲイツの動かせるいちばん精鋭の部隊である、カルプのコンチネンタル・アーミーは、米軍の最右翼に展開していた。このようなとき司令官は、崩れた味方左翼を救うのではなく、逆に右翼隊を前進させることによって、左翼に押して来る敵軍の後尾を逆包囲してしまうという着眼を持たねばならない。

しかしなぜかコンチネンタル・アーミーは前進しなかった。だから英軍から反時計廻りに全軍が包囲される格好となって、米軍は総崩れに陥った。

カルプ少将は乱戦の中、致命傷を負い、数日後に死亡した。

ゲイツ少将の馬は最良であったようだ。彼はその日が暮れる前に、戦場から六十マイル上流に位置するノースカロライナのシャーロットまで落ち延びている。

歩兵にとっては六十マイルは長い。シャーロットまで続く道は、落伍した米軍負傷兵や遺棄された物資、死馬などが点々とどこまでも続いたという。

ゲイツは軍法会議は免れたが、声望は泥にまみれた。

ゲイツは知名度の点だけでなく、大陸会議内では、ジョージ・ワシントン以上に軍と民の両方を託せる人物ではないかとすら思われていたのだ。現代の大統領選挙と同じことで、もしもカムデンで勝っていたりしたなら、初代大統領の目が、彼にはあった。

しかし、ワシントンの取り巻きグループにとっては好都合なことに、ゲイツの政治的生命は、ここで終わる。

一七八〇年十月六日、大陸会議は再びジョージ・ワシントンに、南部戦区の指揮権を返した。ワシントンはただちに、南部戦区司令官をグリーンに挿げ替えた。グリーンがそれまで担当していた、コンチネンタル・アーミーの補給廠長という最も厄介な業務は、一七八一年一月以降、ウィリアム・リチャードソン・デイビィー(一七五六年生〜一八二〇年没)が任されることになった。

デイビィーは英国生まれでサウスカロライナに入殖。法学を修め、独立戦争で騎兵中尉に初任された。プラスキにも師事して少佐となり、ストノ・フェリーでは重傷を負っている。その後、私費で騎兵部隊をつくってロイヤリスト相手に大暴れし、サウスカロライナ邦のランカスター市近くのハンギングロックの戦闘(八〇年八月六日)では、トマス・サムター部隊に属して勝利した。本人はずっとゲリラ戦を続けたかったようだが、爾後、ワシントンから託された給養総括者の重責を、全うした。

クリントンがコーンウォリスに与えた任務

タールトンが一七八〇年五月二十九日にワックスホーで勝利した後、クリントン総司令官はチャールストン駐留英軍部隊の多くを引き連れてニューヨークの英軍本拠地に帰営し、コーンウォリス将軍には比較的少数の部隊を預けて、サウスカロライナの地方ゲリラ戡定をひきつづき任せることにした。

この時点でクリントンとコーンウォリスの関係は、本来の他人行儀なものに戻っている。七九年六月までロンドンで宮廷工作にいそしんでいたコーンウォリスが、クリントンからは独立した指揮権を得たい、もしくはクリントンの上官の立場を得たいと念願していることを疑う理由はなかった。

もっと遡ると、七六年秋のハウ総司令官のホワイトプレインズ戦の采配についてクリントンが批判した言葉を、コーンウォリスがそっくりハウに告げ口した「事件」を、クリントンは肝に銘じていた。

クリントンがコーンウォリスに語った言葉はすべて、後で、コーンウォリスがクリントンを蹴落とすための材料に役立てられる可能性があった。だからクリントンは、司令部でコーンウォリスと会って親しく助言しなければならない近接した位置関係に居ることも厭《いと》うた。

もとよりコーンウォリスも、クリントンに北米での作戦についての余計な助言や提案をする気はいっさい無かった。すでにクリントンがロンドンに辞意を漏らしつつあることをコーンウォリスは承知していた。英本国で大評判になるような結果をもたらしそうな優れた企画案なら、クリントンが新大陸を去り、自分に最高指揮権が与えられた後で実行しなければ、損であろう。

ニューヨークのクリントン中将が、北米総司令官として、南部で作戦中の部下コーンウォリスにきめ細かな指示を手紙で与えなかったのも、このように両将軍の間には《同志関係》がなくなっていたためである。

チャールストン市を去るにあたってクリントンがコーンウォリスに与えた命令は、まずもってチャールストンとその周辺をしっかり保ち続けること。そのうえで、南北両カロライナ殖民地を平定し、ゲリラを駆逐すること。それができた後のこととして、ヴァジニアへの北上進攻も期待されたのだった。

また後日クリントンはニューヨークから手紙による指令で、みずから大軍を率いてチェサピーク湾で米軍と対決する意気込みでいることもコーンウォリスに伝え、その場合の協力も頼んでいる。もちろんそれには英本国から新たな増援艦隊が到来することが前提であるから、いつになるかは分からない。

艦隊の増援が来ないということは、新大陸の英軍の総人数も不十分なままだということだ。

クリントンはコーンウォリスにわずか三千人の将兵しか与えなかった。それもロイヤリスト徴募連隊も含めての数なのだ。

しかたがなかった。ワシントン直率のコンチネンタル・アーミーの大軍がニューヨーク市をひしひしと取り巻いている。その本陣を手薄にして、もしニューヨーク港が米仏連合軍に奪われでもしたら、その時点で戦争終了だろう。

だからコーンウォリスのミッションの成否も、南部でロイヤリストをどのくらい新たにリクルートできるかにかかっていた。住民たちは日和見していたから、英軍は、南部でも勝ち続ける必要があった。

南部のコーンウォリス軍への外部からの補給は細かった。英国の補給船はしばしば米海軍の私掠船に拿捕された。

しかも一七八〇年の夏の南部は雨がちで、赤粘土が水を吸って一面スポンジのような湿地に化けると、荷車の通交はできなかった。

チャールストンのコーンウォリスには、金銀貨の軍資金もまた不足していた。そうなると、ロイヤリストであっても、物資を売ってくれなくなった。

だがコーンウォリスには希望があった。カムデンに向かって南下してきたゲイツ将軍率いるコンチネンタル・アーミーを、八月十六日に見事に撃砕してやったことだ。

この一勝はコーンウォリスのロンドンでの評判を急激に高めた。英本土人は、コーンウォリスが米国人を叩きのめしてくれると期待するようになったのだ。

これがコーンウォリスを精神的に支えていた。じぶんがクリントンに代わって北米総司令官になる日は遠くないように思えていたのだ。

キングズマウンテンの驚愕

コーンウォリスは、カムデンからいよいよノースカロライナ攻めに着手する。

カムデン市から六十キロメートル北上しただけで、もうノースカロライナの境界線であった。そのさらに五十キロメートル先にあるシャーロット市は、街の規模もほどほどあり、大部隊が滞留するに足りた。

コーンウォリスは、サウスカロライナの西部（すなわちカムデンとシャーロットを結んだ線よりも西側の丘陵地帯）でまだ遊動し続けている米軍の敗残ミリシャ部隊たちへの対処は、部下に任せている。

このたびの担当者は、米国人に対する激しい敵愾心を隠さないキャラクターの、パトリック・ファーガソン少佐であった。

カムデン市の西側の地域を、当時、漠然と「バックカントリー」と称しており、ロイヤリスト色が濃かった。その地でロイヤリスト民兵を徴募して組織し、その徴募部隊によって、ノースカロライナのシャーロット市まで北進するコーンウォリス軍本隊の左翼を固めよ——というのが、コーンウォリスがファーガソン少佐に対して一七八〇年五月二十二日に与えていた命令である。それはカムデン会戦に三ヵ月先立っていた。

ファーガソンの徴募の仕事は進んだ。しかしゲリラもおとなしく引っ込んではいなかった。住民たちが互いに家を燃やし、家畜を奪い、活動家を暗殺し、あるいは本人の農場において逮捕し、縛り首にするという毎日なのだ。

一七八〇年八月十八日の夕方、カムデンから三十キロメートルばかり川を遡ったあたりの小麦粉の供給拠点であったマスグローヴの水車小屋付近にたむろしていたロイヤリスト武装集団を、アイザック・シェルビー（一七五〇年生～一八二六年没。七九年にノースカロライナ邦のミリシャ大佐。八一年十月以降、マリオン部隊の傘下に入る。戦後、ケンタッキー州の初代知事）らの米ミリシャ隊複数が襲撃し、数十人を殺して四散させた。

このロイヤリスト民兵たちは、ファーガソン少佐が徴募し、まもなくファーガソン隊と合流するところだったのである。

戦闘はカムデン会戦の二日後ということになるが、南部の遊動ミリシャ諸隊には、コンチネンタル・アーミーのニュースなど、ぜんぜん届いていなかった。

さすがに三日も経つと、コンチネンタル・アーミーが大敗してノースカロライナへ逃げ帰り、英軍とロイヤリストが勢いづいて掃討活動を強化しそうだという空気が分かってきたので、シェルビーらの諸隊は、古巣といえるアパラチア山地の西側まで分散的に退却して暫く情勢を窺った。

シェルビーのノースカロライナ・ミリシャ部隊に的を絞って北西のアパラチア山地方面まで探索をかけようとしたファーガソンは、自隊を率いて北上し、八〇年九月一日、ギルバートタウンにキャンプを設営した。

そこは今のノースカロライナ州ラザフォードトン市の八キロメートル北にあった（サウスカロライナのキングズマウンテンからは西北西に六十キロメートル強、離れている）。

ファーガソン少佐だけ、ウィリアム・ギルバート邸に間借りし、他のアメリカ人ロイヤリストたちは、屋敷後方の丘にテントを張って露営した。今日そこは「ファーガソンの丘」と呼ばれているそうだ。

ファーガソン隊はここに腰を据えて、今日のテネシーとノースカロライナの州境あたりからやってくるゲリラ諸隊を追討する気勢を示した。四方に派遣される徴発隊が捜索活動を兼ねた。このあたりの米国人は、牛を徴発されないように山の中の洞窟に隠していたので、ゲリラ探索のついでに発見したその牛をギルバートタウンまで牽いてくるわけである。

それに対して遊動ミリシャ諸隊の側でも、ヴァジニア西部や両カロライナ西部の諸隊がこのさい一団に結合して、ファーガソン隊に一泡吹かせてやれという相談を始めた。

ジョン・セヴィア（J. Sevier 一七四五年生〜一八一五年没。戦後はテネシー州知事などを長く務める）のノースカロライナ・ミリシャ隊とシェルビー隊がまず合同し、それに複数の遊動ミリシャ隊が合流。九月二十五日には、ヴァジニア・ミリシャ大佐のウィリアム・キャンベル（W. Campbell 一七四五年生〜八一年没。パトリック・ヘンリーの姻戚。翌年のギルフォードコートハウスの戦いでもグリーンの麾下にあって、コーンウォリスを打撃している。その後ミリシャ准将にされたが、病死）が先任指揮官に選ばれた。とはいえ、彼が命令を発する前に主要ミリシャ隊長全部の同意が必要ではあったが。

アパラチア山地の脊梁を西に越えた、当時のヴァジニア邦の南西部（今日ではテネシー州になっている）から、猟用の前装ライフル銃（ペンシルベニアに移民したドイツ人銃工たちが西部に広めたもので、発射するのは〇・四五インチほどの球丸だが、長さ四十四インチほどの銃腔内部に綫条を施してあるために距離百メートル以上の狙撃が可能。火薬と鉛を節約できるので奥地猟師の間で普及していた。ただし銃剣は取り付けられず、次弾の装塡にも軍用マスケット銃の数倍の時間がかかる）を持って集まったミリシャたちは、「山の向こう側の男たち」と呼ばれていた。

彼らは、いつもならばインディアンに対する備えとして、動くことはできなかったのだけれども、この年は対インディアン工作係がうまくやってくれたおかげで、ノースカロライナ戦線まで移動する自由を得ていた。そんな山男たちからなる合同ミリシャ隊は、九月下旬には総勢千四百名にも膨らんだ。

そのころ、ミリシャ隊からの脱走者二人がファーガソン隊に到り、「大集団がやってきますぜ」と注進に及んだ。

ファーガソン少佐は、これは自隊だけでは勝てぬと判断し、九月二十七日にギルバートタウンを出立して、東南東方向へ移動開始した。その先（サウスカロライナ領）にキングズマウンテンという土地がある。そのあたりでコーンウォリス本隊の来援を得て、一挙に合同ミリシャ隊を壊滅させてやろうと少佐は考えた。

真東に百キロメートル足らずのシャーロット市へは少佐の手紙を持った伝令が向かったものの、肝心の手紙は十月八日までコーンウォリスに届かなかったという。

ファーガソン隊のあとを追う米合同ミリシャ隊は、十月四日夕方にギルバートタウンに達した。そこから諸隊の頭目たちが、コンチネンタル・アーミーのゲイツ司令官に（ちょうど更迭されるところだとは知らないで）宛てて、〈われわれを指揮する将軍を送って欲しい〉という手紙を書いている。この手紙も結局何の役にも立たなかった。

合同ミリシャ隊は、翌朝にギルバートタウンを出立。十月六日には、サウスカロライナのカウペンス（翌年一月に重要戦場となる）に到達した。そのあたりで、「ファーガソン隊はキングズマウンテンでミリシャと一戦する気らしい」と住民から知らされた。現在の人数は千二百人ほどだという。

ここで合同ミリシャ隊は、乗馬機動のできる九百人だけを先行急追させることにした。英軍の増援が到来したり、野営地で築城工事をされてしまう前に襲いかかるべきだからだ。

六日の夜から七日の朝にかけて、不眠の騎行となった。

キングズマウンテンから、コーンウォリスの英軍本隊の所在するシャーロットまでは五十キロメートルであった。歩兵が一昼夜歩けば、到達できる。しかしファーガソンは甚だ強気で、そこから後退することは考えていなかった。

少佐は、米軍の合同ミリシャ隊がすぐ近くまで迫っているとは夢にも考えなかった。キングズマウンテンの山頂台地上に野営しながら、防禦工事もさせず、昼間は歩哨も立てていなかった。その山は、岩盤の上に樹林が茂っていた。

八〇年十月七日の昼過ぎ、合同ミリシャ隊が山裾にぐるりと取りついた。ただちにそこから徒歩での登攀が始まる。以後は、ミリシャ隊には「指揮」などなかった。全員、個人の判断で奮戦した。

午後三時、樹林中から「突撃だ」という掛け声が山頂まで響いてきた。ロイヤリスト民兵の幹部が「これはまずいです」とファーガソンに叫ぶ。

弾丸が飛来し始めたことで、ファーガソンは初めて事態を察した。

ファーガソンは騎乗し、銀のホイッスルによって、銃剣突撃を数度、試みさせた。ミリシャの装備する「ロング・ライフル」には銃剣は付かないから、山上から一斉突撃が下ってくれば、たじたじとなって後退する。しかし、じきに樹木や岩石を盾にとり、遠間からの射撃を再開すると、ロイヤリスト民兵もまた、山頂野営地に戻るしかなかった。

ロイヤリスト民兵は山頂台地上で次第に全周から圧迫され、白いハンカチを振る者が出始めた。ファーガソンはそれら「白旗」をサーベルで切り払おうとしたが、射弾に撃ち斃された。

指揮官が死んだので、残りの者は戦意をなくし、次席の幹部が白旗使者を送り出そうとするのだが、ミリシャ側は一向に発砲を止めようとはしなかった。

統制無用のミリシャ隊は、気の済むまでロイヤリストを殺したあとで、降伏を受け入れた。

彼らは翌朝まで現場にとどまり、武器弾薬等を回収し、死者は浅く埋め、負傷者は放置した。あとで発掘したところ、ファーガソン少佐の死体はバラバラに切断された状態で、それを牛皮で包んで埋葬してあったという。

運良く焚き木を集めに森林中に散っていた少数のロイヤリスト民兵が包囲を逃れ、シャーロット市まで急を伝えるのも時間の問題なので、ミリシャ隊は捕虜を歩かせて、もと来た道を引き返した。

この退却は途中からまた諸隊ごとにバラけて行く。捕虜を保ちきれなくなった隊では、随所で捕虜を放還した。

シェルビー隊はギルバートタウンに十月十一日に戻ったところで、捕虜を裁判にかけた。捕虜のなかで、民家を焼いた者、パロール破りで再参戦していた者、暗殺者、これらが恨まれたのは当然である。零細農家にしてみれば、牛一頭略奪した男でも、吊るし首にしてやりたい。

シェルビー大佐は敢えて軍法会議形式とはせず、ノースカロライナ邦の正規の裁判所に出張してもらった上で略式法廷を開いた。容疑は、反逆罪、ミリシャからの脱走罪、インディアンを扇動した罪……などで、三十数名に絞首刑判決が下り、樫の木で九人まで執行されたところで、捕虜が「タールトンが追いかけてくる」と言ったのが気になり出し、処刑は中断されたという。

残った捕虜は、両カロライナの手近な都市に預けられ、ミリシャ隊はいよいよ隊ごとに分かれて逃げたという。

タールトンの出撃――というのは、無根拠な作り話だった。本隊のコーンウォリス将軍は、逆にシャーロット市からサウスカロライナ邦のウィンズボロ市（今のWinnsboroだが、当時はWinnsborough と書いた。シャーロットからは真南百キロメートルに位置する）まで遠ざかる決心をしている。互いに、ビクビクしていたわけだ。

キングズマウンテンの大殺戮で、バックカントリーにおけるロイヤリスト勢力は粉砕されてしまった。この詳報が広まれば、当地では、これ以上のロイヤリストの徴募など見込みはない。だからコーンウォリスは、部下のタールトンらに対ゲリラ狩りの継続を命ずる一方で、自身が北進する戦意は失い、ウィンズボロに引き籠るようにして冬営に入る。

コーンウォリスが再びノースカロライナ邦まで北上するのは、翌一七八一年一月のカウペンス戦の直後である。

サウスカロライナのパルチザン指導者トマス・サムター

チャールストン市内にサウスカロライナ・ミリシャのほとんどが閉じ込められてしまい、知事のラトリッヂもノースカロライナへ逃れ出た結果、バックカントリー（奥地）を遊動して、あくまでサウスカロライナ領内で英軍相手に戦いを挑み続けんとする地元出身の部隊指揮官は、数えるほどしかいなくなった。ミリシャ大佐のトマス・サムター（Thomas Sumter）は、そんな一人だった。サムターは一七三四年にヴァジニア殖民地で農民の子として生まれている。父は早死にして、トマスはフロンティアでの基礎的な教育しか受けていない。

若くしてヴァジニア・ミリシャに下士官として加わり、チェロキー・インディアン相手の討伐戦に従軍した。その後、ロンドンを見物したいという酋長たちを引率して、国王ジョージ三世の前で通訳もした。

ところが一七六二年の帰米後、ヴァジニア政庁から借りた旅費を返せなくなり、債務者監獄に入れられてしまう。

知人の手引きで脱獄したサムターは、サウスカロライナ邦のユートースプリングスの十字街に商店を建てて、次第に名士になった。

六七年に資産のある未亡人（七歳年上）と婚姻すると、さらに事業を拡大し、製材所や粉碾《ひ》き小屋も所有した。そしてみずから地元のミリシャ隊を創設するほどの財産家となった。

一七七六年にサウスカロライナ邦のミリシャ連隊の中佐になっている（おそらく大尉から特進）。

七八年には一時的にコンチネンタル・アーミーの大佐に任じられたものの、すぐに辞した。

一七八〇年にチャールストン市が英軍に攻囲されているとき、彼はサウスカロライナ奥地で遊撃隊を立ち上げた。

まず七月三十日にロッキー・マウントで英軍の野営地を襲撃する。これは撃退された。

ついで八月六日のハンギングロックの襲撃では、英軍に一矢を酬いることができた。

「ゲリラ」という言葉はナポレオン戦争以前には英語圏にはないので、そうした活動は「パルチザン」と呼ばれた。

一七八〇年のカムデンの戦いでは、サムターの騎兵隊はゲイツ司令官から斥候をおおせつかり、幸か不幸か戦場を離れていたために無傷であった——といわれる。じっさいには、サムターはゲイツの指図になどまったく従う気がなかったのかもしれない。カムデン戦の時点で、サムターの他にも遊撃隊は複数存在した。が、ゲイツのほうで、それらの活動と連携したり、梃子入れを試みた痕跡はない。

英軍は、サヴァナー攻略からカムデンの勝利までの期間が、いちばん戦争の成り行きに希望を持つことができ、意気も上がっていた。カムデン会戦から二日後の八月十八日には、タールトンがフィッシング・クリークでサムター部隊を夜襲した。

十月六日、ラトリッヂはサムターをミリシャの准将にしてやった。

十一月九日、フィッシュ・ダーンの渡渉点の戦いで、サムターは英軍の部隊長を捕虜にする。

十一月二十日のブラックストックの戦いでは、タールトン軍を撃攘したものの、サムターは背中と胸に受傷した。

コーンウォリスが、けっきょく両カロライナの平定を諦めてヴァジニア邦へ北上する決心を固めた背景には、こうした遊撃部隊の執拗な跳梁があったはずだ——と、地元では説明されている。サムターは独立戦争の終了時点で、押しも押されもせぬ名士であった。その後、サウスカロライナ州選出の連邦下院議員には三度選ばれている。事業家としては、養蚕や煙草の作付けにもチャレンジした。

一八三二年六月に彼が九十七歳で死んだとき、独立戦争時の著名指揮官はほとんど生き残ってはいなかった。

「スワンプ・フォックス」ことF・マリオンのパルチザン戦闘

フランシス・マリオン（Francis Marion 一七三二年生〜九五年没）は、生粋のサウスカロライナ人である。

生家はプランターだったが、フランシスは十五歳頃、船員を志望し、カリブへ出港した。ところが、最初の航海で難船を体験する。

乗組員たちは一隻の救命ボートで一週間、漂流したという。

このおそるべき体験から、フランシスは海員人生をあきらめて家業を手伝うようになった。

彼の軍歴は満二十四歳でスタートした。フレンチ・アンド・インディアン戦争の途中からミリシャに入り、チェロキー・インディアン討伐に従事したのだ。一七六一年にはミリシャ中尉。そのときの部隊長がウィリアム・モルトリー大尉だった。

マリオンは身長が五フィート（一五二センチ）しかなかったともいう。それは騎兵としては活躍できる可能性を意味していた。馬が疲れずに走り続けてくれるからだ。

一七八〇年五月十二日にチャールストン市が陥落したとき、マリオンは足首を痛めていて、市外で静養していたために、捕虜になる運命を免れた。

ただちにマリオンは、二十名から七十名の乗馬歩兵中心の遊撃隊を率いて、ロイヤリスト相手に孤軍奮闘を始めた。この部隊は完全な無給で、装備も馬も自弁である。おかげで誰の命令にも従う義理はないし、ヒット&ラン戦法だけをこころがけることにもなったのである。

サムターもマリオンも、建前上はホレイショ・ゲイツ少将の指揮に入って八〇年八月のカムデン戦でなんらかの役割を果たさなければならなかったはずである。しかし両カロライナのミリシャ部隊は、概してコンチネンタル・アーミーとは独立に行動したがるきらいがあり、ゲイツも敢えて統制を試みていない。

マリオン部隊の矛先は、常に地元のロイヤリスト部隊に向けられた。両カロライナ邦でのせめぎあいは、独立派とロイヤリスト（トーリー党ともいう）が人数的にほぼ拮抗していたために、情け無用の酷烈な様相を呈した。

サウスカロライナのポーツ・フェリーでマリオン部隊がロイヤリストを掃滅したすぐあとに、ホレイショ・ゲイツのコンチネンタル・アーミーの大敗（カムデンの戦い）が起きた。

コンチネンタル・アーミーはサウスカロライナから逃げ去り、マリオンらの遊撃集団（パルチザン＝武装党派）だけが内陸部で抵抗を続けた。

マリオン部隊は九月にはブルーサヴァナでロイヤリスト軍を追い散らし、同月にはまたブラックミンゴ村の英軍哨所を粉砕した。

あらためてジョージ・ワシントンから任命されたナサニエル・グリーン少将がコンチネンタル・アーミーを率いて一七八〇年十月にカロライナ入りをすると、サムターやマリオンらの地元軍人は、形式の上ではグリーンの麾下に属している。

一七八〇年十月七日のキングズマウンテンでのロイヤリスト壊滅の悲報を受けたコーンウォリスは、みずからはノースカロライナのウィンズボロ市に引き籠って冬営を決め込みつつ、十一月にバナスター・タールトン中佐を派遣して、マリオンの捕殺を命じた。

その頃サムターは負傷して休養が必要だったので、マリオンはサムター部隊の指揮も引き継いでいた。

タールトンは二週間追いかけたが、湿地帯を利用して逃げ回るマリオン部隊を捕捉できなかった。のみならず、行く先々で焦土作戦を採ったため、ロイヤリスト寄りだったカロライナ邦住民の恨みも買ってしまった。

タールトンは追跡を諦め、マリオンを「スワンプ・フォックス」（湿地の狐）と呼んだ。ノースカロライナへ逃げ延びていたサウスカロライナ知事のジョン・ラトリッヂは、いまや有名人であるマリオンをミリシャの准将にしてやった。

マリオンはこのラトリッヂから、英軍が解放した黒人を見つけたら殺せという特命も受けていたという。

南部戦区司令官ナサニエル・グリーンは、ヘンリー・リー中佐とマリオンに対して、ジョージタウン（サウスカロライナ邦）を攻撃するように命令した。一七八一年一月、それは失敗する。同月にはサウスカロライナ邦議会（臨時にジャクソンボロで開かれていた）がマリオンに議席を与えている。

マリオン部隊は、四月のワトソン砦と、五月のモット砦の攻略には成功した。次第に、両カロライナ邦内の英軍哨所間の連絡線は寸断される。

一七八一年八月三十一日、マリオンは、約五百名の英軍から包囲されていた米軍の小部隊を救出した。この働きに関してマリオンは大陸会議（正確には八一年三月以降は「連合会議」なのだが、人々はあいかわらず「大陸会議」と呼び続けた）から感謝決議を受けている。

マリオンは一七八二年六月にピーディー川岸でのロイヤリスト蜂起を鎮圧した。英議会はとっくに、アメリカ大陸での攻勢作戦を中止することを政府に求めていた。マリオンは軍務から引退し、八月に自分のプランテーションに戻った。

農場はロイヤリストによって焼かれており、奴隷は英軍に投じてチャールストンから国外へ脱出してしまった。マリオンは借金をしてすべてを再建した。

戦争が終わってから、マリオンは従妹と結婚した。

のちにサウスカロライナ州政府は、マリオンをフォート・ジョンズの名誉司令官にも任命し、マリオンが年俸を得られるようにした。サウスカロライナ人からのご褒美のようなものであったという。

マリオンを全米的な著名人にした『フランシス・マリオン将軍の生涯』という伝記を書いた作家は、ペンネームをパーソン・ウィームズ（一七五六年生〜一八二五年没）といった。じつは彼こそが、ジョージ・ワシントンに「桜の木」の嘘話をくっつけた張本人なのだ。ウィームズは、サウスカロライナ・ミリシャのピーター・ホリーの手記に基づいて、マリオンを英雄的将軍に仕立てた。

二〇〇〇年のハリウッド映画『パトリオット』の主人公は、名前はマーティンだが、あきらかにマリオンを超大袈裟に描写したキャラクターである。演じたのは、なぜかイングランド人を嫌っているらしいメル・ギブソン。

二〇一一年に雑誌『タイム』はこの映画を、「歴史を誤解させる映画10作」のナンバー・ワンに挙げている。

英軍が悪者に描かれたことに、さすがに英国人は反発している。『イヴニング・スタンダード』紙に寄稿した作家ネイル・ノーマンは、フランシス・マリオンは基本的にテロリストだぜ、とぼやいた。別の英人歴史家は、マリオンはチェロキー族に対する積極的虐殺者ではないのかと反駁した。

これに対して米国のラジオ局の保守論客はマリオンを弁護する。

いわく。――マリオンは二百年後の平和な世界においては政治的に正しくないと呼ばれる虐殺行為に十八世紀において決然と関わったのか？　そのとおりだ！　だからこそ彼は当時国民から感謝され、今もヒーローなのである――。

一英国人史家は言う。マリオンらと同様、英軍のタールトンのような将校も過酷なキャラクターだった。捕虜の拷問、中立住民を吊るし首にすること、白旗を悪用すること、怒りに任せて部下を射殺すること、などは、やっていた、と。

……英米間での歴史解釈の戦争は、まだ終わっていないようである。

「アメリカのカンネー」――カウペンスの戦いの序曲

一七八〇年十月にワシントンから南部戦区司令官に指名されたグリーン少将は、両カロライナ地方での行軍中の現地補給が楽に持続できることを最も重視して、隷下部隊を大きく二分割することにした。すなわち同月に准将に昇進したダニエル・モーガンに三分の一くらいの戦力を預けてバックカントリーを遊動させる一方、みずからは本隊を率いてチャールストン市およびコーンウォリス本隊を牽制しようというのだ。

この結果、グリーンの米軍本隊とモーガンの支隊との間隔は二百三十キロメートルも開き、何かあったときに互いに救援することは不可能であった。戦術の教科書では、このような戦力分割は、やってはいけないこととされている。しかし、英陸軍のコーンウォリス司令官も、タールトン支隊を遠く放ってモーガン部隊を追いかけさせているのだ。現地の食料補給事情が、戦術の教科書どおりの行動をまるで許さないほどに、シビアだったのであろう。

ところで、サラトガ会戦で大活躍したモーガン大佐は、自分が有能さを実証しているのに准将にしてもらえないことには我慢ならず、一七七九年七月に辞職して、ヴァジニアの農場に引っ込んでしまっていた。しかし八〇年九月には現役復帰し、ゲイツ少将の下でカムデン戦に参加。グリーン少将が一七八〇年十二月二日に公式に南部戦区の司令官になると、その隷下に属した。

グリーンの本隊から南西方向へ派出されたモーガン隊を、コーンウォリスは無視はできなかった。二十六歳ながらも尋常ならざる才能を発揮していたタールトン中佐の英軍支隊がこれに対処することとなった。タールトン隊がモーガン隊をコーンウォリスの本隊の方角へ追い込むことで、挟み撃ちしてやろうというのが、構想だったと思われる。一七八一年一月十二日からタールトンはモーガン隊のすぐ後ろに迫り、猛追跡にかかる。十六日、タールトンはモーガン隊の直前の野営地跡に達し、いまやモーガンは五マイル先のカウペンスの丘で決戦に応ずる気らしいと承知した。

兵を「死地」に置け！

闘志満々のタールトン部隊との会戦を決心したモーガンは、地元で誰も間違えない顕著な十字路近傍のカウペンス（樹木の少ない公園風の、牛の放牧地）を主陣地と定め、見晴らしが利く低い丘の上に夜営して英軍を待つことにした。

カウペンスの米軍陣地の背後には、大雨で増水したブロード川がさかまいていた。その川幅は六マイルにも広がっており、ここを泳いで逃げることなど、誰にも考えられない。退却しようとすれば、ただ溺死あるのみである。まさしく「背水の陣」だった。

モーガン隊の半分は、猟用ライフル銃を装備した西部山奥地方のミリシャ隊であった。彼らは銃剣戦闘の訓練を受けていない上、規律ある集団行動もできないので、英軍の銃剣突撃を受けたら踏みとどまり得ない。平地ならば潰乱は必至だった。

しかしこのような「死地」に初めから立たされたことによって、彼らは「後退機動」は許されても「退却」は物理的に不可能だと覚悟した。

モーガンは、会戦前夜のキャンプファイアーの前で、部下将兵に、自分の戦術プランをよく語って聞かせたという。

いわく。

――この戦場は、縦にも横にも五百メートルくらいも牧草地が広がっており、樹木はまばらに生えている程度で、遠くからもこちらがよく見える。

性急な勝負を欲しているらしいタールトンは、明朝、この地形と、丘の上のわが軍を見て、停止することなく、すぐにアップヒルの突撃を仕掛けてくるであろう。背後が大河なので、大きく迂回機動する余地は、英軍にもない。

そこでこちらは、横三列に布陣して、英軍を待ち構える。

最前列は、遠距離狙撃の得意なライフル射手を、地形地物の陰に散開させておく。この者たちは、英兵が五十メートルに迫ったなら発砲し、随意に後退してよい。

第二列は、最前列の百五十メートル後方に、銃剣格闘のできないミリシャ隊を並べる。この者たちは、敵に対してライフル弾を各人で二発放ったら、随意に後退してよい。そのさい、本陣である第三列の中央にではなく、第三列の両脇を通り、丘の後方にて再集合すべし。

モーガン隊長はさらに百五十メートル後方の丘の上に、銃剣格闘のできる訓練されたコンチネンタル・アーミー正規歩兵隊とともに第三列を構成する。

丘の背後には、予備隊としてドラグーン（乗馬機動する歩兵で、情況次第で下馬して普通の歩兵のように銃戦する）を控えさせておく。英軍が第三列に迫ったところで、この予備隊が敵の背後へ回りこむから、再集合したミリシャもそれに続行せよ――。

米兵たちは大いに鼓舞され、就寝した。さすがに、モーガン隊長だけは、その晩は一睡もできなかったという。

一七八一年一月十七日の朝は、きびしい放射冷却の快晴であった。米兵たちは喫飯した上で配置についた。

かたやタールトンの英軍は、夜なかの三時から七キロメートルの行軍をスタートし、いささか疲労した状態で味爽《まいそう》の戦場に到来した。

しかしカウペンスの丘のモーガン隊の布陣を遠望したタールトン中佐は、千載一遇のこの決戦の機会を遷延してはならないと気が逸《はや》った。両軍ともに兵力は千名前後だ。米軍陣地の背後が大河であることは、敵に逃げる余地が無いことを意味する。勝利は、敵千名の全滅をもたらしてくれるであろう。米軍には大打撃となり、タールトンは自国の戦史に、名指揮官としての名を記録させることができる！

まず英軍のドラグーンが放たれた。一種の威力偵察であったろう。これにモーガン隊の、潜んでいた第一線（散兵）が反応し、手練の狙撃により、たちどころに乗り手十五人が射落とされた。これが朝の七時前。

タールトンは、第一線の狙撃手たちが退却したのを見て、逆に勇気づき、歩兵の密集横隊陣による正面押しの攻撃前進を命じた。

米軍第二線は、言われたとおり、ライフル弾で将校を狙い撃ちにした（英軍の将校は肩章を付けていたから、容易に識別できた）。英軍が駆け足の突撃をかけてきたところで、彼らも百五十メートル後退した。

タールトンはなおもひるまず丘の上の第三線陣地に向かって攻撃前進を続けさせた（英軍から見て左翼に攻撃重点を移そうと試みたともいう）。第三線の訓練精到な米軍歩兵たちも、たじたじとなる猛襲であった。しかしこの時点で、英軍歩兵たちはアップヒルの機動と銃剣突撃の疲労でヘトヘトになっていた。英軍のドラグーンは、米軍の乗馬歩兵によって片翼迂回を阻まれた。

米軍の第三線はやや後退したものの、崩れなかった。ここで戦勢が逆転した。

モーガンが放った予備の乗馬歩兵、およびそれに続いたミリシャ隊歩兵が、英軍を両翼から包囲する格好になったのだ。

タールトンは旗本にとっておいた予備の騎兵に突入を命じたが、この騎兵たちは命令を拒否して後方へ向かって一目散に逃げ出した。

タールトンはなんとか数門の野砲（ごく軽便な三ポンド砲）だけでも救おうと考えたが、すでに砲兵が全滅しているのを見て、今はもう身をもって乱戦から逃れるしかないと悟った。

この会戦で、英軍将校三十九人と兵隊六十人が戦死し、八百二十九人が捕虜になった。タールトンの戦歴を惨めにしてやったことで、米国人は鼓舞された。そしていつからか、ローマ軍数万人を両翼包囲で全滅させたハンニバル将軍の「カンネー会戦」の現代アメリカ版だ、と誇るようになった。

憤慨するコーンウォリス

このあとモーガン支隊はノースカロライナ領へ北上してグリーンの本隊と合流しようとした。しかしなにしろ二百三十キロメートルも離れていたから、簡単ではない。逆にコーンウォリスにとっては、米軍のどちらかの部隊を捕捉して各個撃破するチャンスがあった。

英軍部隊が殲滅されたとの報告をウィンズボロで受けたコーンウォリスは怒りに打ち震え、「なんとしてでもモーガンの捕虜になった英軍将兵を奪回しろ」と叫んだ。

ただちに英軍本隊が総出でモーガン隊を追いかけたものの、間合いを取って逃げるモーガン隊には、どうにも追いつくことができない。

それも道理で、モーガン隊は輜重部隊の荷馬車を伴っていないのだ。それを伴うコーンウォリス隊は、行軍速度がはるかに遅いわけである。

コーンウォリスはやけっぱちの命令を下した。「荷車と大行李《だいこうり》を破却せよ」と。コーンウォリスは、部下の幹部将校が物資面で瀆職行為に耽《ふけ》っていると思って怒っていたのだろう。なんと、必要最小限の携行補給物資以外、全部を焼き捨てさせた。これが一七八一年一月二十四日のこと。そして歩度を上げさせた。

ダン川（Dan River）への急行軍が始まった。

ヴァジニアの兵站基地とグリーン本隊を結ぶ補給線を横切っているのがダン川だ。水深が大きく、徒歩渡《かちわた》りはできない。ここを越えてしまえば、米軍は虎口を脱する。コーンウォリスは、モーガン支隊とグリーン本隊が合流せぬうちに、ダン川の手前でどちらかに追いついて各個撃破したかった。米軍も英軍も、どちらもヘトヘトの機動を続けた。ついにモーガン支隊はグリーン本隊に収容され、二月十三日に増水したダン川を渡った。

コーンウォリスは追跡を打ち切って、サウスカロライナのヒルズボロまで南下した。

とりあえずノースカロライナからコンチネンタル・アーミーは駆逐したので、言い訳も立つのだった。

モーガン准将は関節炎（リューマチスもしくは痛風、またはその両方）の持病をこじらせていて、南部とはいっても一〜二月の連戦がこたえたようである。これを汐に軍隊を辞め、一七八一年八月に短期間再役したのを最後に、独立戦争で指揮を執ることはない。

一七八一年一月の二件の兵隊反乱

一七八〇年の暮れから八一年の春までの冬営は、コンチネンタル・アーミーとして一塊にならず、連隊単位で野営地を分散するようにしていた。もちろん、現地給養が無理なくできるように、である。

ところがこの方式には盲点があった。

邦や連隊長によっては、兵隊に対する公定の処遇や、兵隊が感ずる不満が、まちまちだ。もし、たまたま酷く公平に欠ける処遇が長期にわたって続いていた連隊があった場合、苦難を同じうする戦友同士が狭いキャンプ地内で冬営するうちに我慢の限界に達し、それを誰も制止させられずに、不穏な暴動に至る可能性があった。

ニュージャージー邦のジョッキーホロー（前回の冬にコンチネンタル・アーミーが最悪の寒波を凌ぎ切ったモリスタウン市のすぐ近く）に、例のワシントン制定の兵隊小屋を建てて冬営していたペンシルベニアの歩兵と砲兵、およそ二千四百人のうち、一七七六年に入営した古兵（三年兵）たちは、おそらく、全米軍の中でいちばん劣悪な処遇に耐えさせられていた。

なんとペンシルベニア邦政府は、この古兵たち（といっても多くは二十歳未満だった）に、入隊時に報奨金二十ドルを払ったきり、それから三年間も、無給の従軍を強いていた。

他の邦では、たとえばニュージャージー邦が新兵に千ドルを与えていたのを筆頭として、報奨金は「数百ドル」というところが相場。ペンシルベニア邦自身も、七八年からの新しい徴募では、新兵たちにもっと多額の報奨金をはずんでいたのである。

かくしてペンシルベニアの三年兵たちが一七八一年一月一日に不満を爆発させ、反乱の気勢を示したことについては、当時も多くの同情がされている。

古兵たちは主張した。「徴募されたときの約束では、任期は三年間、または戦争が終わるまで——だった。この新年一日をもって、俺たちの年季は明けたのである。だから除隊して帰郷する。ついては、政府は未払いの俸給をぜんぶ支払え」。

これに対して部隊の高級将校たちは、「三年を過ぎても、この戦争が終わるまでは従軍を続ける義務がある。それが契約だ」と返答した。それは詭弁であった。事件のあと、ペンシルベニア政府も、兵隊の言い分のほうが正しいことを認めている。

ただ、戦争初盤の徴募にさいしては、個々のコンチネンタル・アーミー志願兵と公的機関がまともな契約書を取り交わしていなかったケースが多くて、それが兵隊たちの法的立場を弱めていた。

一月一日は新年であるから、おそらく兵隊たちは一杯気分だったのであろう。その一日の夜、多数の歩兵たちが、マスケット銃で武装したまま、許可なくジョッキーホローの野営地から出て行こうとした。

将校や、残りの兵たちが、それを制止しようとしたところ、反徒は空に向けて銃を放ち、威嚇した。すると、残りの兵たちも皆、脱営行軍に加わる流れになってしまった。

ひとりの大尉が、反徒から銃を突きつけられた中佐を守ろうとして、射たれて死亡した。これが本件の唯一の流血である。

ペンシルベニアで徴募された歩兵たち全体を統監していたのは、アンソニー・ウェイン少将だった。

ウェインが説得に乗り出すと、反徒は、「われわれは英軍に投ずるつもりはない。しかしペンシルベニア政府がわれわれに救済補償給付をしないというのなら、コンチネンタル・アーミーにも戻らない」と宣告した。

モリスタウンからニューヨークまでは、歩いて二日で到達できたのである。反乱リーダー格の下士官は、かつて英軍に所属していたことがあった。反徒は「臨時司令部」をプリンストン市に開設してペンシルベニア政府からの回答を待った。

ペンシルベニア政府は一月五日に事件を承知し、政治指導者のジョセフ・リード（Joseph Reed）が解決に当たることになった。

コンチネンタル・アーミー本営が置かれたニューヨーク邦のニューウィンザー市にて、ジョージ・ワシントンも五日にこの事件発生を承知した。彼は、ニューハンプシャー、マサチューセッツ、ロードアイランド、コネチカットの諸政府に対して、あらためて物資供出を請願している。

反徒は、ペンシルベニアのミリシャたちから同情を受けていた。だからペンシルベニア政府には、自力でこの騒ぎを鎮定することは不可能だった。

そして大陸会議も、武力鎮圧ではなく交渉するのがよいと判断する。

要するに、ペンシルベニア政府が古参兵に押し付けている処遇は非人道的じゃないかと公認したようなものだ。「歳若の兵隊だけにひどい労苦を舐めさせておき、資産ある政治家たちは一銭も負担しないつもりなのか」という無言の非難であった。

ウェイン少将は、一月七日にプリンストン市にやってきたリードが兵隊たちに殺されてしまうのではないかと心配する。が、逆に兵隊たちは大歓迎し、ウェインが「礼砲を撃つのだけはやめてくれ」と頼まねばならないほどだった。大きな放発音が鳴り響けば、周辺住民がパニックを起こしかねないからだ。

同じ日、ニューヨークの英軍総司令官クリントンからの伝書使が、ニュージャージー領内で案内人を雇って堂々とプリンストンまでやって来る。その手紙の中でクリントンは、〈もしペンシルベニア部隊が米軍から寝返るのなら、われわれ英軍が未払い給与を払おう〉と提案していた。

しかし反徒はウェインたちの目の前でただちにそれを拒絶した。

反徒は要求を絞った。「一七七六年および七七年に入営した古兵に対しては、二十ドルの特別手当を支払って即刻帰郷を認めろ。このうえさらに継続して在営してもらいたい兵士に対しては、その二十ドルに加えて、別の特別手当を支払うこと」。

リードは、全員に二十ドルを支払って帰郷させることにした。反乱は一月八日に終わった。

反徒はいったんトレントン市まで移動して、一月十二日以降に、バラバラにペンシルベニアまで帰郷して行った。けっきょく歩兵が約千二百五十名、そして砲兵が六十七名除隊した。

諸々の手続きが全部終わった一月二十九日時点で、残留在営を決めた兵たちは千百五十人いた。また、帰郷した兵隊たちの少なからぬ者は、一七八三年までに再入営している。残留を決めた兵たちは、もとからの士官たちを受け入れたという。

このジョッキーホロー反乱に際しては、そこから北へ二十五キロメートルしか離れていないポムプトン野営地（今のニュージャージー州のラムゼイ市から南西十五キロメートルくらいのところだったかと思われる。厳密な特定は今もできないそうだ）で冬営していたニュージャージーの歩兵五百人（それで二個連隊であった）も、動員され、ウェイン将軍の指揮下に入っている。

そのニュージャージー兵たちが、ジョッキーホローのペンシルベニア兵たちに、いたく共鳴した。彼らの中の古兵も、自分の契約任期は一七八〇年十二月三十一日で終わりだと考えていたのに、年が変わっても一向に除隊させてもらえず、不満に思っていたところ、ペンシルベニア連隊はうまく除隊帰郷の要求が通ったというではないか！

ここでも問題は、入営契約が不備だったり、そもそも契約書が存在しないことだった。本人による申告以外には、入営日の特定もできかねるという杜撰《ずさん》さだったのだ。

そしてなによりも致命的だったのは、彼らの隊長のイズラエル・シュリーヴ大佐が、連隊の兵たちとの信頼関係をまるで築いておらず、統制が緩すぎたことである。

シュリーヴ大佐は自身が百四十キロもある大兵《だいひょう》肥満で、規律を厳格に連隊に強いるキャラクターではなかったという。だから野営地の辺縁部には、今の基地城下町のような風俗街が、キャンプフォロワーたちによって形成されていた。給養と待遇に関しては、ニュージャージー兵たちはペンシルベニア兵たちよりもマシで、娯楽もこのとおり、存在したわけだ。

しかるに一月の第一週には早くも一部の下士官が、自分たちもデモ行動しようではないか、というアジビラを配り始める。

ニュージャージー邦政府はこの空気を危ぶんで、とりあえず将校にはひとり二十ドル、兵隊にはひとり五ドルを即時に支給することに決めた。

トレントン市からポムプトン村へ派遣されてきた政庁の役人が一月十五日にその俸給を配ったと

ころ、兵たちはすぐに、婦人のキャンプフォロワーたちから酒を購って飲んだ（兵隊たちに酒を売るのは男のキャンプフォロワーでもいいはずだが、記録にはわざわざ、女性たちであったと書かれている。これはポムプトン野営地の外周部分の風紀がいかに乱れていたのかを暗に伝えようとする筆法であろう）。

そして一月二十日、こんどは一人の婦人のキャンプフォロワーが、シュリーヴ連隊長に知らせた。

「あなたの兵隊たちは反乱する気ですわよ」と。

驚いた大佐は、全隊を少人数に細分してキャンプから遠く離そうと試みたものの、もう遅すぎた。誰も彼の命令など聞かず、武器を持ったまま二百人ほどが冬営地から歩い出て行き、トレントン市（ニュージャージー邦の政庁が所在した）がある南方へ向かおうとしたのである。扇動しているのは二人の下士官であった。

ペンシルベニア部隊とは違って、ニュージャージー兵たちは、空砲一発すら発射することはしなかった。

シュリーヴ大佐は、ジョージ・ワシントンに急使を立てると同時に、文官の役人たちと一緒に、この二百人の後を追う。

トレントン市の近くにはチャタム村がある。そこにもニュージャージー兵の分散冬営地が設けられていた。同地の責任者のデイトン大佐は、反徒たちが自分の連隊の兵たちも引き入れようとするに違いないと予測し、すばやく部下の兵隊たち全員に一ヵ月の賜暇《しか》をやって帰郷させてしまった。これは適宜な措置だった。

ニュージャージー兵の反徒は一月二十三日にそのチャタム野営地に乗り込んできて居座り、トレントンの政庁と交渉開始することにした。そのさいデイトン大佐は、軽く殴られている。

デイトンは、「金はすぐ支払われる」と請け合ったが、兵たちは、ペンシルベニア連隊と同じように即時除隊を要求した。

デイトンと文官役人はそれを拒絶し、「元の冬営地に戻れば全員の罪は赦してやる。従わねば罰が待っている」と返答した。

兵隊たちは、除隊が認められなくとも満足だったようで、翌日、ポムプトン村まで戻る。

しかし、シュリーヴ大佐からの報告書を一月二十一日にニューウィンザー市の本営で受け取ったジョージ・ワシントンは、この反徒どもは許してはならないと、大いに怒った。

ワシントンはすぐに「大陸会議」へ書き送っている。〈兵隊による反乱が起こされたなら、〔カネではなく〕武力で鎮圧しないと、軍隊そのものが不規律集団に堕して、国家はおしまいなのだ〉――と。

ペンシルベニアでの騒ぎが収まった直後のコンチネンタル・アーミー内の不穏な命令不服従の連鎖は、厳罰を科すことで鎮定し、みせしめとしないでいては、危うい、と彼は考えた。

ワシントンはシュリーヴに対し、有無を言わさず鎮圧することを命じた。そのためにはもっと多数の部隊を動員せよ、とも。

そしてワシントンは、少将のロバート・ハウ（既出。ノースカロライナの大地主。南部戦線でコンチネンタル・アーミーを指揮したが、しくじっていた）に特命を与え、マサチューセッツ、コネチカット、ニューハンプシャーの部隊を率いてポムプトンへ向かわしめる。そのさいワシントンは、

「反乱の中核的なリーダー数名を処刑せよ」ともハウに命じた。

吹雪の中をハウ部隊は南下し、ポムプトンの十三キロメートル北のリングウッド村に一月二十五日に到着した。

ポムプトンの反乱兵たちは、小屋に戻ったものの、そこでまたも除隊を要求して、騒いでいるようであった。

ハウも、ポムプトン冬営地のありさまを聞き、酌むべき情状は無いと察した。ハウはデイトン大佐とシュリーヴ大佐に伝令を走らせ、一切の交渉を停止せよと命ずる。

一月二十六日、ポムプトンのニュージャージー兵たちはまたも不穏化し、銃剣で将校を脅したりし始めた。

同日、ハウが呼集した全部隊がリングウッド村に到着した。同夜、ワシントン司令官も橇でリングウッド村に臨場する。ワシントンは数十騎の護衛隊を伴って移動していたが、その威嚇効果は抜群だった。

ハウはワシントンと協議した後、深夜に、全部隊を連れてリングウッド村を出た。野砲三門を伴う雪中行軍でポムプトン村に着くと、シュリーヴ大佐の見取り図にもとづいて、夜明け前に、隙のない包囲陣を敷かせた。

懸念は、鎮定部隊がいざというとき将校の命令一下、同胞をほんとうに射殺できるかということだったが、兵隊たちはマスケットに装弾した。

夜が明けて、野営地が包囲されている情況がよく分かるようになってから、ハウはバーバー中佐をして野営地内へおもむかしめ、全員武器を持たずに隊列をつくって五分以内に練兵場へ集まれと下命させた。同時にマサチューセッツ連隊が前進し、心理的な威圧を加えた。

観念したニュージャージー兵は、ひとりのこらず隊列をつくって集合した。

ハウは雪の練兵場に臨場すると、ニュージャージー連隊の将校たちに、この中から首謀格を三名引き出せ、と命じた。

ついでスプラウト中佐が軍法会議を宣言し、その古株の下士官三名に、死刑を言い渡した。罪状は、国家叛逆罪（treason）である。

すぐに軍法会議は銃殺隊も編成。同じニュージャージー連隊の中から六人の射手が選ばれた。弾丸を装塡するとき、その何名かは泣いた。

六人は至近距離から、ひざまずかせた罪人の額もしくは心臓を狙って引き金を引いた。

三人目の曹長は、皆に強要されて交渉の代表者に担ぎ上げられていた男であった。この曹長が長年、将校たちに献身してきた過去はよく知られていた。軍法会議は、射殺直前に特赦してやった。

ハウが最後に演説し、事件は処刑二名でもって終わった。

ニューヨークのクリントンは、このポムプトン村にも密使を派したようである。が、こちらは野営地内に手紙を届けることもできず、まわりをウロウロしてから引き返したという。キャンプフォロワー集団は、こういうときは歩哨代わりにもなるのかもしれない。

ロバート・ハウ少将は一月二十九日、最寄りのスタテン島の英軍部隊がこの危機に乗じてニュージャージー本土へ出撃してくる気配はない、とワシントンに報告。引き連れてきた部隊とともに、北方へ引き返した。ワシントンもニューウィンザーの本営に戻るのである。

このポムプトン事件以降、下士官・兵の反乱は、独立戦争の終戦まで、起きることはない。ジョージ・ワシントンの徹底鎮圧・厳罰方針が、一七八一年初頭における全米軍の規律を維持させた。

独立後に米国の学校で教えられている米国史は、ジョッキーホロー事件ゆえに、冬営地としてのモリスタウンについてもごくごく簡単に扱うようになった。もちろんポムプトン事件については、触れもしないのが一般である。

当時においても、不穏事件の事実は極力、報道が抑制された。英軍に対してはむろんのこと、同盟国のフランスに対しても、隠すべき理由は確かにあった。米軍が不規律な軍隊であると思われたなら、米軍を助けてやろうという外国もいなくなるのだ。

13　次の主戦場はヴァジニア！

アーノルドがワシントンの地元を荒らす

前後して、ニューヨーク本営のクリントン司令官は、寝返り将軍のアーノルド（再渡米）に、リッチモンド市を占領することによって、両カロライナで行動中のコンチネンタル・アーミー（指揮官・グリーン将軍）に対する後方兵站を断ってしまうことを命じた。アーノルド部隊は一七八〇年十二月には海路、ハンプトンローズ（ヴァジニア州のジェームズ川がチェサピーク湾に注ぐ、最下流部分の広い水域）まで送り届けられた。

おそらくクリントンは、敵将ジョージ・ワシントンの故地を敵将の旧友に脅威させてやることにより、げんざいニューヨーク市を圧迫中のワシントンの心理を大いに動揺させ、攻囲圧力を弱めてやれるのではないかとも期待しただろう。しかしさすがに、いきなりポトマック川（やはりチェサピーク湾に注ぐ）を遡行させてマウントヴァーノンの大荘園を劫略させるといった作戦は、――タールトン級の佐官ならば欲したかもしれないが――英国を代表する司令官のクリントン中将は、考えなかったのである。

ジェームズ川を遡ったところにあるリッチモンド市は、一七八〇年以降ヴァジニア邦の首府機能が置かれていたのみでなく、南部戦区に対する最大の補給基地でもあった。

一七八一年一月五日、そのアーノルド准将から尖兵隊長を拝命したジョン・シムコー中佐は、ロイヤリストからなる乗馬歩兵隊を率いて陸路、リッチモンドに迫った。

リッチモンドの守将は、ヴァジニア知事のトマス・ジェファソン自身ということになるだろう。が、彼には手兵が二十名しかなかったという。アーノルド部隊はリッチモンド市に侵攻して思うままに放火し、破壊した。ヴァジニア邦の首府機能は、アパラチア山脈の麓に近い内陸のシャーロッツビルに疎開する。

ジョージ・ワシントンは、アーノルドの遊撃隊がヴァジニア邦で好き勝手を続けていると、地元を代表する名士である自分の沽券《こけん》にかかわるため、気が気ではなかった。ワシントンはロシャンボーに、このさい南部へ出陣して欲しいと懇請した。ロシャンボーは、仏本国からあと精兵二千人が到着しないうちの、さみだれ式の兵力消耗はぜったいにやってはいけないと心に決めていたが、ワシントンの立場も理解できるので、一月にまず、ニューポート港から仏軍の小艦隊をヴァジニア沖まで派遣させた。

たまたま冬嵐のため、英軍のアーバスノット提督の封鎖艦隊が沖から姿を消した隙に、仏艦隊はうまく南下を開始。途中で数隻の英国艦船を拿捕して、またニューポートに引き返した。ジョージ・ワシントンは、もちろん、これだけでは不満であった。

　三月、こんどはワシントンがニューポートまで乗り込んできてロシャンボーと軍議に及んだ。「アーノルド部隊をなんとかして欲しい」というのがワシントンの切なる希望だった。

　ロシャンボーは懇請にこたえて、三月九日に、前回（一月）よりは多数の軍艦と兵員をニューポートから南下させた。しかしこの派遣艦隊は三月十六日朝に、チェサピーク湾口でアーバスノット艦隊に追いつかれた。海戦の結果、英側の三隻を中破させたが、英艦隊がそのままチェサピーク湾内に遁入したので、仏艦隊が湾内に接岸して増援部隊を揚陸する作業はできなくなり、しかたなく、またニューポートまで戻ってきてしまった。アーバスノット提督の方はニューヨークへ帰還の後、七月二日に英国へ帰った（後任はグレイヴズ提督）。

　ロシャンボーのフランス軍がなかなか本格作戦を始めないでいることに苛立ったワシントンは、その不満を八一年三月二十八日に私信に綴って、マウントヴァーノンの荘園を管理してもらっている従兄弟のルンド（Lund Washington）宛てに送った。内緒話ということにして、仏軍がしくじったのだと総司令官は非難していた。

　ところがこの手紙を英軍が途中でインターセプトしてしまい、全文がそのまま、ニューヨーク市内のロイヤリスト発行の新聞に掲載された。ワシントンがロシャンボーに対して平謝りしたのは言うまでもない。ロシャンボーにはもちろんワシントンの辛い立場がよく分かるのだった。

ラファイエット部隊を南遣

一七八一年二月一日、ノースカロライナ戦線では、コンチネンタル・アーミーのグリーン将軍が、あやうく英軍のタールトンの騎兵隊によって捕らえられそうになるほどのピンチを味わうが、なんとか切り抜け、モーガン隊の加勢を得て戦局を保っていた。

ワシントンは、フランス軍が動いてくれないので、五十歳のシュトイベン少将に小部隊をつけてヴァジニアへ行ってもらうことにした。そのあとからは、二十三歳のラファイエット少将にも行ってもらうつもりであった。（同じ少将ながらアメリカではラファイエットの方が「先任」である。シュトイベンは同一戦場ではラファイエットの意向には従わねばならない。）

シュトイベンは、アーノルド部隊のヴァジニア邦内での跳梁を食い止め、リッチモンドとは別の補給拠点を選定し、ヴァジニア邦内での徴兵事務を梃子入れし、新兵を教練して使える連隊を新編し、両カロライナで作戦中のグリーン将軍を支援することまでも期待された。ハッキリ言ってこの時点でのヴァジニアでの徴兵事務は、誰もやりたがらない、損な憎まれ仕事であった。

ラファイエット支隊は、アナポリス（メリーランド邦の首府がある港町。チェサピーク湾の北部である）からフレデリクスバーグを経て、北から陸路、リッチモンドに向かったようである。が、シュトイベンの旅程ともども、詳しい日付は分からない。

ギルフォードコートハウスの戦い

グリーン将軍のコンチネンタル・アーミーは、いったん北方へ避退したが、再びダン川（ヴァジニア邦とノースカロライナ邦の境にほぼ重なる）を南へ渡ってコーンウォリスに挑戦しようとした。コーンウォリスも、コンチネンタル・アーミーにノースカロライナ領内で決戦を強要したいと欲していた。

やがてコーンウォリスは、モーガン隊の増援を得たグリーンが、一七八一年三月十四日からギルフォードコートハウス（今日の「グリーンズボロ市」内である。コートハウスとは裁判所が入った公共建物で、それがしばしば町の名になった）に野戦築城を始めたと承知した。勝負に応ずる気になったらしい。

翌日、会戦となった。

二千名のコーンウォリス部隊は、数の上では倍の米軍にぶつかった。コーンウォリス自身が、幾度か危うくなったという。だから旗本の予備隊も早めに投入せざるを得なくなった。

激しい混戦が延々と続くのを見て、コーンウォリスはヤケを起こしたのか、大砲に散弾（グレープショット）を装填し、敵味方のどまんなかへ撃ち込めと、部下砲兵に命じた。

副官のチャールズ・オハラが抗議したけれども、コーンウォリスは、味方の全滅を防止するための必要悪であるとして、断然発砲させた。

砲撃に膚接《ふせつ》して最後の突撃をかけると、米兵たちは曳いてきた大砲を捨てて戦場から離脱した。英軍は勝利した。が、部隊の四分の一は死ぬか傷ついていた。ロイヤリスト連隊を率いていたバナスター・タールトン中佐もこのとき右手の指二本を失った。

コーンウォリスは三月十八日まで戦場にとどまって情勢を熟考した。補給が得られないことと、残存兵力が消耗し切っている様子から、彼は、こんどは南東へ流れ下るケープフィアー川に沿い、海岸のウィルミントン市（ノースカロライナ邦）を目指した。そこで海から補給を受けたいと考えたのだ。

グリーン将軍のコンチネンタル・アーミーは、英軍の圧力が消えたので、サウスカロライナまで南下し、同邦の広い地域を確保した。

コーンウォリスの短い休養

ウィルミントンにて、コーンウォリス将軍は新たな情報を受け取った。ニューヨークから、おそろしく頼りになる旧知のフィリップス将軍が率いる援軍がヴァジニアのアーノルド部隊の梃子入れに南遣されるというのだ。

コーンウォリスはこう考えた。――〈カロライナあたりでうろうろしてたってダメだ。このうえはヴァジニアを舞台に、フィリップス軍と協同して、この戦争全体の決着を図るべきだ〉――と。戦後の自著のなかでコーンウォリスは弁解している。いわく。〈サウスカロライナにはロードン卿（後述）の部隊を残しておいたが、それをうまく支援できぬ。ノースカロライナでも事態は思わしくない。それは、ヴァジニアを平定しない限り、敵はそこからノースカロライナに南下してくるからである〉と。

コーンウォリスはウィルミントン市からニューヨーク市のクリントンに宛てて、これから夏のキャンペーン・シーズンに向けての明確な命令をいただきたいと手紙で請願した。付け加えてコーンウォリスは、「〔ヴァジニア邦の〕チェサピーク湾を戦場に選ぶのが良いのではないかと思っています」「〔その反対に〕ノースカロライナは、英軍が攻めるには最もうまくないところです」と、みずからの意見を開陳した。

コーンウォリスは、自分としてはどうしてもチェサピーク作戦をやりたいのだと説明する手紙を、本国のジャーメイン卿にも出しておいた。

コーンウォリスが、ポトマック川沿いのマウントヴァーノンをはじめとするジョージ・ワシントンの私領を攻撃する気があったのかどうかは、文書証拠からはまったく分からない。しかしクリントンは、そのような懸念をワシントンに抱かせることには意味があると考えていたであろう。また、戦況に疲れてきたコーンウォリスもそこを察して、腹案にしていたのだろう、と、私（兵頭）は想像する。私有財産を尊重する英米文化圏内では、高位の公人の私領を意図的に荒らすような軍事作戦は、銃後のロンドン界隈においても顰蹙を買うおそれが高かった。政治的にそれを選択してもリスクがない情況が生まれるまでは、決して公言はできぬ「オプション」だったのである。

惜しまれたプロ軍人の亀鑑・フィリップスの病死

ウィリアム・フィリップス少将（一七三一年生〜八一年没）は、その軍事的能力と人徳だけで、英陸軍の中でめざましい出世を遂げた男である、北米戦線でなくとも得難い部隊指揮官であった。祖父も父も軍人だったようだが高級将校ではなく、広い所領がある高級貴族やその類縁でもない。もちろん中央政界にコネなどはなかった。

しかし十六歳で入校したウールウィッチの砲兵学校で、フィリップスは抜群の成績を残す。教官たちは激賞し、一七四七年に中尉に初任。数学のできる秀才だったと想像される。

七年戦争には砲兵大尉として欧州戦線へ出征。ミンデンの戦いで野砲を巧みに機動させた腕前と度胸が高く評価され、一七六〇年には中佐に昇進。

七年戦争後には古巣の砲兵学校長となり、ウィンザー城の副支配人も任されたことからジョージ三世に覚えられる。

七二年には砲兵大佐。七四年には准将になり、同時に英国議会の議席も与えられた。

七六年、彼は米国に派遣され、米国戦線でのみ通用する臨時階級として少将にも任命された。めぐりあわせとはいえ、英陸軍では稀な驚くべき高速出世だ。それほどに、マスケット銃の時代には、野砲が決定的な火力だったのである。

タイコンデロガでフィリップスはこう言ったとされる。「山羊の行ける道ならば人も進める。人が行ける道ならば、野砲も機動ができるはずだ」。

不運にも彼は無能なバゴイン司令官とともにサラトガで捕虜になった。捕虜たちは、ヴァジニア邦奥地のシャーロッツビルの収容所まで、一年近くをかけて延々七百マイルを歩いた（新大陸での戦争にはもう加わらないと誓えばニューヨークから英国まで還送される約束だったのだが、途中でその約定が反故《ほご》になった）。

虜囚期間中、ヴァジニアの政治指導者、トマス・ジェファソンは、私領の農園で幾度もフィリップス少将を慰めた。ジェファソンもフィリップスの中に偉大な人格を認めている。

チャールストン陥落のさいに英軍に降《くだ》った米軍のベンジャミン・リンカン少将と捕虜交換されて、フィリップスがニューヨークの英軍に復帰できたのは、一七八〇年だ。

クリントン司令官は、アーノルド部隊だけでは有力な米軍部隊と正面から雌雄を決することができず、あくまで遊撃行動しかできないので、頼もしいフィリップスの野砲兵運用に期待をかけて、八一年三月にニューヨーク港からチェサピーク湾へ送り出した。

四月十八日にジェームズ川に入ったフィリップス部隊は、たちまちウィリアムズバーグ市を攻略し、所在のヴァジニア邦の軍船を押収した。しかしフィリップスは捕虜時代にジェファソンから受けた親切も忘れておらず、住民の私有財産は破壊させなかった。これが、後日のコーンウォリス司令官の判断（近傍のヨークタウンでの籠城）に運命的な影響を与える。

ついでフィリップス部隊は四月二十四日にジェームズ川下流のシティ・ポートに上陸し、ただちにベネディクト・アーノルド准将の部隊を合わせて、こんどは二十キロメートル離れたピーターズバーグ市の攻略に向かった。

これを阻止しようとしたのがシュトイベン少将だった。彼はヴァジニア・ミリシャ千人を連れていた。

だが二十五日に市の外縁まで迫った英軍部隊は二千六百人と優勢で、しかも指揮官は砲兵運用の名手である。シュトイベンは部下に三時間銃撃させたのちに総退却を命ずるほかになかった。

このシュトイベン部隊を援けるためにラファイエット部隊が南下することになった。

フィリップス少将は、占領したピーターズバーグから三方面へ支隊を出して、あちこちの倉庫や艦船を焼かせたあと、次の攻略目標としてジェームズ川右岸下流のポーツマス市に向かおうとする。

しかるに、この行軍中にフィリップス少将は急に高熱を発して病臥した。マラリアかチフスだと考えられているが、正確な診断も治療も陣中では不可能だ。

そこへ、この戦域での上司であるコーンウォリスからの命令書が届いた。コーンウォリスは、みずから主力部隊を率いてカロライナから北上すると告げ、フィリップス部隊と落ち合う場所としてピーターズバーグ市を指定していた。

フィリップス部隊はポーツマスへの行軍を中断し、針路を北転させる。

ピーターズバーグへの再入城は、五月九日であった。が、すでに少将は指揮が執れない病状に陥っていたので、この日からベネディクト・アーノルド准将が代行指揮を頼まれた。

翌五月十日、ラファイエット部隊がピーターズバーグ市の北の高地に現れた。

英兵の数が多いため、米軍も急には押し寄せてこられないが、砲撃は直ちに開始された。

米英両軍の睨み合いが続いていた五月十三日朝、ピーターズバーグ市内の宿所でフィリップス将軍は息を引き取る。埋葬はその日の夕方になされた。

「ロードン卿」と呼ばれた大佐

フランシス・ロードン（Francis Rawdon　一七五四年生〜一八二六年没）は、アイルランドの伯爵の長男だったので、生まれながらにして「閣下」（The Honourable）と呼ばれ、一七六二年以降は「卿」（The Lord）であった。

英陸軍の歩兵少尉の株を二百ポンドで買ったのが一七七一年だったから、彼はもし動員されれば、ぺーぺーの尉官のときから、上官からは「ロードン卿」と声を掛けられる身分だったのだ。ロードンはオクスフォード大学を中退しており、そこではタールトンと交遊したという。七四年五月に、ロードンは歩兵中尉で米国に赴任する。そして独立戦争勃発時には、ボストン市駐留軍の中にあった。

バンカーヒル強襲には、擲弾《てきだん》兵中隊の次席将校として参加。中隊長の大尉が被弾するや、彼がすぐに中隊を掌握して突撃した。彼の勇気はバゴイン将軍以下、皆が認めるところとなり、このあとすぐに大尉に昇任する。

クリントン将軍の最初のチャールストン遠征に、ロードンは副官として従軍した。大尉が副官というのも変なものだが、「卿」と呼ばれたロードンの貴族序列は、当地にあってはハウ提督やコーンウォリス将軍とも同格なのである。クリントンはこの歳若で決断力ある貴族将校が将来の英帝国にとって有為の人材になると信じて大いに育ててやろうと思ったのだろう。じっさい、ロードンは晩年にインド総督となって連戦連勝、英国の東洋支配域をずいぶん拡げてくれた。今日、ネパールのグルカ兵が英軍の手先となって働いている、そのきっかけも、ロードン総督が作ったのだ。

南部の緒戦で敗退してすぐにロングアイランドに投入されたクリントン部隊の幕僚として、若き大尉のロードンはマンハッタン島上陸作戦や、ハーレムハイツ戦で、経験を重ねた。

一七七七年一月十三日、この冬営期間を利用し、ロンドンまで往復しようというクリントンに相伴してロードンも英国へ発航。三月一日に英国に安着した。ロンドンでのジャーメイン卿のパーティでは、たまたま来ていたラファイエットにも会ったという。

また米国戦線に戻ったのは七七年七月である。ハウ将軍はフィラデルフィア作戦に従軍中。ロードンはクリントンとともにニューヨークを預かった。

十月七日、カナダから南下するバゴイン軍とオルバニー市で連絡すべくハドソン川を遡上する部隊に加わったロードンは、ウェストポイント要塞対岸の「コンスティテューション砦」を占領できたものの、そこからオルバニーまではまだまだ距離があった。バゴイン軍も、オルバニーよりもずっと北方のサラトガで重囲に陥って降伏してしまった。

ロードンはニューヨークにおいて、アイルランド系のロイヤリストをフィラデルフィア以北から集めた「アイルランド義勇連隊」を新編した。ロードンは大佐に特進させられ、その連隊の指揮を執ることになり、クリントンとともにフィラデルフィアに南下する。

そのフィラデルフィア市から一七七八年に撤退する作戦にもロードンは従った。六月のモンマス戦の後、彼はふたたびクリントンの副官に任命された。しかし翌七九年の九月三日に、彼は上司のクリントンと意見が対立して、副官を解任された。

一七八〇年、ロードンは南部のコーンウォリス軍の支援に派遣された。

八月のカムデン戦では、英軍の左翼部隊をロードン大佐が指揮した。

一七八一年三月のギルフォードコートハウスの戦い（既述）で、コーンウォリスの英軍部隊はグリーン軍に対して勝利を収めたものの、全般情勢は苦しいと感じ、補給の得やすい海岸のウィルミントンに一時的に引き籠もった。

これを見たグリーン将軍は、コーンウォリス軍が留守にしているサウスカロライナ邦とジョージア邦で、ロイヤリストを各個撃破してやろうと考えた。

グリーンは、ヘンリー・リーの独立遊撃隊に命じてコーンウォリス軍をウィルミントンまで追尾・圧迫させていたので、コーンウォリスはグリーン軍の南下の動きをしばらく察知できなかった。

結局コーンウォリス司令官は、カロライナから北のヴァジニアへ主戦場を移すにあたって、ロードン卿をチャールストン市に残して、南部の米軍諸隊の相手をさせることにしたのである。

これは想像だが、ようやく戦意が衰え始めていたコーンウォリスは、ますます元気溌剌のロードンの積極意見に、困惑させられていたのかもしれない。

第二次カムデン戦

ロードンが野戦を陣頭で指揮できる有能な指揮官であることは、一七八一年四月二十五日の「ホブキークが丘の戦い」（Battle of Hobkirk's Hill 第二次カムデン戦とも言う）で立証される。

その時点でのカムデン市は、英軍の重要な拠点だった。ロードンはチャールストン市にずっと引き籠もったりはせずに、春とともに部隊をカムデンまで前進させていた。

南部方面のコンチネンタル・アーミー千五百人強を率いていたグリーン将軍は、八一年四月二十一日にこのカムデンまで近づく。が、丘陵上にある町の防備には、まるで隙が見えなかった。包囲戦ができるほどの人数でもないため、グリーンは、二キロメートル強離れた「ホブキークが丘」に陣し、むしろロードン軍がカムデンから外に出てきて、不利なアップヒル攻撃をしてくれるように誘おうとした。

午後、グリーンは、斥候から、「付近に別な英軍小部隊がある模様」と報告を受ける。それがロードン軍に合流するのは面白くないと思ったグリーンは、野砲をつけた支隊をそっちへさしむけた。

ところが、丘からちょっと離れるともう湿地で、野砲はとてもひきずっていけなかった。だから野砲隊は英軍からは見えない低いところで待機していた。

ロードンは、グリーン軍が陣地に砲兵を置いておらず、しかも油断している——との情報を得、四月二十五日朝に攻撃しようと決意する。カムデン市の守りには九百名を残しておいて、みずからは九百名を率い出陣。英軍は野砲を随伴しなかったので、この機動は快速だった。

英軍部隊は湿地と樹林の間を巧みに縫って、米軍に気づかれないように「右フック」のような迂回コースで接近。米軍陣地の左翼へ襲いかかった。そのとき米兵たちは炊事と洗濯をしていたという。

前哨に急報されて危機に気づいたグリーンは、かろうじて麾下全隊の配置を整えさせた。じつはロードンが知らないうちにグリーンの野砲隊はホブキークが丘に戻り、陣地後方中央に据えられていた。

英軍は米軍よりも少人数で、しかも野砲も無しで攻め込んだため、米軍からの野砲射撃を浴びて手痛い目にあわされたが、敢闘した。米軍は、銃剣格闘に怯むことこそなかったものの、ひとたび指揮官の将校が死傷すると部下の兵卒はすぐに潰乱するのだった。

こうしてグリーン軍を敗走させたロードンは、カムデンへ引き揚げたが、南部全般の情勢を検討して、五月九日にはカムデンを放棄することにした。

所在の英軍は、チャールストンに近いモンクスコーナーまで、徐々に撤兵することになった。

十四歳で戦争孤児となったアンドリュー・ジャクソン

カムデン市内には、英軍が補給倉庫代わりに利用していた監獄施設があった。

そしてホブキークが丘で攻防が繰り広げられていたとき、そこに、ワックスホーの戦いなど、それ以前の交戦で捕らえられたアメリカ人捕虜二百数十人に混じり、後の第七代合衆国大統領アンドリュー・ジャクソンも、その兄のロバートとともに、収容されていたのである。

ジャクソン家はアイルランド系開拓移民としてワックスホー村に一七六五年にやってきた。サウスカロライナの北縁部には、スコットランドやアイルランドからの移民が集中しており、彼らはイングランドに対しては代々敵愾心を燃やしていた。

アンドリューが三男として一七六七年に生まれたとき、父親は死んでいた。

母エリザベスはアンドリューを牧師にしたかったのだが、カッとなり易いアンドリューの気質にはそれはまるで向いていなかった。

アメリカ独立宣言の年、アンドリューは九歳である。

既述のように、長兄のヒュー・ジャクソンは、デイビー大佐のミリシャ連隊に加わって、ストノ・フェリー（一七七九年六月十九日）の戦いで熱中症死している。

いよいよ戦争が南部にやってきた。一七八〇年五月半ばにチャールストンが陥落するや、地域のロイヤリストが独立派の住民を略奪し放題になった。

チャールストンが英軍駐屯地と化したあと、サウスカロライナ邦で最後までしぶとく英軍に反抗した地域は、西から順に、今のヨーク郡、ランカスター郡、チェスター郡で、これらがスコッチ・アイリッシュの入殖地であった。ワックスホー村はランカスター郡である。

そのワックスホー村付近で、タールトン中佐のロイヤリスト部隊が独立派百名以上を「虐殺」した五月二十九日には、約百五十名の負傷者が、荷車でワックスホー村の教会に担ぎこまれてきた。母エリザベスとともに、ジャクソン兄弟はその手当てに尽力した。

やがて英軍のためジャクソン家は難民となってノースカロライナ領へ逃れるが、アンドリューと次兄のロバートはデイビー大佐のミリシャ隊に加わって、またサウスカロライナに戻った。

十三歳のアンドリューはデイビー大佐の従卒伝令として、このミリシャ隊長の指揮術を見覚えた。作戦計画は粗くて大胆だ。しかし、実行に際しては細心の注意を払う――という流儀。これをジャクソンも、生涯、コピーする。

一七八〇年八月六日、十六歳のロバートと共に、ハンギングロック（ワックスホーとカムデンの中間に位置した）の英軍哨所を急襲したのが、アンドリューの初陣である。このとき米人たちは鹵獲したラム酒に酔いしれてしまったために、決定的な戦果拡張は、し損なっている。

ロバートとアンドリューは、ここで生じた味方負傷者とともにワックスホー村に戻ったが、八月十八日のカムデン戦後、またしても英軍が進駐してきたので、ノースカロライナへ逃れた。

翌一七八一年四月にジャクソン兄弟はまたワックスホーに戻り、四十人規模のミリシャ部隊を組織しつつあった。ところが、作戦司令部としていた村の教会を、平服で武装したロイヤリストの乗馬歩兵が九日に急襲。教会は放火され、メンバーは次々に捕虜にされた。

アンドリューとロバートは、母方の叔父の家に隠れようとしたものの、ロイヤリストが家宅捜索して、捕虜二十名の中に加えられてしまう。捕虜たちは、南方（ウォタリー川の下流）のカムデン市までの約六十キロメートルを裸足で歩かされた。上着も取り上げられたという。

カムデン市内の捕虜収容所にはすでに二百五十人が集められていた。ベッドは無く、与えられる食料はパンだけ。

ホブキークが丘の戦い（第二次カムデン戦）が米軍の敗北に終わったのはそんなときだ。ジャクソン兄弟は、この衛生劣悪な収容所で天然痘にかかり、隔離された。母エリザベスは息子たちのために粘り強く運動し、ロイヤリスト捕虜十三人と独立派捕虜七人の交換釈放を実現させた。兄弟はその七人に含まれていた。

ふたたび六十キロメートルの道のりを、十四歳のアンドリューは裸足で歩き通した。エリザベスと、瀕死のロバートは、騎乗していた。

ワックスホーの自宅に着くと、ロバートはその二日後に病死した。アンドリューもそれから五週間、病臥する。

エリザベスは、チャールストン湾内の牢獄船（プリズン・シップ）に従兄弟が二人捕らえられていたので、その介護をするため、容態が安定したアンドリューを叔父の家に預けた。ところがこんどはそのエリザベスが、やはり衛生不良だったその船内でコレラに罹患し、年内に病死してしまう。

こうしてアンドリュー・ジャクソンは、十四歳にして戦争孤児になった。

ワックスホーにはチャールストン市から独立派の家族がたくさん疎開してきており、彼らはヨークタウン戦の後、チャールストンから英軍が出て行く日を待ち続けた。

モット砦の火攻め

南部のコンチネンタル・アーミーを率いるナサニエル・グリーン少将は、サウスカロライナで作戦しようと決めてから、ヘンリー・リー中佐に対して、フランシス・マリオン准将の独立遊撃隊と合同せよ、と命ずる。

両隊は一七八一年四月十四日に合流して、まずサンティー川東岸の小規模補給処「ワトソン砦」を攻めると、守備隊の指揮官ジョン・ワトソン以下の英兵はほとんど戦わずして逃げ出した。

ついで両隊は「モット砦」を目指した。

ロードン軍は第二次カムデン戦のあと、ウォタリー川沿いに南下していた。ウォタリー川とはサンティー川の上流部に他ならない（遡れば北西のシャーロット市へ近づく）。

そのウォタリー川に、コンガリー川（今のサウスカロライナ州コロムビア市の南を東流する）が合流する点が、重要な交通結節点だったので、コンガリー川の南岸に、英軍の屯所が置かれていた。それが「モット砦」だ。

「ロードン軍はいずれ必ずモット砦に立ち寄る」と見たマリオン准将とリー中佐は、先手を取って、総勢四百五十人で、五月八日にモット砦を包囲した。

砦と言っても、ありていは、レベッカ・モットという未亡人が私有する二階建ての大屋敷なのだが、そこを英軍は接収して、正規兵とドイツ傭兵あわせて百四十人以上が寝泊りしていたのだ。指揮官はマクファーソン中尉といった。

米軍が近づくや、マクファーソンは、ロイヤリストではない未亡人を邸内から立ち退かせた。マクファーソンが降伏を肯《がえ》んじないので、五月十一日にリー中佐は未亡人に「ロードン軍やワトソン部隊がここにやって来る前に片付けないと……。敵を追い出すために火を使わせてください」と告げて、同意を得た。

五月十二日、「仕寄り壕」で近迫した米兵が、未亡人から借りた弓で火矢を放ち、豪邸の屋根にぼやを起こさせた。

これを消火しようと屋根に上がった英独兵を、六ポンド砲の霰弾で撃ちまくったところ、もはやこれまでと観念したマクファーソン中尉は、午後一時に投降した。

すぐ米兵総出で消火したおかげで、屋敷は火に包まれずに残ったという。

降伏した英独兵は、武器弾薬を没収された後、パロールにより、チャールストンまで歩いて帰ることになった。敵味方の将校全員と未亡人で会食のテーブルを囲み、それから捕虜たちは去った。

このあと、マリオン部隊はジョージタウン市（チャールストンから九十キロメートル北の海岸にある）へ迫った。所在の英軍はまったく抵抗せずに逃げた。

かたや、リーの部隊は、グリーンの命令によってジョージア邦のオーガスタ市へ向かい、アンドリュー・ピケンズ准将率いるミリシャ隊とともにこれを攻囲。五月中に全市を占領した。

「ナインティシックス砦」の攻囲は失敗

「ナインティシックス砦」は、オーガスタ市からは北八十キロメートル、ウィンズボロ市からは九十キロメートルほど南西、そして今のサウスカロライナ州コロムビア市からは西百キロメートルほどのところに位置していた。海岸のチャールストン市からだと二百五十キロメートルも内陸である。〔地名の由来は不明だが、おそらく最初に開墾した人々の人数だろう。〕

そこは一七八一年五月半ばになると、サウスカロライナ邦でロイヤリストに唯一残された有力な内陸拠点であった。

全米から集まったロイヤリスト五百五十人が一七八〇年からここを占拠していた。指揮官はジョン・クルーガー中尉だ。

グリーン将軍がこの砦を攻略目標のひとつに定めたのは当然であった。

しかし米軍部隊の狙いを察したクルーガー中尉は、太い杭を植立して柵をめぐらし、星稜形に乾壕を掘り、周囲に逆茂木を据え、小さな出丸も設けるなどの防備工事を急いだので、砦は急速に難攻の要塞に変容した。砦内には大砲も三門あるのだ。

五月二十二日、グリーン軍は約千人でこの要塞を取り囲んだ。が、小銃射程まで近寄れば、たちまち左右の稜堡《りようほ》から交叉射撃を受けるという、じつに巧みな築城であったために、とりつく島がない。

グリーンの幕僚として相談を受けたポーランド人の工兵大佐コシューシコが、電光形の「仕寄り壕」の掘開《くつかい》を指導することになった。そのさいグリーンが、チャールストンからロードンの英軍本隊がナインティシックス砦に救援に来る前にクルーガーを降伏させる必要を強調したので、コシューシコはいささか無理な工事計画を立案した。

すなわち、砦内の小銃のギリギリ射程外から夜間に「仕寄り壕」を掘り始めさせたのだけれども、これでは、夜間に砦内から果敢な突出攻撃を受けた場合、よほど銃剣格闘に自信がない限りは、持ちこたえられないのだ。そしてクルーガーもロイヤリストも、捨て身の突出反撃を毎夜反復した。土壌が硬い岩質なのに土工具はきわめて貧弱であったため、「仕寄り壕」もはかばかしく延伸して行かなかった。

六月七日、ロードン卿は二千名を率いてチャールストンから救援のための行軍を開始した。

翌八日、数日前にジョージア邦でオーガスタを陥落させたばかりのピケンズ隊とリー隊が、北上して、ナインティシックス砦の攻囲軍に合流する。

リー中佐は、材木で高さ九メートルほどの「攻城タワー」（上部に防弾力のある筐《はこ》を置き、夜間に柵際まで運搬して、軽便砲やライフル銃によって柵の内側を俯瞰射撃させる）を現地製作して運用する戦術の発明者であった。ここでもそれを試したが、クルーガーは土嚢を積み上げて、その隙間から逆にタワーの鉄砲狭間を狙撃させたので、奏功しなかった。

米軍は火矢も試したが、クルーガーは砦内の可燃性の屋根を剥がさせて対抗する。

グリーン将軍は六月十一日にロードン部隊の接近を知り、焦りを募らせた。

十二日、ロイヤリストの勇敢なメッセンジャーが馬で砦内に駆け込み、救援隊がすぐそこまで来ていることをクルーガーたちに知らせた。このままでは砦の降伏は考えられない。

十八日、グリーンは総攻撃の賭けに出た。全員でまず出丸（小堡塁）に攻めかかり、守備軍の注意をひきつけている間に、少人数の挺身兵が、主堡塁の土嚢を崩そうというのだ。

　しかしクルーガーの果敢な反撃と肉弾戦で、攻め手は撃退されてしまった。

　ついにロードン部隊が五十キロメートル以内に迫ったので、米軍は十九日にナインティシックス砦を解囲し、グリーンはノースカロライナ邦のシャーロット市まで退いた。到着したロードン大佐は、グリーン軍を追撃したいと思ったが、暑熱が厳しくなったので、諦めている。

　後知恵では、コシューシコは小堡塁が守っていた泉の水脈を断ってしまえばよかったのだと言われている。

　ロードンは、ナインティシックス砦はこの先とうてい守れなくなるだろうと趨勢を判断し、すべてを焼いて、籠城将兵全員を伴ってチャールストンまで凱旋した。ずっと後の話になるが、ロードンに命を助けられたこの籠城部隊は、パリ和平条約発効後にチャールストンから船でカナダのノヴァスコティア地方へ移転して再定住し、開拓村にロードンの名を冠して、救援作戦の徳を記念したという。

　ロードンがナインティシックス砦を捨てたと聞いたグリーンは、当初、コンチネンタル・アーミーに南部の遊撃諸隊を糾合した全力でチャールストンまで先回りをしてやろうと考え、追撃機動を下命した。が、サムター隊やマリオン隊が自分の命令を遵奉せず、わざとぐずぐず行動するのを見て、諦めた。

　こうして急追撃プランを放棄したグリーンは、七月と八月の猛暑期は、とりあえずサンティー川沿いの涼しい丘陵上で麾下部隊を休憩させることにしたのである。

オーガスタ市を奪回

ジョージア邦のオーガスタ市は、一七八〇年にトマス・ブラウンが指揮するロイヤリスト軍が占領していた。カムデンからは百五十キロメートルくらい南である。

この町の中核部を防護する主陣地は「コーンウォリス要塞」と名付けられた。その少し外側に出丸があり、また、町の中心からずっと離れたところには弾薬庫が置かれていた。

ここを攻めるため地元ジョージアのミリシャは八一年四月十六日から、野営陣地を工事する。

南部戦区司令官のグリーン少将は、みずからは両カロライナでの作戦を考えていたので、とりあえずアンドリュー・ピケンズ准将（一七三九年生〜一八一七年没）のサウスカロライナ・ミリシャ隊を、ナインティシックス砦とオーガスタの中間地域で遊動させることにより、他のロイヤリスト部隊がオーガスタ攻囲作戦に干渉できぬよう、手を打った。

ピケンズは、生まれはペンシルベニアながら、独立戦争前にサウスカロライナの奥地に農地を求めて移住。チェロキー・インディアン相手のミリシャ将校として軍事キャリアをスタートさせた男であった。ヘンリー・リー中佐のような高等教育は受けていないが、カウペンス戦の後に指揮能力が認められて、ミリシャの准将に昇進していた。

五月十五日、オーガスタ攻囲軍は、守備軍の補給路を完全に遮断した。そして、ヘンリー・リーの遊撃隊が増援にやってくる。

じつはグリーンは最初、リーの部隊をナインティシックス砦に差し向けたのだったが、すでに要塞化工事が進んでおり、有力な砲兵を伴わない乗馬歩兵では埒が明かないのが明らかであったため、むしろリーの部隊にはピケンズ隊とともにオーガスタを攻略してもらうことに決めたのだった。

リー隊は、三日のあいだに百二十キロメートルを騎行してオーガスタに到着したという。

まずオーガスタ市の南郊にあった弾薬庫が、リー隊によって襲われた。火薬が誘爆してはたまらないと、敵は一戦も交えずに逃走した。

次に米軍は、主陣地から一キロメートルほど離れた出丸陣地を包囲した。

この守備兵たちは地元ミリシャからの深い怨みを買っていた。そのため降伏が認められず、河原でミリシャたちの手により皆殺しにされた。

残るはオーガスタの主防衛陣地である。そこには指揮官のブラウン以下、ロイヤリスト三百人と黒人二百人が籠城していた。

米軍は千六百人の大軍なのに、大砲をたった一門しか有していなかった。

またしてもリーの提案により、近くの民家でひそかに高さ九メートルの木造タワーがこしらえられた。そのてっぺんに丸太で防護された砲座をしつらえ、六月一日の朝から、柵の内側の建物を片端から砲撃し始めた。

六月三日までに、砦内のすべての家屋はこの一門の大砲によって損壊させられた。

ブラウンは米軍に交渉を呼びかけ、六月四日が英国王の誕生日であるので五日に開城して降伏することにしたいと申し入れる。

そしてミリシャによって虐殺されない用心として、ノースカロライナから来たコンチネンタル・アーミーの分遣隊に、武装解除を依頼した。

ロードン卿の帰国

ナインティシックス砦から多数の味方を救出したロードン卿は、瘴癘《しょうれい》の地での強行軍がさすがにこたえたのか、チャールストンに帰陣後、健康を害してしまった。

大所領持ちの子爵であるロードン大佐は、未婚ながら(初婚は五十歳となる。ちなみに彼がハンサムでなかったことは肖像画に露骨に表わされている)、本国の私邸で処理しなければならない雑事務もいろいろあったのだろう。一七八一年七月に、ロンドンに戻るべく、船出した。

はからずも途中でドゥグラス提督の仏艦隊によって乗船が拿捕されてしまい、捕虜となるも、これほどの富豪貴族が敵海軍から粗略に扱われることは、当時はまずない。やがて交換釈放されている。

ロードンの帰国後、チャールストンの英軍を委ねられたのが、アレグザンダー・スチュアート大佐である。モット砦でパロール釈放されてまた英軍に加わっていた兵士、米軍からの逃亡兵、自由を求めた黒人逃亡奴隷、独立派の私有財産を略奪して恨みを買っているロイヤリストなど数千人は、もし敗北して米軍に捕らわれた場合にはおそろしい運命を覚悟しなければならない。彼らにはチャールストンをなんとしても死守すべき高いモチベーションがあった。

そしてチャールストンを守り抜くためには、英軍はできるだけ市から遠くへ出撃して、アメリカ軍部隊に脅威を与え続ける必要があった。

南部最後の会戦・ユートースプリングス

独立戦争中の、両カロライナ邦における最後の激しい会戦は、一七八一年九月八日に起きた。南部のコンチネンタル・アーミーを率いるナサニエル・グリーン少将は、ヴァジニアでコーンウォリス軍がヨークタウンに圧迫されている情勢を見て、自軍の当面の使命を悟っていた。両カロライナの英軍は、ナインティシックス砦を自焼して撤収した後、いまや全員で海岸のチャールストン市にロイヤリストとともに立て籠もっていた。

この英軍が北上してコーンウォリスを救援するようなことを、決して考えさせないようにし向けねばならないのだ。

そこで、奥地でロイヤリスト相手に遊撃活動をしていたマリオンその他のミリシャ諸隊も方々から呼び集め、コンチネンタル・アーミーを中核とする一大集団となって、八月二十二日以降、サンティー川の南岸に沿って、徐々にチャールストン市へ向かって圧迫して行く行動を開始した。

他方、英軍司令官のスチュアート大佐の方でも、引き籠もってばかりいては土地の情報は取れないし、士気の上からも必敗だという確信から、みずから二千人の部隊を引き連れて、サンティー川南岸を遡上したのである。

いったいにカロライナ地方は大森林が多くて、平野部でも見通しは利かなかった。殊に湿地や夏の密林内では下草や灌木のため乗馬機動が制約を受ける。偵察も不活発になりがちなのだった。

それからスチュワート軍は、再びチャールストン市まで帰陣する途中で、今日のユートービル市に近いユートースプリングス（Eutaw Springs　チャールストンからは北西百キロメートルで、サンティー川に注ぐ支流の源頭となる冷泉があった）の涼しい林間にキャンプを張り、徴発隊を四方に送り出した。

サンティー川上流部から徐々にチャールストン市方向へ下ってきていた二千二百人のグリーン軍はこれを察知し、九月七日に十一キロメートル上流の農園で夜営。翌日未明の涼しい時間帯に機動して奇襲することに決めた。

先鋒は、ヘンリー・リー中佐の乗馬歩兵部隊だ。

スチュアートはグリーン軍が上流から英軍を追尾してきたことを知らなかったが、警戒のため後方へ斥候を兼ねた徴発隊を出していた。この徴発隊は米軍の前衛騎兵の罠に陥り、いきなり四十人もがなすすべもなく捕虜にされてしまった。

ついで米軍本隊が、英軍の野営地に殺到してくる。

徴発隊の生き残りからの急報を受けて戦闘態勢を整えたスチュアート大佐は、野営地の一角にあった、石塀および石積みの家屋をトーチカ陣地代わりにして、味方を支えた。この家屋を破壊してやろうと前に押し出されてきた米軍の大砲二門に向かって英軍は猛然と逆襲突撃を敢行。二門を鹵獲するや、巧みに後方の密林内へ退却して消えてしまった。

このあたりの森林は、低木が繁茂し、騎兵部隊（ワシントンの弟のウィリアムが率いていた）による追撃をゆるさない地形だった。

ここで椿事が発生した。

米軍が英軍の野営地跡へ踏み込むと、そこにはまさに支度途中で放置された朝食が揃っていて、ラム酒の樽なども見出された。多数の需品は荷車に満載である。

コンチネンタル・アーミーもミリシャも、ほとんど裸同然の格好で長期従軍していた折から、米軍兵士たちは、豊富な物資に目の色を変えて、略奪に夢中になってしまった。

おそろしく蒸し暑い日で、火薬が点火しにくいほどであったという。多数の負傷者も出ていた。戦闘はもうやめにして、負傷者の手当てをして、すぐにもくつろぎたいというのが皆の気分だった。

酒が、米兵たちの規律を崩壊させた。

スチュアートはこれを待っていた。森林内で隊列を組み直した英軍は、林縁からいきなり無秩序な米兵の群れに向かって攻め寄せた。

米軍指揮官たちには、せっかくの石造りの家屋をトーチカとして利用する着眼もなく、総崩れになった。

グリーンにできたことは、とりあえず負傷者だけ抱えて、前日の野営地まで戻ることだった。

スチュアート大佐はユートースプリングスの現場にその次の朝までとどまり、八一年九月九日、チャールストンへ向けて去る。

双方の合計九百五十人が死傷する激闘であった。

この会戦の後、サウスカロライナのコンチネンタル・アーミーは、コメと半分腐った肉をかじりながら、チャールストン市を遠巻きにし続けた。英軍が南部でまだ保持している主な都市としては、チャールストンの他に、ウィルミントンとサヴァナーがあった。しかし一七八二年以降、もはや大きな会戦は、南部では起きない。

ユートースプリングスの六週間後にヨークタウンが陥落したことから、連合会議（フィラデルフィアの「大陸会議」が三月一日に名を変えたもの）は、グリーン少将が南部戦区での役割をきっちりと果たしたとして、金メダルを授与している。

14　決着はヨークタウン

ラファイエットとの鬼ごっこが始まる

コーンウォリスの英軍本隊千四百人がウィルミントン市を出払って北上を開始したのは一七八一年四月二十五日だった。

彼はフィリップス将軍には手紙で、ヴァジニア邦のピーターズバーグ市（リッチモンドの三十キロメートル南）で合流しよう、と指図しておいた。

ところがコーンウォリス部隊が五月二十日にピーターズバーグに到達してみると、頼りにしていたフィリップスはすでに一週間前に熱病のため不帰の人となっていたことを知らされた。（この五月二十日、後述するように、ワシントンとロシャンボーの二巨頭による重要軍議がコネチカット邦で開かれている。）

それでも、フィリップスがニューヨークから引き連れて来てくれた軍勢とアーノルド部隊とを合わせると、コーンウォリス麾下の英軍は七千二百名に膨れ上がった。

他方、ラファイエット支隊は四月二十九日にリッチモンド市に入っている。ボルティモア市（メリーランド邦）から南下した兵力も合わせて、ラファイエット支隊は三千名を数えていた。

ただ、その人数のほとんどは練度の低いミリシャの寄せ集めにすぎなかったから、ラファイエットとしても、ペンシルベニアからアンソニー・ウェイン准将がコンチネンタル・アーミーを連れて増援してくれることを、望んでいた。

クリントンは相変わらず、コーンウォリスに対してはチェサピークで何をせよとも、何をするなとも指導を与えなかった。米仏連合軍がニューヨーク市を総攻撃するという噂が飛び交っていたのだ。そこでコーンウォリスは、クリントンが生前のフィリップスに与えていた命令を実行しようと考える。

すなわち、チェサピーク湾のどこか（たとえばポーツマス）に英軍の海軍根拠地を建設する。陸上での大掛かりな大攻勢などは考えずに、その海軍基地から艦船を使って米国の通商を妨害したり、米軍拠点や米軍艦への小襲撃を繰り返す——というものだ。

それにしても、東へ行軍してチェサピーク湾に達するためには、途中で阻止しようとしているラファイエット部隊を排除しなければならない。

しきりに痛風を訴えるアーノルドを、コーンウォリスはニューヨークへ帰してやって、みずからは五月二十七日から、ラファイエット部隊に迫る機動を開始した。

同時にクリントンに宛てて出している手紙の中でコーンウォリスは、〈ポーツマスよりもヨークタウンの方が、お望みの海軍根拠地としては適当であろうと考えております〉——と、当面の奪取目標を伝えておいた。

ヴァジニア邦のポーツマス市は、チェサピーク湾が外海に接する一番南端の港である。一帯は後に、大軍港・大造船工業地帯として開発され、二十世紀初めには、日露戦争を米国が調停した「ポーツマス会議」の場所ともなるであろう。ポーツマス市が北面しているのはジェームズ川という大河であった。リッチモンド市はこのジェームズ川を遡った北岸にあった。

かたやヨークタウン市は、ジェームズ川よりひとつ北側を流れるヨーク川に北面する港である。ヨーク川もジェームズ川も、チェサピーク湾に注ぐ河口の近くは幅が広い。したがってヨークタウンの周辺は、西側（内陸側）にしか道路の通じていない、孤立した半島のような地勢だった（今日「ヴァジニア半島」と呼ばれる）。

ラファイエットは、指揮下の部隊では増強されたコーンウォリス軍にとうてい太刀打ちできないと判断し、補給基地があるフレデリクスバーグまで急いで引きさがった。フレデリクスバーグは、リッチモンドから北西（川上）へ七十キロメートルのところにある。

コーンウォリスは、リッチモンド市から十数キロメートルほど北のハノーヴァーコートハウスまでラファイエット部隊を追ったが、そこで追跡を打ち切り、タールトン支隊と、ジョン・グレイヴズ・シムコー中佐の支隊を、それぞれ西にある二つの目標へ派出した。

騎兵だけで構成されているタールトン中佐の支隊に与えられた目標は、百十キロメートル北西のシャーロッツビル。そこにはヴァジニア邦の議会と政庁が疎開している。

シムコー中佐の支隊は、より近距離にあるポイント・オブ・フォーク（東流するジェームズ川にリヴァナ川が北から注ぐ合流点で、今日のフルヴァナ郡コロムビアという小さい市。リッチモンド市からは西へ七十キロメートル）の米軍の武器工場や補給倉庫の破壊を命じられた。

そこを任されていたのが、不運なシュトイベン少将であった。

ヴァジニア人から嫌われてしまったシュトイベン

シュトイベン少将は一七八一年の五月から、二十歳以上で、しかも自分の土地を耕しているヴァジニア人たちを、南部で戦闘中のグリーン将軍のコンチネンタル・アーミーのために徴兵しなければならなかった。ハイティーンの無産青年たちや浮浪層は、とっくに従軍していたのだ。誰が考えても、これは簡単な話ではない。

まずシャーロッツビルに自分の本部を構えたシュトイベンは、それでも五月なかばには四百三十人の新兵を集めることができた（六月三日には六百四十五人を数える）。

装備は、マスケット銃だけはフィラデルフィアから五百人分（当時の一個連隊相当）くらいが送られてきた。が、それ以外のすべてのもの——弾薬、弾薬盒、被服、靴、毛布、食料、食器……は、どこからも集められなかった。大砲や銃剣は、ポイント・オブ・フォークに建設された兵器廠で製造される見込みだった。鉛はヴァジニア邦南西部から、鉄はベドフォードから、石炭はチェスターフィールドなどから集めることができるのだった。そこには需品倉庫も置かれた。だがこの時点では、兵隊に支給すべき被服すらなく、徴兵たちの身なりもあまりに酷いことに驚いた新兵たちは、よく脱営して姿を消した。

シュトイベンは必要な物資をヴァジニア政界の名士たちに繰り返し要求したものの、資産家たちは誰もそれに応じてくれなかった。

たちまちのうちにシュトイベンは、ヴァジニアじゅうの嫌われ者になった。「シュトイベンは米国産の黒蛇を食べるのを好み、麾下の訓練連隊に黒蛇を集めさせている」という噂が立った。おそらくシュトイベンは、無毒で野鼠が主食であるその蛇を、食料倉庫番にしたいと思ったのだろう。

ラファイエットもシュトイベンからは距離を置き続けた。あきらかにラファイエットはシュトイベンを自隊の幕僚には加えたくなかった。一七八一年のシュトイベンは米国の中で浮いてしまった。

困ったシュトイベンは、カロライナ戦線のグリーン将軍に手紙を書き、いますぐにヴァジニアから南部へ来たれという正式命令を出して欲しい、と懇願した。

「新兵をまとめてすぐに行軍してきてくれ」というグリーンの嬉しい返事は五月十六日に届く。しかし行軍準備のための物資集めがまた骨で、数日内ではとても動けそうにもなかった。

そうこうするうちに情勢は急変する。

「コーンウォリスの英軍が北上して二十日にヴァジニア邦のピーターズバーグに攻め入り、そこでフィリップス将軍の増援部隊を編合した」――と、ラファイエットがシュトイベンに手紙で知らせてきたのだ。こうなると、シュトイベンも、今から新編連隊を率いてカロライナへ行くどころではない。ヴァジニア邦が主戦場となりつつあるのだ。

五月二十四日に英軍はピーターズバーグからさらに北上を開始。ラファイエットはリッチモンド市の放棄を決心した。

リッチモンドが占領されると、そこから七十キロメートルほどしか離れていないポイント・オブ・フォークにもただちに危険が迫るだろう。そう判断したシュトイベンは連隊を二十八日にポイント・オブ・フォークに移動させ、ロスという農園主の私有地に舎営させた。兵舎は粗末きわまる黒人奴隷用の作業小屋。給養不全な連隊には病人も多くいたけれども、かけてやれる毛布すらなかった。

シュトイベンは五月二十八日にラファイエット宛てに手紙を書いている。〈手元には五百名の新兵がいます。銃はあるが被服と装具がありません。グリーン将軍からの指図を待っているところです〉——と。

ラファイエットは、コーンウォリス軍から追われ逃げているところであったが、グリーンからの正式命令があるのならば、シュトイベン連隊はサウスカロライナへ南下してグリーンのコンチネンタル・アーミー（この時点では「ナインティシックス砦」を攻囲中だった）に加わるべきだと考え、二十九日にそれをシュトイベン宛てに書き送った。

五月三十日にシュトイベンは、南下の決意をラファイエットに返答した。しかしあいかわらず弾薬や毛布や靴や上衣などの需品が足りないため、すぐには動き出さなかった。

じつはグリーンの方では、五月二十三日にシュトイベンに宛てて、〈南下などしないように。ラファイエット部隊とともに、コーンウォリス軍がフィリップス隊と合体するのを阻止して欲しい〉

という意向を伝える手紙を出していたのだ。ナインティシックス砦の攻略に必要なのは砲兵であり、マスケット銃を持つだけで弾薬も靴も欠くなどという未熟な歩兵集団ではなかった。

ところがこの手紙は途中でロイヤリストに奪われてしまって、シュトイベンに届けられなかった。

ラファイエットの方は、五月三十一日にグリーン少将の意向を承知した。

ラファイエットは、コーンウォリスがリッチモンドの北のフレデリクスバーグを襲うかもしれないと考えた。また英艦隊がチェサピーク湾からポトマック川を遡りはしないかとおそれた。

そこで、ジェファソン知事に、シュトイベンの連隊がヴァジニア邦内に留まるように言ってくれと手紙で頼んだのだが、この手紙もロイヤリストにインターセプトされた。結果、シュトイベンは、情報がまるで途絶えた暗闇の中に放置された。

シュトイベンが六月三日にラファイエットに宛てた手紙には、「まるでカムチャツカに居るみたいに情報がありません」と嘆かれている。敵情も、友軍の場所も分からないのだった。

しかるに六月三日午後、シュトイベンは、有力な英軍部隊がジェームズ川下流から接近中であると報知された。ただちに騎兵斥候を放つと、英軍は千人規模であることが翌日に判明。それがシムコー支隊であった。

ラファイエット部隊を追っていたコーンウォリス軍本隊は、ポイント・オブ・フォークから一日行程（二十五キロメートル）のグーチランド市（ちょうどリッチモンド市とポイント・オブ・フォークの中間にあり、リッチモンドからは四十キロメートル）を目指していた。シュトイベンは正確に、シムコー支隊のあとからコーンウォリス軍本隊が続行すると予想した。だとすれば、弾薬もない六百人の新兵の集まりに戦闘をさせようとするのは愚かだった。

シュトイベンの直感では、英軍は数方向からポイント・オブ・フォークを挟撃することができる。座していては包囲され殲滅されるだろう。

連隊の人員を守るか、物資を守るか。シュトイベンは物資死守命令を受けていなかった。シュトイベンは、連隊を逃がすことを優先する。

まず一人の准将に三百人の新兵を引率させ、先に退却させた。同時にリヴァナ川の渡渉可能点には五十名を派して見張らせ、さらに、見つけられる限りのボートを、ジェームズ川の南岸に集めさせた。

六月五日には、乗馬の偵察隊をリヴァナ川に出したが、彼らはシムコー支隊に出くわして捕虜にされてしまった。そのため午前十時まで、シュトイベンは、ジェームズ川の上流から英軍が機動してくると分からなかった。シムコー支隊は五日昼にポイント・オブ・フォークを占領する。

対岸に居たシュトイベンは、大砲は川に沈めて後日に揚収できるように措置し、日没まで、搬出できる物資の隠匿に努めた。夜になって作業不可能になると、靴無し・被服無しの残留兵たちとともに下流へ逃れて、六月六日朝までに、あらためて連隊を掌握している。

シュトイベンはこうなってもなお、グリーンから受けた前命を遂行するつもりであった。ノースカロライナ邦のナッシュ知事に、大尉の騎馬伝令を走らせて、これから南下するので宜しく、と告げさせている。

それからシュトイベンたちは準備不十分のまま長駆行軍に移り、アポマトックス川も渡り、六月九日にはシャーロットコートハウスに到達した。そこはポイント・オブ・フォークからは百キロメートル南西で、ノースカロライナ領まであと六十キロメートルである。シュトイベンはそこからグリーンに「そちらに向かっています」と知らせる伝令を派している。

グリーン将軍はシュトイベンの部隊がカロライナに来ないことを望んでいる――とシュトイベンが知らされたのは、六月十二日であった。

連隊は、余儀なく、翌日から元来た道を北転して、ラファイエット部隊との合流を目指した。

シュトイベンの連隊は、六月十九日、リッチモンドの北西二十二マイルにて、ラファイエット部隊に邂逅する。

ヴァジニア邦議会は、ポイント・オブ・フォークが陥落したのはシュトイベンがすぐに逃げたせいだとなじり、後で査問している。シュトイベンは弁駁した。「わたしが要求した兵員も糧食も用意されなかったではないか。君たちアメリカの農場主は皆、将軍のように勝手なことを言い、誰も兵隊になろうとはしない」。

シムコーは大手柄を報告している。しかし六月二十八日にラファイエットは、ポイント・オブ・フォークの大砲は川に沈めて無事であるから損害は致命的ではない、との報告書を出した。

その後シュトイベンは、ヴァジニアで集めた歩兵を総攬するように言われたものの、じきに「病気」を理由として身を引いた。

コーンウォリス軍の反転

かつてチャールズ・リーを捕獲したことで急出世しているタールトン中佐としては、トマス・ジェファソンの捕獲を強く念願しただろうが、さすがにそれはできなかった。タールトン支隊は、シャーロッツビルに突入すると、火薬樽四百個を燃やし、煙草の納屋にも片端から放火し、ついでトマス・ジェファソンの農場へ向かい、倉庫をすべて燃やし、農場にいた馬の首を切り裂いて殺すなど、精一杯、荒らして廻った。

しかしコーンウォリス軍の本隊がシャーロッツビルまで押し寄せることはない。タールトン支隊も、一撃を加えた後はすぐ東方へ離脱しなければならなかった。

というのは、アンソニー・ウェインの分遣隊が陸路、北方から到着するなどして、ラファイエット部隊が四千人に増強されていたからだった。

いまや逆にコーンウォリスがラファイエット部隊を怖れ、逃げる必要を感じていた。

シムコーとタールトンの二支隊を収容したコーンウォリス軍は、ヴァジニア半島のウィリアムズバーグ市をめがけてゆっくり移動し、一七八一年六月二十五日に同市に入った。

そのときラファイエットが放った六百人の前衛隊が、コーンウォリス本隊に後れて徴発をしていたシムコー支隊に追いついた。

ウィリアムズバーグ近郊にて二十六日に合戦となった。コーンウォリスは援軍を出してシムコー支隊を退却させた。

クリントンからの叱責

ウィリアムズバーグ市にて、コーンウォリスは、クリントン司令官からの手紙を受け取った。クリントンは、コーンウォリスが勝手にヴァジニア邦に入ったことを非難し、しょうがないからそこで適宜の要塞化工事をして防禦せよと命じていた。

コーンウォリスは崖っぷちに一人で立たされた気持ちを味わったろう。このあと、何があっても、それはクリントンの責任ではなく、コーンウォリスのしくじりとされるわけである。

クリントンはこうも命じていた。〈防禦に余った兵員をできるだけ多く、ニューヨークへ送り戻せ〉と。

この手紙は六月中旬に書かれている。どうしてもニューヨーク市を奪回するのだというジョージ・ワシントンの意志が、スパイによってクリントンに伝わり、不安にかられたクリントンが本営の防備強化を念ずるようになったことが推定される。

コーンウォリスはみずから、十三キロメートルほど東のヨークタウンの地形も調べた。彼は、そこが防禦には向かないと理解した。

コーンウォリスはクリントンに返信をしたためる。〈これから全軍でポーツマスへ移動します。そこから船で一部の部隊をニューヨークへお返しします。また、ポーツマスが海軍基地として適切かどうかも調査をしたいと思っています〉と。

ウィリアムズバーグはジェームズ川の左岸にあるが、ポーツマスはジェームズ川の右岸にある。この大河の下流を渡るのに便利な場所は、ウィリアムズバーグの南西八キロメートル、米国最古の殖民市跡であるジェームズタウンだった。そこから、川幅の狭いところで艀《はしけ》を往復させられるのだ。

コーンウォリスはここでラファイエットを騙してやろうと、一計を案じた。

まず、シムコー支隊に補給段列をつけて、六月六日午後にジェームズ川を渡河させ、あたかもコーンウォリス軍の主力も北岸を去ったかのように見せかけておき、その実、ウィリアムズバーグ市南郊の森林の中に罠陣地を設けて、主力を隠れ潜ませた。

英軍の後衛に任じたタールトン支隊は、ラファイエットが前衛に出した五百人のウェイン隊を、巧みに、罠陣地の方向へ釣り出した。

ウェイン隊は夕方に罠陣地にはまりこみそうになり、闇に助けられてかろうじて離脱するまでに百五十名の戦死傷者を出してしまった。

二転また三転の命令書に翻弄されて……

一七八一年七月八日、コーンウォリスは、クリントンが発した命令文書を受領する。それによると、クリントンは在米英軍の総力を挙げてフィラデルフィア攻略をしたい意向のようだった。

ジェームズ川を渡河したコーンウォリスがサフォーク市（ポーツマス市の西二十五キロメートル）に到達する前、コーンウォリスはさらに複数のクリントン発の指示命令書に接した。いくつかは、すでに受領済みのものよりも前の日付だった。

コーンウォリスはこれらを点検して、率いている部隊を、チェサピーク湾から海路、フィラデルフィア市（デラウェア湾）へ送り出すことを決心した。

ところが、いくつかの部隊が輸送船に搭乗をしおえた七月二十日になって、クリントンから前命撤回の文書が届けられた。さらにクリントンは、必要ならばコーンウォリスはその手兵をニューヨークへは一兵も寄越さなくてもよい、という裁量権も与えたのである。

そこでコーンウォリスは、すでに乗船した将兵で、可能な者は下船するように命ずるとともに、あらためて、チェサピーク湾内で要塞化して海軍拠点にできそうな場所を探す仕事を自らに課した。

コーンウォリスは、「ヨークタウンよりもポーツマスの方が良い海軍基地になるだろう」と考えた、先日の自身の判断をひるがえして、反対に、ヨークタウンとその対岸（ヨーク川の北岸）のグロセスター岬（ラパハノック川とヨーク川に挟まれた土地を大きく半島だと看做せば、そこはチェサピーク湾に突き出た岬である）こそが、ポーツマスよりは立て籠もりの拠点として適していると思い直した。

七月二十日には、ヨークタウンに隣接するウィリアムズバーグ市内で黒人奴隷たちがアメリカ人に反乱し、いくつかの建物が燃やされる騒動が起きていた。これはあきらかに、生前のフィリップス将軍が同市を陥れたときの「善政」が、黒人奴隷にまで感作を与えていたためだろう。コーンウォリスは、英軍がまだ徴発によって荒らしていないその地方ならば、住民も英軍を憎まず、すくなくとも英軍に敵対的態度はとらないはずだと期待したかもしれない。

（一七八〇年六月十一日、マサチューセッツ邦憲法の中に「すべての人間は生まれながらに自由で平等である」との一項が入り、黒人奴隷が法的に許されないことが謳われていたものの、それに続いた邦はこの時点でも未だ無い。）

一七八一年八月二日、コーンウォリス軍は船舶によってヨークタウンへ機動し、一帯の防禦工事を開始した。

在ヨーロッパの外交が補強される

一七八一年六月十一日、連合会議（大陸会議）は、ベンジャミン・フランクリン、トマス・ジェファソン、ジョン・ジェイ、ヘンリー・ローレンスから成る「和平委員会」を指名した。

単身、英国政府と交渉しているジョン・アダムズをサポートすることが、委員会の目的だった。

ヘンリー・ローレンス（一七二四年生〜九二年没）は初出なので、ここで解説しておこう。

生まれはチャールストン市で、奴隷貿易で財を成し、サウスカロライナに荘園を有していた。一七七六年から七七年にかけてサウスカロライナ邦副知事。七七年一月から翌年十二月までは、大陸会議議長も務めている。息子がジョン・ラトリッヂの娘と婚姻しており、閨閥の上でも南部政界の大物であった。

七九年に大陸会議から駐オランダ大使に指名され、翌年から赴任する。ところが一七八〇年に米本国まで連絡往復しようとした航海が英軍艦によって途中でインターセプトされ、ロンドン塔に収監されてしまった。つまり八一年六月時点では、彼は獄中の外交官なのである。

八一年末、ローレンスは捕虜交換されて解放される。交換の相手は、ヨークタウンで降伏したチャールズ・コーンウォリス将軍その人だった。

カリブの巨額戦利財宝騒ぎ

一七八一年三月下旬、ロードアイランド邦ニューポート市のロシャンボー将軍は、パリから、悪いニュースと良いニュースとを受け取った。

悪いニュースは、第二陣として仏本土から北米まで輸送されてくるはずの彼の精兵二千人が、けっきょく北米には送られないことになったというフランス政府の決定であった。

その代わり、戦艦二十六隻、フリゲート八隻、輸送船百五十隻のドゥグラス艦隊がすでに西インド諸島へ向かっているという。これはハリケーン・シーズンの夏にはとうぜんに北米海岸へ北上してくるわけである。

一七八一年三月二十二日にブレスト軍港を発航したドゥグラス艦隊は、途中のアゾレス諸島から五隻の軍艦を名提督のピエール・アンドレ・サフランが率いてインド洋に向かった（この分遣艦隊は八二年夏までインド沿岸で大活躍し、トリンコマリー港も占領する）ので、戦艦二十一隻となって、四月二十八日にカリブ海のマルティニク島沖に到着した。

当面すべき英海軍のフッド艦隊は十八隻である。さあ、どうしようかというこの大事なときに、フッド提督の当該海域における直属上官であるロドニー司令官は、フランス艦隊と海戦する気など、一時的になくしていた。

じつは二月に英艦隊は、カリブに浮かぶオランダ領の島、シントユタティウス島を占領していた。米国のための交易がひそかに行なわれていたこの島で、ロドニーはオランダ商船百五十隻以上と、船内や陸上倉庫にあった三百万ポンド相当の財貨を押収したのだ。

仏貨に換算すれば七千五百万～八千万リブル。これがどのくらいの価値なのかといえば、フランス政府がロシャンボー遠征軍のために充当した総予算が千二百七十三万七六〇リブルで、フランス政府が米国政府のために用立てたカネが四千八百万リブル。優にその合計をも凌いでしまうのだ。

こうした捕獲財について、正規海軍の司令官や艦長たちに「分け前」が保証されていたという話は聞かないものの、間違いなく、いくばくかの「余得」を黙認する慣行は存在した。戦前にパリの賭博で莫大な債務を負っていたロドニーは、一大資産を英本国まで安全に持ち帰ることで頭が一杯になってしまった。彼は五月六日にフッド艦隊から四隻の戦艦を引き抜いて輸送船団の護衛に充てた。

フッドは手も足も出せなくなり、ドゥグラスは六月二日に悠々とトバゴ島（ほとんど今のベネズエラ北岸に接するような位置にある）を英軍から奪取した。

全般情況の急変――第二回ウェザースフィールド会談

五月十七日に届いた、パリの息子（ロシャンボー子爵）からの急信により、ニューポートのロシャンボーは、いまやフランス宮廷が現地司令官同士の戦略調整を急ぐように望んでいることを承知した。

これを受けてロシャンボーの方から第二回会談を急遽、ジョージ・ワシントンに申し入れた。整った都市であるハートフォードでは、これからコネチカット邦の議会が開かれるという都合があり、宿舎が得られないであろう。そこでワシントンは、ハートフォード市から数マイル離れた静かなウェザースフィールド村でまたお待ちします、と伝える。

ロシャンボー一行は五月二十一日にウェザースフィールドに到着し、翌二十二日に両巨頭が軍議に臨んだ。ワシントン側の随員には、砲兵統監のノックス、および、戦争の初期から米軍の工兵総監のような仕事をしてくれていた仏人デュポルターユ将軍が含まれた。このデュポルターユは後年にフランスの国防大臣になった。函館戦争で榎本軍に同行したジュール・ブリュネ砲兵中尉も似たキャリアを歩んでいるが、何か伝統なのだろう。

ロシャンボーの方は、海軍将校のドゥシャテリューを伴った。ロシャンボーをニューポートまで運んできたドゥテルネイ（de Ternay）提督は一七八〇年末に病死してしまったため、ドゥバラス（de Barras）伯爵が五月からニューポート艦隊司令を引き継いでいた。しかしドゥバラス提督は、英国艦隊がとつぜんブロック島（ナラガンセット湾の南西端であるジュディス岬からさらに二十キロメートル沖に浮かぶ）付近に出現したため、このときニューポート港から離れることができなかったのである。世界的旅行家で英語のできるドゥシャテリューが、デュポルターユの通訳に付いていた。

このたびのウェザースフィールド軍議でのワシントンは、前よりも聞き分けがよくなったようだった。ロシャンボーの精兵は北米における決定的な戦機に投じられるために派遣されたのであって、それ以外の瑣末な目的には消費してはならないということを、ワシントンは理解したようだった。

ロシャンボーは、二千名の増援がなくなった以上はニューヨーク攻めなどもう忘れたほうが良い、と心の中で確信していた。だが、それではワシントンの機嫌を損ねるし、これから南部を戦略的に奇襲するとしたなら、敵司令官クリントンをして『ニューヨークこそが攻められる』といつまでも疑わせておくことが好都合であった。

そこでロシャンボーは、当面三つのオプションを設定しておくことをワシントンに提案し、ワシントンは渋々ながら説得された。

一つは言うまでもなくワシントンの積年の希望であるところの「ニューヨーク市奪還作戦」。もし、ドゥグラス提督がニューヨークの方が攻撃しやすいと判断をした場合には、陸上の米仏軍も全力でニューヨークを攻囲する。

あとの二つは、ロシャンボーの示唆によるもので、ニューヨーク港に立て籠もる英軍よりはるかに補給上・築城施設上の脆弱性《ぜいじやくせい》が看取される、南部のコーンウォリス軍に対して、米仏軍が全力を挙げて包囲殲滅する。もしくは、チャールストン市を奪回する――というものだ。

どちらも、仏海軍の支援が絶対不可欠の前提だった。だからロシャンボーが、「オプションのうちどちらに決めるかは、ドゥグラス提督の判断に委ねることにしませんか」とワシントンを説くと、ワシントンにも反対する理由はなかった。

いちおうロシャンボーは、「ニューヨーク攻めに協力してくれないか」とドゥグラスに手紙で頼んでみることもワシントンに約束している。

五月二十八日付のドゥグラス宛ての手紙に、ロシャンボーはこう書いた。〈来るときは前もってフリゲートで知らせてくれたまえ。ドゥバラス提督とワシントン将軍にも忘れずに同時に報知してくれたまえ。南西の風が吹くことと、ヴァジニアの防備の程度から見て、チェサピークの方がニューヨークよりは有望だと小官は思うが……〉。

ロシャンボーは、ワシントン将軍がニューヨーク作戦を望んでいること、他方自分はチェサピーク湾への全軍集中を最も有利だと考えていることを、公平に書き送った。しかし海軍軍人ならば、吃水の大なフランス製艦船はニューヨーク港の入り口で擱坐する危険があるけれども、チェサピーク湾ならばその心配がほとんどないことを、よく承知していたはずだ。

五月二十三日、ロシャンボー伯一行はニューポートへの帰路についた。ジョージ・ワシントンは、ニューイングランドの四人の知事に対し、期限までにコンチネンタル・アーミーのために大隊を差し出すように求めた。

フランス地上軍の南下開始

ニューポートのロシャンボー司令官が、パリの国防大臣からの手紙によって、ドゥグラス艦隊が西インドに着いたと承知したのは、一七八一年六月八日である。

ロシャンボーはすぐに所在の海軍提督ドゥバラスと相談し、ニューポート艦隊はこのまま、ボストンへ移動したりはせずに居座り、合図あり次第出撃できるコンディションでいるのがよかろうという意見で一致した。

ついで六月十五日に、ロシャンボーはドゥグラスからの直接の手紙を受領する。

それによると、ドゥグラスはサントドミンゴ（今のドミニカ共和国の首都がある南向きの港）に六月末まで居るつもりであり、そこから早ければ北米海岸に七月十五日に移動するだろう――と、したためてあるではないか。

ロシャンボーはただちに、ドゥグラスに、米軍との共同作戦計画について知らせる手紙を出した。その中でロシャンボーは、コーンウォリスがヴァジニアにいるので、ニューヨーク港ではなくチェサピーク湾へ来航してもらいたい、という希望を強く示唆した。

こんな感じだ。

「風は南西であるから、まずヴァジニア沖に来るのがよいだろう。そこからニューヨークまで、順風なら二日行程だ」「どうするにせよ、くれぐれも、じゅうぶんに前もって、フリゲート艦によって、ドゥバラスとワシントンに、貴官がどこにいつ到着するのかを知らせてくれたまえ」。

前後して、パリの国防大臣も、ドゥグラスに対して、集結点を決めるのは貴公だぞ、時間を無駄にするな、と念を押していた。

ドゥグラスは、ハイチの北岸にある港（今日のカプ・ハイティアン市。ハイチとドミニカは同じイスパニオラ島にある）に移動したとき、このロシャンボーからの手紙に接する（七月十四日より前と思われる）。

ドゥグラスは、ロシャンボーも仏国防相もどちらもヴァジニア行きを示唆している行間を理解し、ただちに返信をフリゲートに持たせてニューポートへ派した。サントドミンゴからは、最も速い帆船でも、北米海岸まで三週間かかる。

カリブ海の海軍司令官だったロドニーは、本国がなかなか帰国を許してくれないので、ついに病気を言い立てて、八月一日に、戦艦の減ったフッド提督およびフランシス・ドレイク提督を残し、英国へ向かった。もちろん自分の大手柄となるはずの財宝船団を引き連れてだ。

ドゥグラス艦隊は八月五日に抜錨した。主力艦は二十八隻に増えていた。もとからカリブにいた戦艦を編合し、しかも、カリブから仏本国へ戻る商船には最小限の軍艦しか護衛につけてやらぬことに決めたのだ。

同乗の陸兵は、サンシモン伯爵率いる総勢三千人だった。

ドゥグラスはまたロシャンボーの依頼に応じ、千二百万リブルのハードカレンシーをハバナからフリゲート艦で運ばせてもいる。この現金は、ハバナ島でフランス軍の「借金」として、貸し手から見れば「投資」として、五時間で住民たちから集められたという。

米仏連合軍のニューヨーク前線集結

ワシントンは、ウェストポイント周辺で冬営中のコンチネンタル・アーミーに対して、そこを六月二十一日から出発開始し、コネチカットからくるロシャンボー部隊と合流しろという命令を、六月八日に出している。

ドゥグラスからの返事を待つ間、米仏軍は仮の「準備陣」としてニューヨーク市西郊に集結しておくことに決まったからだ。

六月十五日、ロードアイランド邦のニューポート市から仏軍四個連隊（将校四百五十＋下士官兵二千九百名）が大陸のプロヴィデンス市にフェリーで渡った。そこから陸上を南下するのだ。ニューポート要塞に残留したのは、ショワズィ准将以下六百名の仏兵、攻城砲兵、ドゥバラス提督の艦隊などである。ドゥバラス伯爵は、病気の提督デュテルネイの代わりに、ロードアイランドに派遣されていた。

プロヴィデンス市や、コネチカット邦に分屯していた米軍部隊も、冬営地を引き払って、同じく南下を始めた。

ロシャンボーの脳内では、そこからさらにヴァジニアまで全軍を南下させることは既定である。が、その策案を頭ごなしにワシントンに押し付ければワシントンは臍を曲げ、仏米関係は壊れ、七年戦争の復仇《ふっきゅう》を果たすというフランスの大目的は達成されなくなるだろう。ワシントンは、ニューヨーク攻略が近づいたと信じ込まされ、大いに満足のようであった。

やがて、ニューヨーク邦のフィリップスバーグ市（Philipsburg 今のニューヨーク州のグリーンバーグ市で、ホワイトプレインズの北西二キロメートル）に、精鋭かつ大規模なフランス陸軍部隊が続々と到着して、遂にコンチネンタル・アーミーとロシャンボー遠征軍は合流した。

フランス兵たちは、それまでアメリカ軍を見たことはなかった。

砲兵中尉のクレルモン・クレヴクールは一驚を喫したと記している。

とにかく赤貧の軍容であった。軍服などない。全員が襤褸《ぼろ》をまとっていた。ほとんどの兵は裸足である。デカいのからチビまで混ざっている。小さいのは十四歳くらいと見えた。それに黒人の補助卒が多数混じっていた。

仏軍に混じっていたルドヴィッヒ・フォン・クローゼン男爵も証言を残している。

《米国の兵隊をひとりひとりつぶさに見た。勇敢な男たちであるだけに、その姿は痛々しい……。……ズボンと麻シャツの他は何もないのだ。ストッキングスとかレギングズ（白脚絆）すらも……。しかるに、士気だけは異常に軒昂であり、かつ身体状況はとても良好と見えた……。》

彼らが元気だった理由の一部は、ロシャンボーが貸与した銀貨のせいだった。

ロシャンボーは、持っていたキャッシュの半分、十二万リブルを、ワシントンに個人的に貸し与えたという。

ワシントンはそのおかげで兵隊に給与を支払うことができた。ほとんどのコンチネンタル・アーミーの兵員にとり、この戦争中、初めてハードカレンシーで受け取った貴重な俸給だった可能性がある。

合同偵察の実施とその結論

七月八日にロシャンボー軍を閲兵したワシントンは、圧倒的な感銘を受けた。勇壮にしてきらびやか。軍服からしてまるでパレードのためにある部隊のようであった。疑いもなく、フランス王国はその最良の軍隊をアメリカ大陸に派遣したのだと分かった。ワシントンは、この友軍が今からニューヨークを攻めてくれれば、秋までに戦争は勝利できるし、それができなければ資金的にコンチネンタル・アーミーはもうおしまいだと観念していた。

さっそく、両軍の枢要な幕僚たちが合同で、ニューヨーク市外縁の英軍防備状態を偵察することになった。

七月二十一日から二十三日にかけ、ワシントンとロシャンボーの両将軍、そして攻城戦のプロである工兵将校たちが、英軍陣地を合同で直接偵察した。

もちろん両巨頭は万一のことがあってはならないから、最前線までは近寄らない。危険な場所へは、若い工兵将校たちが率先して赴いた。

両将軍がやや後方で午睡をとっていて目をさましたら、満潮のため土手道が冠水してしまい、気づいた米軍騎兵に救出されるという一幕もあったという。

ロシャンボーはこの偵察結果を総合して、〈ドゥグラス艦隊の策応と、もっと多数の米軍部隊を集めないことには、とうてい英軍が本格築城した堅陣は破れない〉という結論を、ジョージ・ワシントンに納得させようとした。ワシントンは強く反論はしなかった。

ワシントン自身の手紙や日記（兵頭は見ていない）によれば、彼は七月十三日時点ではニューヨーク攻撃に夢中になっていたが、八月一日には、それはとうてい見込みはないと理解して、「やっぱり南部か……」と思うようになっているそうである。それからはワシントンも、ロシャンボー戦略（目標をコーンウォリス野戦軍の殲滅に置く）を真剣に考慮し始めた。

そこに、すばらしいタイミングで決定的な知らせが到来した。八月十四日にドゥグラス艦隊の高速フリゲート『コンコルド』号が北米海岸に先着し、ドゥグラス提督からロシャンボーへの通信文が手渡されたのだ。

そこには、ドゥグラスの大艦隊（軍艦二十九隻と兵員三千二百名）が、九月にヴァジニア沖のチェサピーク湾へ到着すると書いてあった。ドゥグラス提督も、ニューヨークまでは北上しないことを選んだのである。

この八月十四日のうちに、複数のオプションをめぐる戦略議論は終わった。米軍も、これから挙げて南部に集中するのだ。目標はコーンウォリスの英野戦軍だ。

ドゥグラスは、同じ手紙の中で、北米には十月十五日までしかとどまらない、とも伝えていた。冬の北米海岸に大艦隊が滞在していれば、悪天候によって全滅的な大損害を蒙ってしまう恐れがあるためだった。

ワシントンも、なんとしても秋の収穫期までに大戦果を挙げる必要がある――と心中に期したはずである。もしニューイングランドの兵たちに、ろくに給料も支払わずにヴァジニア邦で冬まで作戦を続けてくれ、などと命じたら、ミリシャを中心に脱営と反乱暴動が連鎖的に発生し、米軍全体が崩壊してしまうかもしれなかった。

「コーンウォリスがヨークタウンに籠城する気だ」というラファイエットからの報告がワシントン司令部に届けられたのは、八一年の八月十六日であった。

これ以後、ラファイエット部隊の使命は、ニューイングランドからの全軍が着陣するまで、コーンウォリスの英軍をヨークタウンから一歩も動かさないことになった。

南下大移動の手順

こうして、四百五十マイルのマーチが始まる。

米軍と仏軍は、とにかく現在地のコネチカット邦から、最短の陸路をプリンストン↓トレントン↓フィラデルフィアと南下して、チェサピーク湾のいちばん奥である北端の「ヘッド・オブ・エルク」（今のエルクトン市）まで、まず到達しなければならなかった。

そこで、うまく艦船の手配が間に合い、かつまた英海軍がチェサピーク湾をまったく制海していなかった場合は、海上（チェサピーク湾内）を楽に機動してジェームズ川に入り、ウィルミントン（ヴァジニア半島の東端部であるヨークタウンをラファイエット部隊が雪隠詰めにしている最前線本営）のすぐ南のジェームズタウンに揚陸してしまえばよい。（北側のヨーク川から回り込むのは危険だった。河口部に狭隘《きょうあい》なところがあり、ヨークタウン要塞と対岸の陣地から野砲で火制されるので。）

もしヘッド・オブ・エルクで船の都合がつかなかったり、英艦隊がチェサピーク湾内を遊弋《ゆうよく》しているような情勢であったなら、ヘッド・オブ・エルクからさらに続けて陸路、ボルティモア↓アナポリス↓フレデリクスバーグ↓リッチモンドと南行してウィルミントンに駆けつけ集結する。途中、アナポリスから小舟艇に乗るというオプションもあった。

早くも八月十四日に、第一陣が移動を開始した。

米軍は、経路を念入りに検討している暇はなかった。

しかし仏軍は、ウェザースフィールド軍議よりも早い四月十五日には、偵察将校がニューバーグ（ニューヨーク攻略のためのその時点のワシントンの本営）までやってきて、南進するための適当な野営地、採草地、採薪森、随行牛の放牧地などを調べていたという。

そして四月後半には、ジェレミア・ワヅワースという、仏軍が契約した有償調達代理人が、「ここで野営する予定だ」という通過地点の一覧表を仏軍司令部から受け取っている。ワヅワースは、輜重《しちょう》用の馬八百五十五頭、牡牛六百頭以上、そして砲兵輓馬として五百頭の他、アメリカ人の御者二百三十九人を徴用し、五月半ばには、パン焼き窯を造る職人と、主に婦人からなる厨房係までも、要所要所で雇い上げた。さすがに戦争をし慣れている大国は、兵站に関して疎漏ではなかった（これでもヨーロッパ基準ではずいぶんとつつましやかなものであった）。

米軍の方では、経路の途中に事前にデポ（物資集積所）を用意することなどできなかった。しかしそのことが却って、クリントンの諜報網に対して、米仏軍の真の企図を秘匿するのに役立ったようである。

ワシントンとロシャンボーは、ニューヨークに立て籠もる英軍に対しては、できるだけ長く、真の行き先を隠しておくことが有利だった。〈クリントンの首をみんなが狙っている〉と思わせておけば、クリントンはコーンウォリス救援のためには何もできぬはずだった。

その欺騙《ぎへん》行動はどうやったか？

まず、スタテン島から見えるニュージャージー本土の岸で、これみよがしに渡河用の小船を建造した。そしてニュージャージー邦内の駐屯地のための糧食買い付け契約を、農家や海商と結んだ。わざと英軍にインターセプトされやすいようなコースで偽の手紙を往来させ、あらぬ計画の噂を流布させた。

大軍がハドソン川を数カ所でニュージャージー側（西岸）へ渡河する行動を英軍偵察将校が見届ければ、米仏軍の企図は明瞭に察せられてしまう。だから英軍の騎馬隊やスパイが接近し難くなるようなスクリーンとして、渡河点よりも下流に数カ所の分屯所が設けられ、通行人のチェックを厳しくした。

そうしておいて米仏部隊は、フィリップスバーグ（ホワイトプレインズ）の野営地からいったん北上して、英側偵察部隊が直接見通せない「王様の渡し」からハドソン川を右岸へ渡河して、内陸をすばやく南下したのだ。スパイの報告はいずれニューヨーク市まで達するだろうが、クリントンが情況を正確に知ったときには、すべてはもう遅いはずだった。

八月十八日、フィリップスバーグから米軍砲兵と輜重、そしてフランス軍部隊が続々と進発。十九日にはアメリカ軍歩兵部隊が同じ進路を辿った。

対岸のストーニーポイントへの渡河は八月二十四日から行なわれた。

ニュージャージー領に入ったコンチネンタル・アーミーはそこから二個兵団に分かれ、どちらもトレントンを目指した。両軍の下級将校にすら、最終目的地がヴァジニアだとは知らせていない。仏軍は米軍よりももっと内陸を行進して、やはりトレントンを目指した。すなわち仏軍の動きが、英軍からはいちばん偵知し難くなったのである。

夏の暑熱を避けるため、徒歩部隊は毎日深夜二時に起床して、早朝四時前には行軍に移った。二叉道や三叉路では、兵站将校が先回りして杭を打ち、その上に藁束をとりつけて、行くべき方向を示しておいた。

午前中のうちに二十四キロメートル弱を歩けば、そこが次の野営地であり、そこで兵隊たちは八人用の天幕を組み立てた。

将官級は、村のタバーン（宿屋兼よろず屋）に宿営し、尉官（中隊級将校）は一つのテントに二人で寝た。

フランス軍の歩兵は各自で重さ三十キロ弱の荷物を担いでいた。将兵の下着は真夏でもウール製だ（雨や汗に濡れたときに、いちばん風邪をひきにくい）。兵士の外套やテントは、大行李用馬車で運ばれた。

仏軍の大尉は特権として、重さ百四十キロ前後の私物を荷馬車で運んでもらえた。少尉だと七十キロだった。

トレントンまでの経路が数条に分散されたことで、道々の物資調達は容易になり、沿道の町村には過負荷をかけずに済んだ。

一七八一年九月二日、七千人の大軍がトレントンに達した時点で、もう誰も米仏連合軍の目標を勘違いする者などいなくなっていた。

コーンウォリスを南部で討つのである。

攻城機材の運漕

内陸を南下する仏軍のロシャンボー司令部とは別に、ニューポート港からは八月下旬に、ドゥバラス提督が率いる仏艦隊が出港した。輸送船内には、ロシャンボーがおそらく勝利の決め手だと考えていたであろう攻城砲と、他の需品が満載されていた。

これをドゥグラス艦隊のチェサピーク制海後にヴァジニアへ揚陸し、ロシャンボーが欧州で何度も実践してきたその据え付け工事を現地で指揮すれば、俄《にわ》か要塞のヨークタウン陣地で孤立しているコーンウォリス軍はまもなく降伏する。ロシャンボーはほとんど確信をしていただろう。

ところでドゥグラスは、ドゥバラスがドゥグラスの指揮下に入るかどうかを、ドゥバラスに任せた。じつは、過去にいちど、ドゥグラスはドゥバラス提督の部下だったことがあるのだ。このようなケースでは、十八世紀の慣行として、ドゥバラスはドゥグラスの指揮下に入るのを断ってもよかったのである。

しかしドゥバラスはロシャンボーを助けたいと思っていたので、貴族のプライドを呑みこみ、かつての部下ドゥグラス提督の指揮下に入ることを決める。そして七隻の軍艦ほか二隻に攻城砲兵を積み込み、八月二十四日深夜にニューポート港を滑り出た。

さらにその二日後にはフリゲート艦四隻に護衛された輸送船十八隻も出港した。

もしニューヨーク沖で英艦隊に捕捉されでもしては、すべてが水の泡になる。ドゥバラス艦隊は、大きく大西洋側に張り出す弧を描くようにして、チェサピーク湾を目指した。

天は英軍を見放す

カリブ海に留まっていたフッドとドレイクの二提督は、ハリケーンが一回でも来ればドゥグラス艦隊も北上するはずだと確信できたから、八月十日にカリブ海から移動することにした。

英艦隊の主力艦十四隻は、いずれも艦底に銅板を張って、その表面のイオン化作用により、フジツボや海藻の付着を防止していた（独立戦争時点では英海軍だけが採用していた最新技術）。このため仏艦隊よりも船足が速く、知らないうちにドゥグラス艦隊を追い抜いてしまった。

老練なドゥグラスは、艦隊の北上航路を、北米大陸の岸に沿わせないで、かなり沖合の迂回コースをとったようである。

ドゥバラス艦隊も、ドゥグラス艦隊より先にチェサピークに入るつもりはなく、英艦隊に出会わないように思い切って岸から離れた針路をとっていた。

だから英国のカリブ艦隊が八月二十五日にチェサピーク湾の入り口を覗いたときは、そこには何も見出されなかった。フッドとドレイクはニューヨークが心配になり、そのまま北上して、二十八日にサンディフック沖（ニューヨーク港の最南端の監視点）に投錨した。

ニューヨーク港では、リチャード・ハウおよびアーバスノットの後任である同地の海軍司令官、トマス・グレイヴズ少将が、所在の英艦をあずかって待っていた。

グレイヴズ、フッド、ドレイクの三提督はニューヨークで協議した。

八月下旬にニューポートを出港したことが分かっているドゥバラス艦隊は、どこかでドゥグラス艦隊と合流して、それからニューヨークを襲う気に違いない——というのが彼らの結論だった。

ニューヨークでは、ドゥグラス艦隊の北上についてはいちおう予告はされていたが、まさか主力艦だけで二十八隻もの大艦隊がやってくるだろうとは考えず、英艦隊はじゅうぶんにあしらえるだろうと予断をしていた。

一七八一年時点で、英国は戦艦を総計百四十隻、フランスは六十七隻、スペインは五十八隻、オランダは十九隻もっていた。米国はもちろんゼロだ。英国が、いかに世界中の海域に艦隊を分散させていたかということが分かる。分散した戦力で、集中した戦力ともし遭遇すれば、勝利は、局地的に多数となっている側にあった。

八月三十一日、グレイヴズの五艦がフッドおよびドレイクの十四艦を合わせてニューヨーク沖から南下し、ドゥグラス艦隊を捜し求めることになった。この戦艦十九隻には、フリゲート艦六隻と一隻の火船が従っていた。

ところがドゥグラスはすでにチェサピークに居たのである！

ドゥグラス艦隊の到着

幸運にも英海軍にまったく気づかれることなく、フランスの大艦隊は八月三十日にチェサピーク湾入り口のヘンリー岬に到着した。

ドゥグラス提督は、アメリカ陸軍が強行軍で南下中であることを知らされる。

ドゥグラスの仏艦隊主力は、ヘンリー岬から西へ七キロメートルにある、幅わずか数十メートルの狭水道に守られた屈強の泊地・リンへヴン湾（Lynnhaven Bay）内に碇泊して、ニューヨークから慌てて急行してくるであろう英艦隊主力を待ち受けた。

チェサピーク湾海戦

九月五日、グレイヴズの英艦隊は（今のノーフォーク軍港の東にある）ヘンリー岬沖に、北北東の風上から接近した。

先行した敏捷なフリゲート艦の『ソルベイ』は、朝九時半頃、チェサピーク湾のフランス大艦隊を視認した。

ほとんど同時に、仏艦隊の警戒役のフリゲート艦も、この『ソルベイ』を認めた。初め、ドゥバラス艦隊が来たのかと思われたが、すぐに正体は分かった。

グレイヴズは全速の六ノットでチェサピーク湾の入り口中央を、ハンプトンローズ（ジェームズ川最下流の幅広水域）に向かって入ってきた。

しかし、そのまますぐにリンヘヴン湾泊地へは突撃しなかった。彼は、臆したのだろうか？

然《しか》らず。大型帆船が幅数十メートルの出入り口が一つしかないリンヘヴン泊地に殴り込みをかけることは、単純に自殺行為なのだ。泊地は上から見るとアメーバ形の岸で守られており、南南東方向だと四キロメートル直航すれば行き止まりだった。艦隊が単縦陣を維持しながらの転回など、絶対に無理だと予測できる。在泊の仏戦艦から袋叩きにされて全滅するのがオチだったろう。

グレイヴズは、広い沖合で単縦陣を整えながら、仏艦隊が挑戦に応じて出てくるのを待つしかなかった。前にも述べたが、当時の英海軍では、いろいろな艦隊行動がすべて「海戦準則集」によって事細かに規定されていた。それに背いた艦隊司令官は、後で厳罰（場合によっては銃殺）を覚悟しなければならなかった。

ドゥグラスも、朝十時半には英艦隊の接近を通報されたが、風も潮汐も逆だったため、出撃などできない。また乗員の多くは上陸中であった。

とはいえ、英艦隊が接近するまでにはたっぷり四時間はかかるので、ドゥグラスには焦る理由はなかった。

昼、潮汐が逆転したところで、ドゥグラス艦隊は動き始め、一艦ずつ泊地外（チェサピーク湾口）へ出た。

陸地には将校九十人、兵員・水兵千九百人を置き去りにしている。

風向は相変わらず逆風なので、十一番目の旗艦『ヴィユ・ドゥ・パリ』が泊地から出てきたときにはもう十三時であった。

ドゥグラス艦隊は、北東へ向かった。

これに対してグレイヴズは、英艦隊の針路を百八十度転回して、仏艦隊との同航戦に持ち込もうとした。これも「準則集」に規定されていたことなので、グレイヴズとしてはそれを墨守するしかないのである。

大型戦艦から成る艦隊が洋上で進行方向を逆にするためにはこの当時、九十分かかった。

グレイヴズの麾下のうち、ドレイクの掌握する数隻が、カリブ滞在中に特に船体が傷んでいてビルジ（船底たまり水）のため重く、船足が出なかった。

このため、グレイヴズ艦隊のいちばん速い艦が、かろうじて、仏艦隊縦陣の十六隻目にすがりつくという感じだった。

グレイヴズは、英艦隊が仏艦隊とすっかり並走状態になるまで発砲をさせなかった。これも規定されているので、どうしようもないのだ。守らずにしくじれば、軍法会議が待っている。

ここでドゥグラスの方も、麾下の最速艦に自由行動をゆるせば、英艦隊の遅い艦に食いついて袋叩きにできたかもしれない。しかしドゥグラスも単縦陣にこだわった。

十五時四十六分、両艦隊は完全な並列同航に入った。

ここで、先行するグレイヴズの旗艦の信号（砲戦開始）が、続行のフッドの乗艦に伝わらないという、不思議なトラブルが生じた。当時の英海軍には、全艦隊で統一された旗旒《きりゅう》信号ブックがなかった。つまり、ニューヨーク基地とカリブ海とでは、それぞれの前司令官（リチャード・ハウとロドニー）の好みによって、旗旒信号が意味の違うものとして定着していたのだ。だからグレイヴズの交戦命令をフッドは理解できなかった。

すぐに夕凪の時刻になり、両艦隊ともに動きが静止してしまう。大砲が敵に届く範囲の一部の艦だけが、互いに激しく砲戦を続けた。

足の遅いドレイクの艦隊が特に酷くやられた。

フッドの艦隊は十七時半まで砲戦に加わらず、加わったときはもう射距離が遠すぎた。

グレイヴズは十八時半に離脱命令を信号した。

英側は主力艦三隻が大破。うち一隻は数日後に洋上で燃え尽きた。

別に一隻が檣《ほばしら》全部を折られ、一隻は舵を砲丸で飛ばされていた。

フッドは、「夜のうちにドゥグラスよりも先にリンヘヴン湾に到達すれば……」と、通報艦によってグレイヴズに進言したが、すでに外海でかなり南まで流されてしまっていたので無理だった。

ドゥグラスが夜から翌六日の朝にかけてリンヘヴン湾まで戻ると、そこにはドゥバラス艦隊の先行艦が碇泊していたのである。

グレイヴズ司令官は、陸上で仏米軍が全速で南下中とは知らなかった。だからいったんニューヨークに戻ってまた南下するのでも、コーンウォリスは困らないだろうと思い込んでいた。

英艦隊はそれから三日間、船体の修理をしながらチェサピーク湾沖をウロウロしたものの、仏艦隊はニューヨークに向けて出撃する気配がなく、またドゥバラス艦隊の残りの艦もやって来ないので、九月九日に現場海域を去り、ニューヨークまで十日間をかけて海面を捜索警戒しながら帰った。

九月十九日にグレイヴズ司令官がニューヨーク港に入って諸情報を総合したところ、コーンウォリスの命運はもはや尽きたかもしれないと、事態を正確に理解するしかなかった。それでもクリントンは座視しているわけにいかず、ニューヨークから増援を送る準備を開始する。

海からも陸からも封鎖が完了！

かくして海上を仏艦隊に取り巻かれてしまったことにより、コーンウォリスの英陸軍部隊が、ヨークタウン要塞を中心としたヴァジニア半島東端に孤立したことは、誰の目にも明らかになった。ロードアイランドから貴重な攻城砲を運んで来たドゥバラス艦隊の残余は、九月十日までにすべてヴァジニア海岸に安着した。

地上を南下した米仏連合軍部隊がフィラデルフィアを通過したのは九月一日だった。議事堂の前でパレードしてみせたフランス軍の威容は市民に絶大な感銘を与えた。

九月五日の午後、ワシントンはドゥグラス艦隊のチェサピーク来着を聞き知った。フィラデルフィアの南隣のチェスター市まで進んでいたジョージ・ワシントンのところにロシャンボーが後から追いつくと、ワシントンは、片手に帽子、片手にハンカチを握りながらロシャンボーに走り寄って強く抱き締め、「彼〔ドゥグラスとその艦隊〕が来ている！　彼は到着したのだぁ！」と叫んだ。さすがにロシャンボーも面食らったという。

多くの部隊がまだ、トレントンとヨークタウンの三百キロメートルの間のどこかを行軍中だった。

フィラデルフィア市から、デラウェア川の右岸を南下すれば、やがてブランディワイン川とクリスチアナ川が合流してデラウェア川に注ぐ重要な渡し場がある。すなわちウィルミントン市なのだが、そこにはニューヨークの米軍連隊が、ストーニーポイントからはるばる運んできた平底の渡し舟三十艘を並べて、通過する味方部隊を待っていた。一艘の渡し舟には、荷車と八頭の馬を同時に載せることができたという。

九月五日にチェスター（フィラデルフィア市南郊で、デラウェア川に面す）に到達した仏軍先鋒は、翌日、ウィルミントン市でクリスチアナ渡河点を越え、ヘッド・オブ・エルクへ急いだ。

そこにもコンチネンタル・アーミーが先着してキャンプを張っていた。水深の関係で大型艦船はヘッド・オブ・エルクまでは近寄れない。けれども、小型帆船や手漕ぎの舟艇を使えば、ヘッド・オブ・エルクから装備や資材とともに船出して、楽にジェームズ川河口まで移動できるのだ。

ワシントンとロシャンボーの両巨頭も、司令部護衛隊とともにそこへ急いだ。

そしてワシントンはこのヘッド・オブ・エルクのキャンプ地でも、ロシャンボーから借りた金銀貨で、将兵たちに給与を支払っている。九月七日前後であった。こうした仮払金についてワシントンはすべて帳簿をつけていたので、終戦後に連邦政府から返済を受けることができた。

ヘッド・オブ・エルクの岸には、小型スループ帆船十二隻、スクーナー船十八隻、そしてもっと小型の雑船が集められていた。かろうじて三千人だけが、それによって海送されることになった。

輜重隊、野砲兵、そしてフランス軽騎兵はひきつづいて陸行により南下することになった。彼らはポトマック川を渡河してラファイエット部隊に合流した。

それ以外の全部隊は、メリーランド邦のボルティモア市およびアナポリス市（どちらもチェサピーク湾に面す）から、それぞれ船舶舟艇に搭乗し、ヨークタウンの前線陣地まで直航することになった。

ヘッド・オブ・エルクで船に乗り切れなかった四千人弱が歩いてボルティモアに到着したのは九月十二日だった。その時点では、「ドゥグラス艦隊が九月五日にチェサピーク湾口で英艦隊と交戦した」とだけ、情報が伝わっていた。結果が不明であった。

ワシントンとロシャンボーがウィリアムズバーグに到着していた九月十四日夕方、「ドゥグラス艦隊が勝った」という知らせがボルティモア市に届く。いまや英艦隊はいなくなり、チェサピーク湾内の航行は安全になっている――と判断したコンチネンタル・アーミーは、帆船に乗り込んでヴァジニアへ向かった。

しかし仏陸軍部隊はさすがに慎重で、海上ではどんな奇襲を喫したり、あるいは天候の急変で装備や人命を大量に喪うようなことになるやもしれないとして、敢えて着実な陸路をとった。進発は九月十七日だったという。

ドゥグラス艦隊の随伴輸送船に搭乗したままであった陸兵三千三百人が、ジェームズタウンから上陸を開始したのは九月二十二日である。彼らは二十五日にはラファイエット部隊千八百名とウィリアムズバーグで合流する。

九月二十八日、仏米連合軍一万七千人が、ロイヤリストの住民も含め九千人が立て籠もるヨークタウンを、いつでも総攻撃できる態勢になった。

マウントヴァーノンでのささやかな歓興

この大行軍中、仏軍の将校たちは、経路に近い「新古戦場」をすべて見物しようとした。しかし、なかでも全員が興味津々であったのは、ワシントン家の私領があるマウントヴァーノンとはどんな風情であるのか、ということであった。そこはアナポリスからは六十キロメートルしか離れていない。

ひょっとしてヨーロッパ諸侯の居館に匹敵する壮観なのであろうか。それともアメリカのイメージにふさわしい、エキゾチックな異世界が広がっているのであろうか？

九月九日、ワシントンその人は、小集団で騎行して、六年ぶりにマウントヴァーノンの自宅に戻った。ゆっくりくつろぐことなどできない。どうしても私邸を見たいというロシャンボーとその幕僚たちを、翌日に迎えてもてなすための宴会を、おおわらわで準備させなければならないのだ。

十日、約束どおりロシャンボーの一行が到着し、両将は、十二日に南下行軍を再開するまで、しばし休憩し歓談した。

両将軍が、ヨークタウン攻囲の前線基地である、ヴァジニア邦ウィリアムズバーグに進出したのは、一七八一年九月十四日であった。ニューイングランドでは、もう秋の収穫シーズンがすぐ近づいている。時間は無駄にできなかった。

十八日、両将は、ジェームズ川に浮かぶドゥグラスの旗艦『ヴィユ・ドゥ・パリ』を訪問し、挨撈を交わした。

これが本場の攻城砲兵の威力だ！

ロシャンボーとその部下たちは、十八世紀の典型的な攻囲戦術というものを、コンチネンタル・アーミーに手ほどきすることになった。塹壕を掘り、砲台を築造して、攻城砲を据え付けていくのだ。仏工兵士官は、米兵たちの塹壕掘削も指導してやった。

コンチネンタル・アーミーの砲兵隊は、九インチ榴弾砲などを積んでいた『ナンシー』号が砂洲に座礁してしまい、その荷を降ろすのに手間取ったが、十月一日にはヨークタウン要塞を砲撃できるようになった。

連合軍の攻城砲は十月九日から一斉に火を噴く。ロシャンボーがこの日のために仏本国からもってきた攻城砲は、確かに英兵の士気を挫いた。

重砲と軽砲、約百門による砲撃は、連日連夜、続いた。同時に塹壕線は漸進《ぜんしん》する。籠城軍は、地下壕を掘って堪え凌いだ。

守備軍の糧食と弾薬は細ってきた。英独兵九千七百五十人に加えて、コーンウォリス軍が伴っていたロイヤリストの「難民」が司令官の負担を増した。要塞内では天然痘も発生した。

フランス人が「第九堡塁」「第十堡塁」と名付けていた出丸が、第二塹壕線の構成を阻んでいたので、そこに砲弾が集中した。

十月十四日夜、コンチネンタル・アーミーの砲兵大佐、アレグザンダー・ハミルトンの率いる部隊が、その第十堡塁を制圧する。仏兵は、第九堡塁を制圧した。

これで第二塹壕線が完成した。いよいよ仏米軍の砲弾は、守備軍の全陣地縦深《じゅうしん》を思うままに砲撃できるようになった。

十月十六日夜に、コーンウォリスは最後の賭けとして、ヨーク川をボートで渡河して、タールトンに守備させていた対岸のグロセスター（そのタールトン陣地は仏軍が囲んで圧迫していた）に逃げようと考えたが、ボートが少なすぎるのと、風雨にも邪魔され、諦めた。

一七八一年十月十七日の午前十時、コーンウォリスは休戦使者を出すぞというドラミング信号を打ち鳴らさせる。

要塞の胸壁の上に英軍将校が現れて、白いハンカチを振った。

目隠しされて米軍堡塁に案内された将校は、ワシントン宛てのコーンウォリスの伝言だとして、「戦闘の休止を提案する。……降伏のための講和をするために」と語った。英軍は、降参したのだ。

十月十八日、二人の英軍将校、一人の米軍将校、一人の仏軍将校が、一軒家に会合し、開城や、捕虜処遇に関する重要条件を合議した。

詳しい記録を見ないけれども、タールトン中佐のような米側から極端に怨みを買っている部隊指揮官を含めて、降人《こうじん》の誰も米側の軍法会議にはかけないことが合意されたと想像される。英軍に混じっている逃亡奴隷についても、多くの米国人が取り戻したかったはずだが、英国側は「すでに彼らは正規の英兵である」という建前を持ち出して、その身体生命の安全を図ったことであろう。米国側も、冬になる前に帰郷を急ぎたい多数の将兵を抱えているから、小さなことで揉めずに早く話をまとめてしまいたかった。

一七八一年十月十九日午後二時、守備兵（英正規軍、ロイヤリスト、ドイツ傭兵……）は歩調のドラミングに合わせて緩慢ながら整然と隊列行進し、ヨークタウン要塞陣地の外に出てきて、武器を置いた。捕虜は八千八十人になった。攻囲軍のフランス兵とアメリカ兵は、それぞれ道の両側に武装堵列《とれつ》して、この降伏の儀式を見守った。

開城降伏の後、敵味方の将校が会食することは、当時は普通だった。そのような折、軍楽隊がBGMを吹奏することもあった。ヨークタウンの勝者たちは、景気のよい音楽は敢えて遠慮をしたようだ。代わりに英軍の軍楽隊が、しんみりした曲調の英国の楽譜をいくつか披露した。その中に「世界はひっくりかえった」というナンバーもあった、と伝えられている。

ヨークタウンでの英軍降伏が、どれほど世界史的な意義をもつ勝利であり敗北であったのか、現場にいた者たちには、考える余裕はなかったであろう。

クリントンの救援決心は間に合わず

ニューヨーク本営のクリントン司令官は、七千人の増援部隊を編成し、みずからその指揮官となってグレイヴズ艦隊に搭乗。十月十九日にニューヨーク港を発航した。グレイヴズ艦隊は、十月はじめに英本国からの何隻かの軍艦の増強も得ていたのだったが、二十七日（一説に二十四日）にチェサピーク沖に来たところで万事は休したのだと悟り、ドゥグラス艦隊に海戦を挑むこともなく、そのままニューヨーク港へ引き返した。

米仏連合軍の勝因は、いくつか数えられる。

まずカリブ海のドゥグラス艦隊が、幸運にも途中の海象や事故によって一隻も損なわれずに、英艦隊の裏を掻いてチェサピーク湾に圧倒的艦隊を滑り込ませることができたこと。到着後にも大嵐に遭わなかったのは特筆されねばなるまい。また、ワシントン軍がニューヨークを終始圧迫していたことがクリントンの判断に影響して、この仏艦隊に続き、ロードアイランドの仏陸軍の大移動に関しても、クリントンその人が意表を衝かれてしまったこと。すなわち作戦企図の秘匿に成功して戦略奇襲が成ったこと。そしてロシャンボーがそれまでワシントンに何と言われても兵力を小出しに消耗させなかったおかげで、ヨークタウンには圧倒的な砲兵と補給物資がまたたくまに集中され、いったん攻囲が開始されたあとは、もう守将のコーンウォリスには何の希望もなくなったこと——などである。

もちろん、ワシントン以下のアメリカ人たちの機嫌を少しも損ねないように、円熟した外交官としての才能を発揮し続けたロシャンボー中将の精神的苦労は「功一級」に相当するものだろう。

敗軍の将・コーンウォリスは、その後、船で英国に帰った。彼は後年、インドで軍人として大活躍するチャンスに恵まれた。

ベンジャミン・リンカン少将は、ヨークタウン開城直後の八一年十月に、連合会議（大陸会議）から陸軍長官（初代）に指名された。

ロシャンボーは、ヨークタウンで得た捕虜監視の必要もあり、仏軍部隊とともに、ウィリアムズバーグで冬営（～一七八二年六月）した。

米軍は、ニューヨークの英軍の策動に備える必要と、年末で契約任期が切れる将兵のニューイングランド地方への帰郷も多かったため、大挙して北上する。ワシントンはもちろん、ニューヨークを来シーズンこそは総攻撃して奪回したいと思い続けていた。

米軍の歩兵と砲兵は、八一年十一月四日に船舶に搭じて二十日にヘッド・オブ・エルクに上陸。十二月前半には、ニュージャージーのバリントンの兵舎に入っている。

残りの連隊は、十二月の初旬に、ペンシルベニアとニュージャージーでの分散冬営のためにヴァジニアから去った。ワシントンはそれに同行し、フィラデルフィアで冬を越す。

モリスタウンでもまたニュージャージーの二個連隊が、十二月十四日から冬営生活を始めた。ニューイングランドのコンチネンタル・アーミーは、一七八二年の春から夏にかけてニューバーグ市に集合し、そこから南下行軍して八月三十一日に、新築されたヨークタウンの兵舎に入った。

仏陸軍とロシャンボーのその後

多少先の話であるが、ロシャンボー将軍のその後についてもここで語ってしまいたい。

ロシャンボーと仏軍部隊がヴァジニアの冬営地を出るのは一七八二年七月一日で、移動先はボルティモアであった。

彼らは七月二十五日から八月二十四日までボルティモア市に駐留し、ついでクロムポンド（ハドソン川東岸、ピークスキルから五キロメートル東）で九月十七日にコンチネンタル・アーミーと再合流する。

八二年十月には、ルイ十六世に男子が生まれ、フランス軍所在地ではお祭りとなった。

一七八二年七月、ロシャンボーはフィラデルフィア市でワシントンに面会した。仏軍部隊は、ロードアイランド邦で冬営するつもりで準備していた。

しかしヨークタウン戦から一年のうちに、英国のジョージ三世と議会は、合衆国を自由な主権のある独立国家であると認めるしかないという空気に傾いた。そこでパリ政府はロシャンボーを本国へ召還することに決めた。

八二年十月、両将軍はハドソン川沿いのワシントンの本営（ウェストポイントより上流のハドソン川西岸にある、ニューヨーク邦ニューバーグ市）で、ヨークタウン陥落一周年を祝った。

フランス陸軍の本隊は、ボストン港から八二年十二月二十四日夜に出航した。

ロシャンボーは、ニューバーグでワシントンに別れを告げて、一七八三年一月八日、メリーランド邦アン・アランデル（Anne Arundel）港から出帆。フランスには二月十日に凱旋した。

その後、ロシャンボーは隠棲したかったようだが、革命騒ぎのために逆に「フランス国元帥」に任じられた。

一七九三年にはロベスピエール一派に逮捕され、収禁された。が、ロベスピエールが死んでくれたおかげで釈放され、余生をロシャンボー城に退隠して過ごすことができた。

獄中にあったとき、ロシャンボーは、〈自分こそがワシントンの共和国の独立を助けたのだぞ〉と革命派に思い出させて、それにより死刑を免れたという。

ロシャンボーはワシントンよりも七年以上長く、一八〇七年五月まで生きた。彼がワシントンに宛てた最後の手紙については、既に紹介した（二五八頁）。

提督ドゥグラスのその後

ヨークタウンの開城式に、老練なドゥグラス提督は参席していない。彼は旗艦の上で臥せっていたとも言われるのだが、ハリケーンや英軍の襲来を常に警戒し、旗艦から、かたときも離れてはならないと自分に言い聞かせていたのだろうと、兵頭は思う。一説には、ドゥグラスは一度も北米大陸の土を踏まずに去ったのだ、とすら言われる。

一七二二年生まれのドゥグラスは十一歳から軍艦暮らしをしていた。このときは五十八歳で、さすがに心身の疲労が蓄積していた可能性もあろう。

一七八〇年にも彼は体調を崩して、カリブ海から本国に一時戻ったことがあった。しかし八一年三月二十二日にルイ十六世によって海軍少将に昇進させられ、米国独立戦争史に永遠に名を留められる艦隊運用をしてみせたわけだ。

北アメリカの海岸部は、そろそろ冬の海が荒れる季節にさしかかろうとしていた。

ワシントンは、ドゥグラス艦隊がカリブ海まで戻る前に、ウィルミントン、もしくはチャールストン（どちらも英軍守備隊がまだがんばっている港町）で、もう一仕事やってくれれば有り難いと思っていた。しかしドゥグラスはハリケーンの危険が気になってならず、そうした寄り道のリクエストには応じない決意であった。

サンシモンが率いる陸戦隊は、八一年十月二十七日には再びドゥグラス艦隊に搭乗を開始。現地にしばらく残していくことにされた戦艦一隻とフリゲート艦二隻を除いたドゥグラス艦隊の全力は、十一月四日深夜にはチェサピーク湾をすべり出て、カリブのマルティニク諸島を目指した。提督の戦いは、まだ終わってはいないのである。

十一月二十六日にドゥグラス艦隊がマルティニクに到達する直前、そのマルティニクから押し渡ったフランス軍部隊が、オランダ領のセントキッツ島を制圧した。味方が訓練しているのだと錯覚した英軍守備隊がのこのこと近づいてきたところに、仏軍部隊は至近距離から一斉射撃を浴びせてこれを壊滅させてしまったのだ。ドゥグラス艦隊は、さらに戦果を拡張したが、不運、一七八二年四月十二日のセインツ島沖海戦で「旗艦の孤軍奮闘」というまずい形に陥り、ロドニー艦隊のためにドゥグラス本人が捕虜にされてしまった。

ロンドンまで連行されたドゥグラスは、パロールですぐに釈放され、一七八四年までロンドン市内で自由に過ごした。早くも八二年には、〈カリブで一敗したのは部下の艦長たちが自分の命令を聞かなかったからである〉と弁明する『グラス伯爵の回想』をロンドンで出版。かたわら、一七八三年のパリ和平会議の妥結にも力を貸したという。

八四年にパリに戻ると、軍法会議にかけられたけれども、無罪を勝ちとった。しかし、しつこく再審を求めたドゥグラスにルイ十六世が気を悪くし、「目通り叶わぬ」と申し渡した。これでドゥグラスは公的生活から引退した。

彼の子供たちは仏革命の折に米国へ逃亡し、それぞれ安全な人生を送っている。

英国指導者層の心境変化

ヨークタウンの大敗後も、ニューヨークやチャールストン市、サヴァナー市などには、依然として英独軍二万二千人が陣取っていたのであったが、敗報を聞いて欧州では、〈もはや北米での戦争の先は見えた〉と、大方が考えた。

ニューヨークのクリントン北米総司令官は、ウィルミントン市の守備隊を八二年一月にニューヨークへ撤収させた。

海岸都市拠点は、英海軍が制海権を握っている限りは、もちこたえるであろう。しかし二万人前後をどう動かしたところで、英国王が米国人を屈服させることにはとてもなるまい、と思われた。

英議会の中に、「この出費ばかりかさむ長期戦を終わりにしよう」という声が、強くなっていた。国王ジョージ三世の意志を代弁した英戦争内閣の命運は、やはりヨークタウンで尽きたようだった。

一七八二年二月二十二日、英議会の庶民院で、戦争終結を求めた動議が可決される。

ニューヨークのクリントン司令官は、三月九日に本国へ召還されて北米から去った。首相ノース卿らは直接に今後について相談する必要を感じたのだろう。

英議会においては、三月八日と十五日に、相次いで内閣不信任案が提出された。僅差で否決されたものの、大勢を察したフレデリック・ノース内閣は遂に三月二十日に総辞職。

トーリー党の内閣が倒壊したため、ただちにジョージ三世の大命は、もともとアメリカの独立には賛成の立場をとっていたウィッグ党のロッキンガム侯爵（一七三〇年生まれ。八二年三月二十七日組閣～七月一日病死）にくだされる他なくなった。

新首相は、外相として平民出身のウィッグ党員チャールズ・フォックス（一七四九年生～一八〇六年没。早くも一七七八年二月二日に庶民院にて、これ以上アメリカに英軍部隊を派遣しないように求める動議を提出している）を起用したが、組閣受諾前の国王との約束で、ウィリアム・ピットの後継政治家を自負していた非妥協主義者の陸軍中将シェルバーン伯爵（一七三七年生～一八〇五年没。一七八三年に大将昇任）を内務大臣として押し込まれた。

パリで米国側代表と直接に交渉する全権大臣は、庶民院議員のデイヴィッド・ハートリー（一七三二年生～一八一三年没）が任命された。そしてシェルバーンの指名で、新大陸に詳しい大貿易商で英国政界に顔が広かったリチャード・オズワルド（一七〇五年生～八四年十一月六日没）が政府任命委員となってハートリーを補佐した。

ハートリーは哲学者の息子で、十五歳にしてオクスフォード大学に入学した俊秀である。一七七四年に庶民院の議員に当選。アメリカでの戦争に反対する議会演説を何度もし、選挙区民にも反戦パンフレットを配った。また、アフリカ人を奴隷として売買することに反対する動議を庶民院で最初に提出した人物だ。ウィッグ党支持者でありながら、ノース卿とも良き友人。他方でシェルバーンとは敵対した。鉄板を床下に貼った防火建築構造の実験でも有名で、米政府の外交官としてロンドンにやってきたベンジャミン・フランクリンとはすぐに意気投合したという。

かたやオズワルドはスコットランドの平民出身の豪商である。若いときにヴァジニアで六年、事業を展開していたことがある他、フロリダでコメと藍《あい》の作付けを指導したり、ノヴァスコティアの入殖開発について政界人脈を駆使して国王に工作したり、インドでシナ人労務者を使ってヤシ油酒を蒸留したりと、とにかく国際経済や人文地理の知識は他の英国貴紳を圧倒していたので、米国との戦争中、たびたびノース内閣から助言を乞われていた。とりわけアフリカ西海岸のシエラレオネに一大奴隷輸出拠点を経営し、戦争前からサウスカロライナの農園主ヘンリー・ローレンス（既述のごとく米国連合会議が和平委員として選出した五人の一人）をその商売の上得意としていたという特殊な人脈は、シェルバーン伯爵をしてオズワルドに一目を置かせたと思われる。「自由貿易支持」という主義ではフランクリンもオズワルドと話は合った。単刀直入に語りながらも誠実さを示し、相手に悪い気持ちを起こさせないという、交渉達者でもあった。

外交団の戦い

英国の新内閣は、米国およびフランスとまず講和してしまって、スペインを孤立させることで、スペインにジブラルタルを諦めさせようと考えた。

じつはスペインが対英宣戦するにあたっては、フランスがジブラルタルの奪回を請け合っていたいきさつがあって、フランスもこの始末をどうつけたらよいかで、困っていた。

英国同様、フランスの陸海軍も疲労の極にあり、財政当局は戦費捻出に頭を抱えていた。抜けがけの講和を誘いかければ、フランスは脱落すると英政府は踏む。

和平交渉の呼びかけは、はじめは非公式に、英国からフランスと米国（フランクリン）に打診することによって始まった。米国は当初、フランスも水面下で英国と講和の相談に入っていたことは知らなかった。

英側はまずベンジャミン・フランクリンに、アメリカが「英帝国内の自治領」となるのではどうか——と予備折衝をもちかけた。フランクリンはその案を拒否し、しかしながら、終戦のための交渉の開始には同意する。

英米間の予備交渉は、一七八二年四月二日にパリのホテルでスタートした。

前もって米国連合会議から選ばれていた五人の「和平委員」のうち、ローレンスはロンドンにあってパリにはおらず、またジェファソンは米本土にあった。

そのため、パリでの交渉は、アダムズ、フランクリン、ジェイの三人が米国代表として当たる。

この協議は八二年の七月二十五日から公式化した。

八二年四月十九日、ジョン・アダムズが、オランダからの国家承認を取り付けた。これによって合衆国政府は、オランダからも借金できることになった。

ロッキンガム内閣は五月、首相とフォックス外相の主導によって、アメリカ十三殖民地をほぼ無条件で独立させることにつき、閣議で決定した。しかし国王の意を汲む内相シェルバーンは、手先の外交官たちに、それには従わぬよう訓令した。

「シェルバーン＝国王」派との暗闘で心労が重なった首相のロッキンガム侯爵は六月末に健康を悪化させ、七月一日に急死してしまう。

後継内閣の組閣の大命は、シェルバーン伯爵に降下した。八二年七月四日、彼を首相とする新内閣が立ち上がった。

すると七月十六日に、パリのベンジャミン・フランクリンが、「フランスに対する負債の返済は、全交戦国との間で和平が成立してから三年後に開始すればよい」という破格の条件を、フランス政府から引き出すことに成功した。

米国は、これからもっと時間をかけて英国と交渉を続けてもよいだけの軍資金の裏付けを確保したわけだ。強硬派のシェルバーンから足元を見られないためにも、これはとても重要だった。

一七八二年九月、おそらくはシェルバーン工作の筋書きに沿って、仏外相のヴェルジェンヌが、アメリカ代表団に和平条約案なるものを示した。

それによれば、〈米国は独立するものの、その領土はアパラチア山地以東に限られる。オハイオ川以北は英領とする。オハイオ川以南はスペインの支配地とし、インディアンを住まわせて英米間の緩衝国家にする〉――。

……話にならないものだった。

フランスとしては、スペインにジブラルタルを諦めさせて早期に終戦に持ち込むために、北米で何かスペインに見返りを与えて宥《なだ》める必要を感じたのだった。が、こんな条件を呑んではアメリカ人のこれまでの死闘を無にするに等しいと、アメリカ側代表団が憤懣を募らせたのは当然である。米国代表団は、このさいキッパリとフランス政府との相談をやめ、まずロンドン政府との直談判で英国とだけ話をつけてしまう方針に切り替えた。

ニューヨークに赴任した英軍の新総司令官カールトンは、サヴァナーの守備隊を八二年七月十一日にニューヨークに向け総撤収させた。これで、北米海岸にまだ残っている大きな英軍占領都市は、ニューヨークとチャールストンだけとなった。グリーン将軍は、あと何ヵ月だろうと、ひたすらチャールストンを囲み続ける覚悟を示していた。ニューイングランドの米軍も、これからニューヨーク陣地の外縁に沿って分散冬営し、八三年になったらいよいよ総攻撃をかける気勢を見せていた。

フランクリンとアダムズとジェイは、八二年九月二十七日から英政府との詰めの交渉に臨んだ。フランクリンは、シェルバーンと英国王にはアメリカ十三邦の独立を認める心構えすらないと見抜いていたので、交渉戦術として、〈カナダ全域、さもなくば、すくなくもケベック地方が、新アメリカ合衆国に併合されるべきである〉と要求した。この戦術は有効だった。フランスはカナダの奪回は無理と分かっても、ハリファックス沖の鱈漁場利権には執心しており、米軍のケベック侵攻作戦にはいつでもその海軍力を協力させるだろうと予測された。

一七八二年十月、交渉の席で英国側は、五大湖の南岸以南、フロリダ以北、そしてミシシッピ川以東をすべて米国に与えることに合意する。合衆国領土はほとんど二倍に拡がるが、英国はそれほど損をしないはずだった。なぜなら、この和平条約では同時にミシシッピ川の航行権も米英両国に保証される。他方で、米国の連合会議が合衆国としての統一輸入関税五パーセントを八一年に決議したのに、いくつかの邦議会がそれを批准できないでいるため、米国人が苦労して開発してくれた米国奥地の市場に、英国はその商品をやすやすと無税で輸出できそうであったからだ（関税のかからない邦にまず荷揚げしてしまえば、そこから全米に売り捌ける）。もちろん英国の方は輸入関税によって米国商品の輸入を随意に規制できる自由があった。

はげしい交渉で仮条約案が次第にまとまって行った。

〈米国は、自由で主権を有する独立国家である。〉

〈双方の戦争捕虜は釈放される。〉

〈英軍が合衆国内で抱えている資産は持ち去られず、英国はその所有権を失う。〉

〈米国は向後のロイヤリストの財産没収はしない。〉

〈没収されたロイヤリストの財産が元通りにされるべきであることを合衆国政府が認める。〉

〈双方にまたがる法的に有効な戦前・戦中の契約の債務は債権者に支払われる。〉

〈米国人はカナダのニューファウンドランド沖およびセントローレンス湾で漁業をしてもよい。〉

……こうした条項を含む仮条約（暫定条約）が、一七八二年十一月三十日に、英米両国代表によってパリで署名された。

これを承けてチャールストン市の英軍は一七八二年十二月十四日に総撤収した。

ヘンリー・ローレンスは子息が死んで服喪の必要があったりして渡仏が遅れ、十一月二十九日の交渉大詰めになって駆け込みで参加して、〈英軍に逃亡した黒人奴隷は米国人所有者の手に戻される〉という条項を付け加えさせ、仮条約の署名にも加わっている。

ただし、これは仮条約であって、英仏間（および英国とスペインの間）で和平条約が結ばれるまでは有効にはならない。その、英国とフランス・スペインとの間の仮和平条約は、一七八三年一月二十日にベルサイユで署名された。かくして停戦が一七八三年二月四日に発効した。

常備連邦陸軍の消滅

仮条約を米国の連合会議が批准したのは、一七八三年四月である。

かたや英国では、下野したウィッグ党（故ロッキンガム侯と近い人々。フォックス前外相や、全権のハートリーまでも含む）が、ノース卿のグループとも手を組み、シェルバーン伯爵内閣を打倒するため、議会でこの対米仮講和条約を強く非難した。オズワルドにも攻撃は集中し、いたたまれず彼は公職を辞して私領に引っ込む。

一七八三年二月に、庶民院は二度にわたって非難決議を可決。これでシェルバーン内閣は行き詰まり、四月二日に総辞職した。

即日に、ポートランド公爵（第三代ポートランド公を襲爵したウィリアム・キャヴェンディッシュ＝ベンティンク。一七三八年生～一八〇九年没）を首相とする新内閣が成立する。ポートランド公はフォックス派で、フォックス自身は外相に返り咲き、フォックスの新盟友のノース卿が内相として入閣した。

実質の「フォックス＆ノース内閣」であった。とすれば、いまさら講和が放擲されて対米戦争が再開されることもないだろう。一七八三年六月、コンチネンタル・アーミーは解散された。

このポートランド内閣は、八三年九月の正式和平条約を締結したのち、十二月十九日まで存続する。

ニューヨークからの総撤収——逃亡奴隷たちの運命は？

一七七八年にバゴインのふざけた戦略に腹を立ててケベック総督を辞し、イングランドに帰ってしまったガイ・カールトンは、一七八〇年にノース卿から財務系の役職を与えられ、一七八二年までロンドンでそのポストにあった。

一七八一年のヨークタウンの敗戦後、クリントンが本国召還され、その後任の北米総司令官として、カールトンがニューヨークに赴任することになった。

一七八三年八月、カールトンは、国王およびポートランド公内閣が合衆国の独立を認めるつもりであるとの通知を、ロンドンから受ける。

いよいよ、ニューヨークからロイヤリストと逃亡黒人を安全にエバキュエーション（救出輸送）する最終責任は、カールトンの双肩にかかってきた。英国は、戦争中にこの黒人たちに「自由」を約束していた。その約束だけは、どうしても果たさなければならない。

八二年十一月末の暫定仮和平条約で、黒人の身柄は米国人に返還されることになったという噂が立ち、ニューヨーク港内の黒人たちは、しばらくは食べることも眠ることもできなくなるほどの不安と恐怖に突き落とされた。

しかし春になって海面の氷が消えるとともに、カールトンは黒人たちを乗せた輸送船を次々にハリファックス港へ送り出し始める。その人数は最終的に三千人以上に上った。

カールトンは、米国の知事たち、連合会議議員たち、そして個人の奴隷主たちから責め立てられた。ワシントンも、軍事力の行使を手紙でチラつかせていた。そのため、ニューヨーク駐留英軍と海軍艦艇も、最後の最後まで居残る必要があった。

カールトンは部下将校に〈すでに一年以上英軍に所属している黒人は絶対に返さない。彼らは自由人なのである〉と言い含めていた。

そして、保護した黒人全員の名簿を作り、これらの元奴隷について英国政府から実質的な補償金を支払うであろうと米国側に返答し、いちおう納得させた（しかし英国王はけっきょくその補償金を支払うことはない）。

ワシントンが執拗に抗議するなか、ニューヨークからの黒人エバキュエーション作戦は一七八三年十一月十八日に完了した（サヴァナーやチャールストンの英軍に混じっていた黒人も、多くはニューヨークにいったん集められていたと考えられる）。大任を果たしたカールトンは帰英の途に上り、ロンドンで「北米総司令官」のポストを後任者に譲った。

開戦直後の十三殖民地の白人総人口三百万人のうち、ロイヤリストは五十万人くらいだっただろうという。一七七五年の開戦直後から、まず富裕層から英本国へ逃げ出し始めた。残りは、英軍がニューヨークやチャールストンを占領すると、そこに集まった。北米でイギリス軍に加わって作戦したロイヤリストは、五万人くらいだった。一七八三年以降、ガイ・カールトンによって国外へ脱出できたロイヤリストは十万人以上という（以上の数値は二〇〇八年刊の David F. Marley 著『*WARS of The Americas*』VOL. 2による）。

こうして黒人三千人とロイヤリストたちは、カナダのハリファックス港（ノヴァスコティア）にまず移り、そこから他の英領に、新たな定住地を求めることになった。白人ロイヤリストのうち六万人はカナダに再定住し、二万人はバハマなどのカリブ諸島を選んだ。英本土へ渡った黒人もいる。その何割かは大都市の貧民窟の住人になったと考えられる。一七九〇年代に英国は、アフリカのシエラレオネに「フリータウン」を設置し、ロンドンの貧困黒人の再移住を促している。

八三年十一月二十五日、ニューヨークの港で、残っていた最後の英軍兵士が英国艦船に乗り込むと、ただちに、ジョージ・ワシントンとニューヨーク邦知事のジョージ・クリントンは、七年ぶりのニューヨーク市街に入城した。その感慨は、想像するしかない。

ワシントン、米軍最高司令官を辞す

ポートランド公内閣は、一七八三年九月三日に、仮和平条約とほぼ同じ内容の「パリ条約」に、デイヴィッド・ハートリー全権をして署名させた。

米国側は、アダムズ、フランクリン、ジェイが署名した。

当時は地理がよく突き止められておらず、五大湖から西へまっすぐ線を引くと、それはミシシッピ川上流につきあたると考えられていた。実際にはミシシッピ川とクロスすることはないのだが、ともかくそのつきあたるところまでが米国領土だとされた。

五大湖近くの米領土内の英軍要塞を、平和条約では、英国は適切なスピードで放棄すると決めていたのだったが、英国はその約定の履行を遅らせる。「米国政府が約束どおりにロイヤリストの財産を守ってくれないから」というのが、英側の言い分であった。

デトロイト砦やナイヤガラ砦など七カ所の拠点は、それから十年以上も英軍が占領し続け、一七九四年の「ジェイ条約」まで解消されなかった。和平条約で一見見捨てられてしまった周辺インディアンには、カナダに逃げ込むというオプションが与えられた格好だった。

英領カナダと米国の国境線を画定するとき、カナダと境界を接するヴァーモント州が米国領になったのは、ニューヨーク邦が、そこは俺たちの領土だと主張したからだといわれる。実態としては、当時のヴァーモントはまさしくカナダの一部だったそうだ。

英国はスペインとは、フロリダの再譲渡で手打ちをした。ただしフロリダの北部国境があいまいなままだったため、あらためて一七九五年に「マドリッド条約」で画定している。

スペインは地中海のミノルカ島も得た。この島はフランス軍とスペイン軍が半年攻めて、一七八二年二月に完全占領していた。

フランスは、トバゴ島、アフリカのセネガル、そしてニューファウンドランド沖の漁業権等を得ている。トータルの損得を計算すれば、この戦争で一番損したのはフランス王室であった。英国はロドニー艦隊の活躍のおかげで、カリブの「砂糖諸島」をほとんど確保した。この砂糖が英王室の財政を支えていた。

東インドのオランダ領を英軍は一七八一年に奪っていた。これを英国は、東インドでの商業特権とひきかえにオランダに返還した。その条約は一七八四年にまとまった。

合衆国の連合会議は、「パリ条約」を一七八四年一月十四日に批准した。英国による批准は八四年四月九日。批准書の交換はパリで五月十二日になされた。

ロイヤリストの没収財産や戦前債権については、各州が州権を盾にこの条約を無視したため、空文化している。これに対して英国も、保護下にある逃亡黒人奴隷の身柄を返送することを拒否した。

米国が独立国となったことで、消えてしまった安全もあった。それは、地中海南部沿岸のバーバリー海賊（イスラム教徒）にアメリカの商船が襲われた場合で、爾後は英海軍には何の救援をする義務もないのである。合衆国じしんには外洋で自国商船を保護できるまともな海軍はなく、それどころか、各邦は連邦政府が海軍の維持に税金を使うことにも反対であった。

八三年十二月四日、ワシントンはニューヨークのタバーン（酒屋ホテル）で、多年苦楽をともにした幕僚将校たちとお別れし、馬に跨り、陸路、アナポリス市を目指した。

連合会議（それが開かれている場所が、合衆国の「首府」である）は、八三年六月に、それまでのフィラデルフィアからプリンストン市へ移転し、さらに同年十一月二十六日からは、アナポリス市（メリーランド邦の首府で、議事堂がある）に移っていた。

ワシントンは、一七七五年六月に大陸会議から交付されている総司令官任命状を、今の政府に返納しなければならないと信じていた。ワシントンを「国王」にしようという運動もあった。そうした旧弊な発想を危惧したワシントンは、合衆国の将来のために、自分がまず手本を遺さなくてはいけないと考えたのだ。軍人たる総司令官が、文民の政府の上に位置してはならない。

一七八三年十二月、メリーランド邦の議事堂に立ったジョージ・ワシントンは、連合会議の面々の前で演説し、任命状を返還し、翌日、こんどこそ、ヴァジニアのマウントヴァーノン農場に帰宅するために、また騎行する。

一人の軍人として出征した彼は、今や大政治家になっていた。

第二巻あとがき

ここにわれわれはようやく「米国独立戦争」を追体験しおえることができた。

二百三十三年間もの長きにわたり、日本人はこの読書体験を欠いていた。それが「先の大戦」の敗因の過半を為すのだと言っても、誤りではなかろうとわたしは信ずる。

これまで、十九世紀以前の米国戦史のハイライトは「南北戦争」（一八六一年〜六五年）であった――と漠然と思っている人が多かったであろう。

高度成長期以降のわが国では、相当の読書人・出版人ですら、それが多数派のようだった。

しかし、只今以降、その誤った先入見は正される。

米国戦史の、最も考えさせられる、最もおそろしい、そして最も輝きを放つ部分は、一七七五年から一七八三年までのこの独立戦争の中にこそ、凝縮されていたのだ。

これ以降、一八一二年から一四年の対英戦争、はたまた米墨戦争、南北戦争等を含めた、ありとあらゆる米国の戦争の中で、この独立戦争の中で一回示された幾つものパターンが、デジャヴのように立ち顕れることを、読者は確認されるはずである。

次巻ではいよいよ「合衆国憲法」が創造され、すぐに続いて「大統領制度」もスタートするであろう。

合衆国大統領を頂点とする米国の政治家と有権者たちは、制度が新設された瞬間から、次々と発生する領土摩擦問題や国家安全保障環境の急変に、軍事的に対処しなければならぬ運命にあった。その濁流を泳ぎ進む過程で、独立当初の理想主義は、果たしていったいどのように変容するであろうか……?

第三巻の新展開にご期待ください。

本シリーズの刊行に関しては草思社の増田敦子氏にひとかたならぬお世話になっている。特記して末筆ながら謝意をあらわすものである。

二〇一六年十二月

兵頭二十八　謹識

著者略歴――――
兵頭二十八 ひょうどう・にそはち

著述家、軍学者。1960年長野市生まれ。陸上自衛隊（第2戦車大隊）を経て、神奈川大学英語英文科、東京工業大学大学院江藤淳研究室に所属。社会工学専攻修士。著書に『兵頭二十八の農業安保論』『日本人が知らない軍事学の常識』『北京が太平洋の覇権を握れない理由』『「日本国憲法」廃棄論』『兵頭二十八の防衛白書（年度版）』『アメリカ大統領戦記（シリーズ）』（いずれも草思社）、『「地政学」は殺傷力のある武器である。』（徳間書店）、『こんなに弱い中国人民解放軍』（講談社＋α新書）、『「名将言行録」乱世の人生訓』（PHP文庫）など多数。

アメリカ大統領戦記
1775-1783 独立戦争とジョージ・ワシントン②

2017年2月22日　第1刷発行

著　者　兵頭二十八
装幀者　藤村　誠
発行者　藤田　博
発行所　株式会社 草思社
〒160-0022 東京都新宿区新宿5-3-15
電話 営業 03(4580)7676 編集 03(4580)7680
振替 00170-9-23552

本文印刷　株式会社三陽社
付物印刷　日経印刷株式会社
製本所　加藤製本株式会社

ISBN978-4-7942-2240-4 Printed in Japan　検印省略

造本には十分注意しておりますが、万一、乱丁、落丁、印刷不良などがございましたら、ご面倒ですが、小社営業部宛にお送りください。送料小社負担にてお取替えさせていただきます。